Couvertures supérieure et inférieure
en couleur

PAUL BOURGET

Un
Cœur de femme

VINGT-CINQUIÈME MILLE

PARIS
ALPHONSE LEMERRE, ÉDITEUR
23-31, PASSAGE CHOISEUL, 23-31

M DCCC XC

A LA MÊME LIBRAIRIE

OEUVRES
DE
Paul Bourget

Édition elzévirienne

Poésies (1872-1876). *Au bord de la Mer. — La Vie inquiète. — Petits Poèmes.* 1 vol. . . . . 6 »
Poésies (1876-1882). *Edel. — Les Aveux.* 1 vol. . . . 6 »
L'Irréparable. *L'Irréparable. — Deuxième Amour. — Profils perdus.* 1 vol. . . . . 6 »
Cruelle Énigme. 1 vol. . . . . 6 »

Édition in-18

CRITIQUE

Essais de Psychologie contemporaine. (*Baudelaire. — M. Renan. — Flaubert. — M. Taine. — Stendhal.*) 1 vol. 3 50
Nouveaux Essais de Psychologie contemporaine. — (*M. Dumas fils. — M. Leconte de Lisle. — MM. de Goncourt. — Tourguéniev. — Amiel.*) 1 vol. . . . 3 50
Études et Portraits. (*I. Portraits d'écrivains. — II. Notes d'esthétique. — III. Études Anglaises. — IV. Fantaisies.*) 2 vol. . . . . 7 »

ROMAN

L'Irréparable. *L'Irréparable. — Deuxième Amour. — Profils perdus.* 1 vol. 3 50
Pastels. (*Dix portraits de femmes.*) 1 vol. 3 50
Cruelle Énigme. 1 vol. 3 50
Un Crime d'Amour. 1 vol. 3 50
André Cornélis. 1 vol. 3 50
Mensonges. 1 vol. 3 50
Le Disciple. 1 vol. 3 50
Un Cœur de femme. 1 vol. 3 50

Un Cœur de femme

DU MÊME AUTEUR

Édition elzévirienne

POÉSIES (1872-1876). *Au bord de la Mer.* — *La Vie inquiète.* — *Petits Poèmes.* 1 vol.	6 »
POÉSIES (1876-1882). *Edel.* — *Les Aveux.* 1 vol.	6 »
L'IRRÉPARABLE. *L'Irréparable.* — *Deuxième Amour.* — *Profils perdus.* 1 vol.	6 »
CRUELLE ÉNIGME. 1 vol.	6 »

Édition in-18

CRITIQUE

ESSAIS DE PSYCHOLOGIE CONTEMPORAINE. (*Baudelaire.* — *M. Renan.* — *Flaubert.* — *M. Taine.* — *Stendhal.*) 1 vol.	3 50
NOUVEAUX ESSAIS DE PSYCHOLOGIE CONTEMPORAINE. — (*M. Dumas fils.* — *M. Leconte de Lisle.* — *MM. de Goncourt.* — *Tourguéniev.* — *Amiel.*) 1 vol.	3 50
ÉTUDES ET PORTRAITS. (*I. Portraits d'écrivains.* — *II. Notes d'esthétique.* — *III. Études Anglaises.* — *IV. Fantaisies.*) 2 vol.	7 »

ROMAN

L'IRRÉPARABLE. *L'Irréparable.* — *Deuxième Amour.* — *Profils perdus.* 1 vol.	3 50
PASTELS. (*Dix portraits de femmes.*) 1 vol.	3 50
CRUELLE ÉNIGME. 1 vol.	3 50
UN CRIME D'AMOUR. 1 vol.	3 50
ANDRÉ CORNÉLIS. 1 vol.	3 50
MENSONGES. 1 vol.	3 50
LE DISCIPLE. 1 vol.	3 50
UN CŒUR DE FEMME. 1 vol.	3 50

Tous droits réservés.

PAUL BOURGET

Un
Cœur de femme

PARIS

ALPHONSE LEMERRE, ÉDITEUR

23-31, PASSAGE CHOISEUL, 23-31

M DCCC XC

A

M. LE DOCTEUR ALBERT ROBIN

MEMBRE DE L'ACADÉMIE DE MÉDECINE,

comme un témoignage d'admiration pour le savant,

de reconnaissance pour l'ami.

P. B.

Juin 1890.

UN COEUR DE FEMME

I

UN ACCIDENT DE VOITURE

PAR une bleue et claire après-midi du mois de mars 1881 et vers les trois heures de relevée, une des vingt « plus jolies femmes » du Paris d'alors, — comme disent les journaux, — Mme la comtesse de Candale, fut la victime d'un accident aussi désagréable qu'il peut être dangereux et qu'il est vulgaire. Comme son cocher tournait l'angle de l'avenue d'Antin pour gagner la descente des Champs-

Élysées, le cheval du coupé prit peur, fit un écart et s'abattit en heurtant la voiture contre le trottoir si maladroitement que le brancard de gauche cassa net. La comtesse en fut quitte pour une forte secousse et quelques secondes d'un subit saisissement nerveux. Mais toutes les combinaisons de sa journée se trouvaient bousculées du coup; or la liste en était longue, à juger par l'ardoise blanche encadrée de cuir et placée sur le devant de la voiture avec la petite pendule et le portefeuille aux cartes de visite. Aussi le joli visage de la jeune femme, ce mince visage aux traits délicats, au profil ténu, aux frais yeux bleus et qu'éclairait une si chaude nuance de cheveux blonds, exprimait-il une contrariété voisine de la colère tandis qu'elle descendait de son coupé au milieu d'une foule déjà compacte. La curiosité générale dont elle se vit l'objet acheva de la mettre en méchante humeur, et ce fut avec une voix très dure, elle si juste d'ordinaire, si indulgente même pour ses gens, qu'elle dit au valet de pied :

— « François, aussitôt que le cheval sera debout, vous laisserez ce maladroit d'Aimé se débrouiller tout seul... Vous irez au cercle de la rue Royale. Il me faut une voiture avant une demi-heure chez Mme de Tillières. »

Et elle s'achemina, de son pied chaussé de bottines presque trop fines pour la moindre marche, vers la rue Matignon, où habitait l'amie dont elle venait de jeter le nom au pauvre François. Ce dernier, un grand garçon tout penaud dans sa longue livrée brune, pâle encore de l'effroi que lui avait causé la chute du cheval, n'avait pas fini de répondre : — « Oui, madame la comtesse, » que déjà son camarade, dégringolé du siège et rouge, lui, d'humiliation, le gourmandait sur sa gaucherie à l'aider. Mais Mme de Candale avait fendu la masse des curieux. Elle ne songeait plus qu'au bouleversement de son après-midi.

— « Oui, le maladroit ! » se disait-elle, » il faut que cela m'arrive le jour où je suis le plus pressée... Pourvu encore que Juliette soit chez elle?... Si elle n'est pas là, tant pis, j'attendrai chez sa mère... Je voudrais pourtant bien la trouver... Il y a une semaine tantôt que nous ne nous sommes vues. A Paris, on n'a le temps de rien... »

Tout en se tenant ce discours intérieur, elle allait, portant haut sa petite tête coiffée d'une délicieuse capote de couleur mauve, sa souple taille dessinée dans un long manteau gris presque ajusté avec une bordure de plumes de la même nuance. Elle allait, regardée par les passants, de ce regard où une femme peut lire, dans sa jeunesse le triomphe, dans sa vieillesse la défaite de sa beauté. Quand la promeneuse a cet air « grande dame » qu'avait Gabrielle de Candale et qui, même aujourd'hui, ne s'imite pas, c'est toute une comédie de la part de celui qui croise cette femme. Il la croise, et vous diriez qu'il ne l'a pas vue. Mais attendez qu'elle soit à deux pas et observez le geste rapide par lequel il se retourne, une fois, deux fois, trois fois, pour la suivre des yeux. Que les physiologistes expliquent ce mystère! Elle n'a pas eu besoin, elle, de se retourner, pour être sûre de l'effet produit, et, que les moralistes expliquent cet autre mystère, elle est toujours flattée de cet effet, le passant fût-il bossu, bancroche ou manchot, et quand bien même elle porterait, comme Mme de Candale, un des grands noms historiques de France! Certes, celle-là n'avait pas dans son monde la réputation d'être une coquette. Elle venait d'échapper à un vrai danger. Elle devrait se passer de son coupé neuf pendant quelque temps peut-être, — un coupé anglais, très profond, avec des fenêtres étroites, commandé à Londres sur ses indications spéciales, et dont elle jouissait depuis deux mois à peine. C'était sans doute un cheval perdu, — le meilleur de l'écurie. Autant de motifs pour arriver maussade à la maison de la rue Matignon. Et pourtant, lorsqu'elle pesa, de sa main gantée, sur le lourd battant de la vieille porte cochère, la charmante Sainte, comme l'appelait justement l'amie à qui elle venait demander asile, ne montrait plus entre ses sourcils dorés la même barre d'irritation. Elle avait goûté, durant ces cinq minutes de marche, le plaisir de se sentir très jolie, au coup d'œil lancé par quelques admirateurs anonymes, et les Saintes le savourent avec d'autant plus de friandise, ce plaisir si féminin, qu'elles se permettent moins d'être femmes. Celle-ci avait même son expression à demi mutine des jours de gaîté, tandis qu'elle traversait la cour et qu'elle gagnait là-bas au fond, à gauche, un petit escalier à perron abrité dans une cage de verre. Mais ce pouvait être la joie de savoir, par la réponse du concierge, que Mme de Tillières n'était pas sortie. Trouver tout de suite une confidente à qui l'on raconte les péripéties d'un accident, d'ailleurs inoffensif, c'est de quoi se réjouir presque de l'accident, et, tout en poussant le bouton du timbre, la comtesse souriait à cette pensée :

— « Je suis sûre que mon amie aura encore plus peur que moi... »

Quoique neuf années à peine aient passé sur les événements dont cette visite inattendue fut le prologue, combien de personnes à Paris, et même dans la société de Mme de Candale, se rappellent la charmante et mystérieuse femme que cette dernière appelait ainsi « mon amie » tout court, lorsqu'elle s'en parlait à elle-même, dans le silence de son cœur, et à voix haute, lorsqu'elle en parlait aux autres ? Aussi ne sera-t-il pas inutile, pour l'intelligence de cette aventure, d'esquisser au moins en quelques lignes le portrait de cette disparue qui, dès ce temps-là, était un peu une inconnue, même pour les amis de son amie. Mais quoi! Mme de Tillières était une de ces mondaines à côté du monde, réservées et modestes jusqu'à l'effacement, qui déploient à passer inaperçues autant de diplomatie que leurs rivales à éblouir et à régner. D'ailleurs, n'y avait-il pas comme un symbole de ce caractère et une preuve de ce goût pour une demi-retraite dans le simple choix de cette habitation, sur l'étroit perron de laquelle se dessinait à cette minute l'aristocratique silhouette de Gabrielle ? Une atmosphère de solitude flottait autour de cette maison séparée du corps principal de bâtiments par une cour, et enveloppée de jardins du côté qui regarde la rue du Cirque. Mais cette rue Marignon tout entière, avec le long mur qui la borde d'une part, avec les vieilles demeures qui n'ont pas changé depuis le dernier siècle, évitée comme elle est des voitures de maîtres, qui préfèrent aller des Champs-Élysées au faubourg Saint-Honoré par l'avenue d'Antin, n'est-elle pas, à de certaines heures, comme un paradoxe de tranquillité provinciale dans ce quartier si moderne et si vivant ? Même le petit escalier isolé dans sa guérite de verre avait sa physionomie originale. Ses cinq marches tendues d'un tapis aux couleurs passées se terminaient par une porte, vitrée, elle aussi, dans sa partie supérieure, afin de donner de la lumière à une antichambre, et garnie à l'intérieur par des rideaux rouges. Ce n'était ni le pavillon vulgaire, puisque la maison comptait quatre étages, ni l'hôtel proprement dit, puisque Mme de Tillières et sa mère, Mme de Nançay, habitaient seulement le rez-de-chaussée et le premier; et c'était pourtant un logis bien à elles, car elles avaient fait installer un escalier interne qui réunissait leurs appartements et leur épargnait l'escalier commun dont l'entrée à droite faisait pendant à la petite cage de verre. Sans exagérer la signification de ces riens, de même que l'étalage du luxe suppose toujours quelque vanité, la préférence donnée à une demeure un peu mélancolique, dans une rue un peu séparée, révèle plutôt un certain quant à soi, et comme une peur des succès de société. Et puis, si Mme de Tillières ne s'était pas étudiée de toutes façons à défendre son intimité, aurait-elle résolu l'invraisemblable problème de rester veuve à vingt ans et de passer les dix années qui suivirent ce veuvage, à Paris, libre, riche et délicieuse, sans presque faire répéter son nom?

S'il est donc naturel que les indifférents aient déjà oublié cette femme très peu semblable aux élégantes de cette fin de siècle, en revanche, ses quelques amis, — oh ! pas nombreux, — s'intéressaient dès lors à elle avec un fanatisme que le temps n'a pas diminué. Aux curieux qui s'étonnaient qu'une aussi jolie personne consumât ses jeunes années dans cette sorte de pénombre, ces amis répondaient invariablement par cette phrase : « Elle a tant souffert ! » et chacun la prononçait sur un ton qui indiquait des confidences trop délicates, trop sincères pour être redites. La tragédie qui avait rendu Juliette veuve justifiait trop cette explication de son caractère. Le marquis Roger de Tillières, son mari, un des plus brillants capitaines de l'état-major, avait été tué en juillet 1870, à côté du général Douay, et par une des premières balles tirées dans cette déplorable campagne. Cette nouvelle annoncée sans ménagements à la marquise, alors enceinte de sept mois, avait provoqué chez elle une crise affreuse, et elle s'était réveillée mère, avant le terme, d'un enfant qui n'avait pas vécu trois semaines. C'était, n'est-ce pas, de quoi demeurer à jamais brisée. Mais si terribles ou si étranges qu'ils soient, les événements de notre vie ne créent rien en nous. Tout au plus exaltent-ils ou dépriment-ils nos facultés innées. Même heureuse et comblée, Mme de Tillières eût toujours été cette créature d'effacement, de demi-teinte, d'étroit foyer, presque de réclusion. Quand ce goût de se tenir à l'écart n'est pas joué, il suppose une délicatesse un peu souffrante du cœur chez des femmes aussi bien nées que Juliette, aussi belles, aussi riches, — elle et sa mère possédaient plus de cent vingt mille francs de rente, — et par conséquent aussi vite emportées dans le tourbillon. Ces femmes-là ont dû sentir, dès leurs premiers pas, ce que la grande vie mondaine comporte de banalités, de mensonge et aussi de brutalités voilées. Un instinct a été froissé en elles, tout de suite, qui les a fait se replier; elles réfléchissent, elles s'affinent, et elles deviennent par réaction de véritables artistes en intimité. Ce leur est un besoin que toutes les choses dans leur existence, depuis leur ameublement et leur toilette jusqu'à leurs amitiés et leurs amours, soient distinguées, rares, spéciales, individuelles. Elles s'efforcent de se soustraire à la mode ou de ne s'y soumettre qu'en l'interprétant. Elles vivent beaucoup chez elles et s'arrangent pour que ce soit comme une faveur d'y être reçu. Comment s'y prennent-elles ? C'est leur secret. Elles arrivent aussi, en se faisant désirer, à ce que leur présence dans un salon soit une autre faveur. Ce gentil manège ne va pas pour elles sans quelque danger, celui d'abord d'attacher une importance excessive à leur personne, et celui, en pensant trop à leurs sentiments, de développer dans leur âme des maladies d'artifice et de complication. Mais le commerce de ces femmes offre d'infinis attraits. Ne suppose-t-il pas un choix qui, par lui seul, est une constante flatterie pour l'amour-propre de leurs amis? Puis il abonde en menues attentions, en gâteries quotidiennes. Connaissant par son détail le caractère de tous ceux qui les approchent, leur tact vous épargne le froissement même le plus léger. Elles sont, quand on a vécu dans leur sphère d'affection, indispensables et irremplaçables. Elles laissent derrière elles, quand elles ont disparu, un souvenir aussi profond qu'il est peu étendu, et telle fut la destinée de Juliette. Encore aujourd'hui, si vous rencontrez les plus fidèles d'entre les habitués du petit salon de la rue Matignon, le peintre Félix Miraut, le général de Jardes, M. d'Avançon, l'ancien diplomate, M. Ludovic Accragne, l'ancien préfet, racontez-leur, pour voir, quelque anecdote qui prête aux commentaires; s'ils sont en confiance, la causerie ne s'achèvera pas sans qu'ils vous aient dit:

— « Si vous aviez connu Mme de Tillières... »

Ou bien:

— « Voilà des gens que l'on était sûr de ne pas rencontrer chez Mme de Tillières... »

Ou bien:

— « Je n'ai vu que Mme de Tillières qui...; » mais n'insistez pas, sinon vous les verrez prendre une physionomie d'initiés et revenir à la matière habituelle de leur entretien: Miraut à son dernier tableau de fleurs; de Jardes à son nouveau projet d'armement; d'Avançon à sa mission secrète en Italie, après Sadowa; Ludovic Accragne à l'œuvre de l'hospitalité de nuit dont il est un agent très actif. Il semble qu'ils aient pris, à l'école de leur amie d'autrefois, ce goût de discrétion que les femmes de cette nature exigent chez leurs dévots. D'ailleurs, le peintre avec son langage trop concret, trop imagé, le général avec sa parole technique, le diplomate avec la politesse de ses formules, et l'ex-fonctionnaire avec la raideur administrative des siennes, seraient-ils capables de vous traduire cette chose exquise qui est le charme et que Mme de Tillières possédait à un degré unique? Le charme! Une femme seule, quand elle en a beaucoup aimé une autre, — cela se trouve, — peut faire revivre dans quelque confidence à mi-voix ce rien de mystérieux, cette magie de grâce qu'enveloppe ce mot par lui-même indéfinissable. Pour évoquer Mme de Tillières, dans ce qui fut l'innocente et durable sorcellerie de sa séduction, c'est à Mme de Candale qu'il faut s'adresser, quand elle consent à en parler, ce qui n'arrive guère, car cette pauvre Sainte redoute souvent ce souvenir comme un remords. Il nous est si difficile, quand la fibre du scrupule tressaille en nous, de ne pas nous considérer un peu comme la cause des malheurs dont nous avons été l'occasion, et que de fois la fine comtesse s'est revue en pensée sonnant à la porte de « son amie » par cette après-midi claire de mars, et chaque fois c'est pour songer : — « Si pourtant nous ne nous étions pas parlé ce jour-là ! Si je n'étais pas venue rue Matignon ! » Faut-il appeler hasard, faut-il appeler destinée ce jeu continuel et inattendu des événements les uns sur les autres, qui veut que tout le malheur ou tout le bonheur d'un être dépende parfois du glissement d'un cheval sur le pavé, de la maladresse d'un cocher, du bris d'un brancard de voiture et d'une visite qui en est résultée ?

Hasard, destinée ou providence, il est certain que Mme de Candale ne remuait ni ces idées-là, ni aucun pressentiment douloureux sous la capote mauve qui coiffait si coquettement sa tête blonde, lorsque le valet de pied l'introduisit à travers le grand salon d'abord, puis dans l'autre, le plus petit, où Juliette se tenait comme à l'ordinaire. Cette dernière écrivait, assise à un étroit bureau placé à l'abri d'un paravent bas et dans l'angle de la porte-fenêtre, si bien qu'il lui suffisait de lever les yeux pour voir le jardin. Les arbres, par ce clair jour bleu du premier printemps, poussaient déjà leurs bourgeons lilas à la pointe de leurs branches encore noires. Le vert gazon perçait la terre brune de ses brins rares et courts, et, comme un simple mur revêtu de lierre séparait le jardinet de deux jardins plus vastes, développés eux-mêmes jusqu'à la rue du Cirque, c'était presque sur un fond de parc défeuillé que se détachait son joli visage, lorsque, ayant aperçu Mme de Candale, elle se leva pour la prendre dans ses bras avec un petit cri de joyeuse surprise.

— « Regarde, » disait-elle, « je suis habillée. J'attends ma voiture. J'allais passer chez toi pour avoir de tes nouvelles... »

— « Et tu ne m'aurais pas trouvée, » répondit la comtesse, « et puis il n'y aurait eu personne pour te raconter que, telle que tu me vois, tu as peut-être failli ne plus me voir jamais. »

— « Quelle folie ! »

— « Mais c'est que je viens d'échapper tout simplement à un gros danger. »

— « Tu me fais peur... »

Et Gabrielle de commencer le récit, — légèrement romancé, comme tous les récits de femme, — de son accident de voiture, tandis que Juliette l'écoutait en ponctuant ce discours de légères exclamations. C'était bien le plus doux nid pour un intime entretien d'amies, et d'amies vraies comme ces deux-là, que cette pièce attiédie toute la matinée par le soleil de mars et réchauffée maintenant par la flamme paisible d'un feu nourri de longues et larges bûches. Vous y auriez cherché en vain le fouillis d'étoffes et de bibelots un peu disparates habituel aux Parisiennes d'aujourd'hui. Par une spirituelle fantaisie d'aristocratie, la marquise avait tout simplement transporté rue Matignon l'ameublement d'un des boudoirs de Nançay, en sorte que les moindres détails, dans ce petit salon, révélaient le goût du temps de Louis XVI, — époque où le château a été restauré par l'aïeul de Mme de Tillières, Charles de Nançay, le protecteur de Rivarol. Les teintes blanches et un peu neutres de ces bois gracieusement ouvrés, les nuances bleues des étoffes vieillies s'harmonisaient avec les quelques portraits anciens appendus aux murs dans leurs cadres dédorés. Juliette avait-elle eu l'intuition que ce décor d'il y a cent ans convenait mieux qu'un autre au caractère particulier de sa beauté? Il est certain qu'avec un nuage de poudre sur ses cheveux blonds, — d'un blond aussi cendré que le blond des cheveux de Gabrielle était doré, — avec une mouche au coin de sa bouche fine, avec du rouge à sa joue rosée, avec des mules hautes à ses pieds si minces et une robe à la Marie-Antoinette autour de sa souple taille, elle eût paru la contemporaine de la célèbre marquise Laure de Nançay, dont le portrait faisait, sur la cheminée, pendant à celui du marquis Charles. Et même sans mouches ni poudre, sans rouge et sans mules, elle ressemblait, d'une ressemblance presque inquiétante, à cette arrière-grand'mère, si indignement récompensée de la plus romanesque passion, — dans un temps qui ne l'était guère, — par un passage affreux des mémoires de Tilly ! Chez Juliette comme chez cette jolie ancêtre, l'air gracieux, enfantin, presque d'un Saxe trop fragile, était corrigé par l'expression profonde du regard et le pli triste du sourire. Un détail de physionomie achevait de transformer chez Mme de Tillières en charme rêveur la joliesse un peu mignarde du xviiie siècle. Dans les instants où elle était émue sans vouloir le paraître, la dilatation soudaine de la pupille, jusqu'à faire paraître noirs ses beaux yeux d'un bleu sombre et tendre, donnait la sensation d'une nervosité maladive, contenue par la volonté la plus ferme. Ce visage, où il y avait à la fois tant de noblesse de race et tant de passion renfermée, présentait un contraste singulier avec le visage de Mme de Candale, aussi délicatement patricien, aussi affiné par une hérédité séculaire, mais tout en énergie et en action. La comtesse, qui vit comme hypnotisée par son culte pour le terrible maréchal de Candale, l'ami de Montluc et son rival en massacres, eût été, au siècle des luttes religieuses, une de ces rudes guerrières dont L'Estoile raconte les audaces cruelles, et, plus près de nous, une chouanne, une de ces amazones de la Vendée et du Cotentin qui firent le coup de feu le long des routes, braves comme les plus braves de leurs compagnons. La marquise de Tillières, toute tendresse et toute douceur, faisait songer à ces héroïnes de la vie amoureuse dont l'histoire a incarné le type dans la touchante figure d'une La Vallière ou d'une Aïssé. L'une était un Van Dyck descendu de sa toile par la vertu de l'atavisme, et l'autre un pastel de jadis comme animé par un mystérieux enchantement. Mais si aux analogies extérieures correspondait une analogie morale, s'il y avait en effet, chez l'une, des frémissements secrets d'héroïsme, et chez l'autre des abîmes voilés de passion, cela, leur causerie sur ce coin de canapé n'aurait pu l'apprendre au plus subtil des écouteurs : car, aussitôt le récit de l'accident terminé, ce Van Dyck habillé par Worth et ce pastel paré par Doucet avaient commencé de se raconter leur semaine, et c'était simplement le papotage de deux amies qui, tour à tour, parlent chiffons, visites ou soirées, qui potinent enfin, — pour employer le vilain mot actuel qui sert à désigner ce jolis gazouillis d'oiseaux moqueurs, — jusqu'à cette phrase inévitable prononcée par la comtesse :

— « Voyons, quand viens-tu dîner chez moi, pour causer vraiment? Veux-tu demain? »

— « Demain? Non, » fit Mme de Tillières, « j'ai ma cousine de Nançay chez moi. Veux-tu après-demain jeudi? »

— « Jeudi ? jeudi ? C'est moi qui ne suis pas libre, je dîne chez ma sœur d'Arcole. Veux-tu vendredi ? »

— « C'est une gageure, » reprit Juliette en riant, « je dîne chez les d'Avançon. Imagine-toi qu'il faut que ce soit moi qui mette la paix dans le ménage de mon adorateur. Seulement Mme d'Avançon se couche très tôt, et si c'est ton jour de loge à l'Opéra et que tu n'aies personne... »

— « Personne... Cela, c'est parfait. Ne fais pas atteler, j'irai te prendre à neuf heures chez les d'Avançon... Mais c'est loin, vendredi, c'est très loin. J'ai une idée, si tu venais ce soir, tout simplement ? »

— « Mais, » répondit Mme de Tillières, « regarde sur mon bureau, cette lettre que je finissais quand tu es entrée... J'écrivais à Miraut qui me demande un jour depuis très longtemps, et comme j'étais seule avec ma mère... »

— « Tu n'enverras pas la lettre, voilà tout, » fit la comtesse, « et tu me rendras service... C'est un peu une corvée, ce dîner... Toute la chasse de Pont-sur-Yonne... Tu les connais, les chasseurs. Prosny, d'Artelles, Mosé... » — Et, avec un mouvement d'hésitation : — « Enfin, un dernier que tu n'auras peut-être pas envie de connaître, lui... Tu es tellement ce que les Anglais appellent *particular*... »

— « Et les Français prude ou chipie, » interrompit Juliette en recommençant à rire. « Et tout cela parce que je ne veux pas venir chez toi les jours de cohue... Et quel est-il, ce mystérieux personnage que je dois te défendre de me présenter?... »

— « Oh! pas bien mystérieux, » reprit Gabrielle; « c'est Raymond Casal. »

— « Celui de Mme de Corcieux? » interrogea Juliette; et sur un geste affirmatif de la comtesse : — « Le fait est, » ajouta-t-elle avec malice, « que le sévère Poyanne désapprouvera... Je n'échapperai pas à la phrase : « Pourquoi Mme de « Candale reçoit-elle des hommes comme celui-« là ? »

Sans doute l'ami dont Mme de Tillières raillait gaiement la surveillance un peu ombrageuse n'était pas en grande faveur auprès de la comtesse, car cette dernière eut dans les yeux un petit éclair de joie mauvaise à cette moquerie, et, comme encouragée, elle reprit :

— « D'abord, tu lui diras que c'est l'ami de mon mari bien plus que le mien. Et puis, veux-tu que je te parle franchement? Casal, n'est-ce pas, cela signifie pour toi, pour Poyanne, pour n'importe qui, un mauvais sujet qui ne fréquente les femmes que pour les perdre, un fat qui a compromis Mme de Hacqueville, Mme Ethorel, Mme de Corcieux et mille et trois autres, un joueur qui a tenu au cercle des parties extravagantes, un brutal qui ne se lève de la table de jeu que pour monter à cheval, faire des armes, chasser et finir la nuit, *drunk as a lord* ? Le voilà, ton Casal et celui de ton Poyanne... »

— « Mon Casal ! » interrompit Juliette, « je ne le connais pas, et mon Poyanne, — cela, non, je ne veux pas être responsable des antipathies de mes amis, sois juste. »

— « Mais si, mais si, ton Poyanne, » insista la comtesse. « Voyons, s'il était veuf au lieu d'être simplement séparé, et si sa coquine de femme lui faisait la surprise de mourir à Florence, où elle mène une vie ?... »

— « Eh bien ! achève, » dit Mme de Tillières.

— « J'ai toujours eu l'idée que tu serais capable de l'épouser, et lui, je parierais qu'il y pense, car il monte déjà la garde autour de toi comme autour d'une fiancée. »

— « D'abord je ne crois pas du tout qu'il nourrisse de si ténébreux projets, » fit Juliette en riant de plus belle, « et puis je ne sais pas ce que je répondrais si le cas se présentait, et enfin une fiancée de vingt-neuf ans et huit mois peut se permettre d'affronter les séductions d'un viveur très fat, très joueur, un peu jockey, un peu maître d'armes, et très ivrogne, car voilà le portrait peu flatté de ton convive... »

— « Tu m'as justement coupé la parole quand j'allais te dire que cette légende-là ne ressemble pas plus au véritable Casal que le Napoléon III des *Châtiments* à notre pauvre empereur... Fat! Est-ce sa faute s'il est tombé sur trois ou quatre folles qui l'ont affiché? Tu as beau rire. Oui, qui l'ont affiché! Pauline de Corcieux, c'en était à ne plus la recevoir. Et après leur rupture, qui est allé crier du mal de l'autre à tous les échos? Elle, ou lui? Ce dont je suis sûre, moi, qui me pique d'être une très honnête femme, c'est que jamais, entends-tu, jamais il ne m'a dit un mot qu'il ne devait pas me dire. Et intelligent, intéressant, tout plein des souvenirs de ses grands voyages! L'Orient, les Indes, la Chine, le Japon; il a couru le monde entier. Viveur? Joueur? Il était un peu plus riche que ces messieurs, il a eu plus de chevaux, perdu plus d'argent. Voilà bien de quoi s'indigner. C'est possible qu'il ait la manie de l'escrime. Mais il n'en parle pas, et je n'ai jamais entendu raconter qu'il ait abusé de sa force à l'épée. C'est possible aussi qu'il boive, mais il a eu le bon goût de venir toujours chez moi parfaitement maître de lui... Sais-tu ce que c'est que ce garçon? Un enfant gâté à qui la vie a été trop facile, mais qui a gardé un tas de charmantes qualités. Et beau avec cela! Mais tu l'as vu?... »

— « Je crois qu'on me l'a montré une fois à l'Opéra, » dit Juliette, « un grand, avec des cheveux noirs et une barbe blonde. »

— « Il y a longtemps alors, » reprit Gabrielle. « Il ne porte plus que la moustache. Comme c'est drôle, la vie de Paris ! Vous avez dû vous rencontrer cent fois. »

— « Je sors si peu, » dit Juliette, « et d'ailleurs, avec mes distractions, je ne reconnais jamais personne. »

— « Enfin, sortiras-tu ce soir pour venir voir le beau Casal, oui ou non ? »

— « Oui. Mais comme tu en parles ! Comme tu te montes ! Si je ne te connaissais pas ?... »

— « Tu dirais que je suis amoureuse de lui, n'est-ce pas ? Que veux-tu ? J'ai du sang de bataille dans les veines, et l'horreur des injustices du monde... Et puis ne va pas me dénoncer à Poyanne ? »

— « Ah ! encore Poyanne, » fit Juliette en haussant ses fines épaules.

— « Mais oui, » reprit la comtesse en secouant la tête. « Quand il n'est pas là, tout va bien. Et puis, il te parle, et j'ai toujours remarqué comme un mot de lui t'influence. Mais on entre... Cette fois, c'est la voiture... »

Entendez-vous d'ici le papotage de l'adieu qui répète celui de l'arrivée, aussitôt que le domestique annonce en effet que la voiture de la comtesse est avancée, les « déjà, » les « mais tu ne fais que d'arriver, » les « à ce soir, ma douce, » et puis des baisers, et puis des rires autour du nom de Casal prononcé de nouveau, et puis le silence à peine souligné par le va-et-vient de la pendule et le craquement du feu, quand Mme de Candale est partie ? Juliette, restée seule, s'assit à sa table, et après avoir déchiré le petit billet destiné à Miraut, elle prit dans le casier à enveloppes une dépêche bleue pour un nouveau billet qui devait être plus difficile à écrire, car elle tourna et retourna longtemps le porte-plume entre ses doigts minces, tout en regardant le jardin, maintenant plus mélancolique sous le ciel foncé joliment, et voici les lignes qu'elle se décida enfin à tracer :

———

« Mon ami,

« Ne venez pas ce soir avant onze heures. Gabrielle sort d'ici. Je ne l'avais pas vue depuis dix jours et j'ai dû accepter de dîner chez elle ce soir. Ce ne serait pas amical de la quitter tout de suite après. Ne me boudez pas si je remets de deux heures à vous écouter me dire ce qui s'est passé à la Chambre aujourd'hui et comment vous avez parlé. Ne m'arrivez pas avec vos yeux déçus où je lis un reproche pour ce que vous appelez — si faussement — mon côté mondain. Vous savez trop ce que c'est que le monde pour moi sans vous, — sans toi, et comme je voudrais avoir le droit d'y proclamer à tous ce que tu es pour ton amie.

« Juliette. »

Puis sur la place réservée à l'adresse, quand elle eut fermé cette dépêche, elle écrivit le nom d'un orateur de la Droite bien connu à cette époque, et qui avait joué à Versailles un rôle assez analogue à celui que M. de Mun occupe très noblement aujourd'hui. Et ce nom n'était autre que celui du comte Henry de Poyanne, — ce qui prouve que les amies les plus intimes ne se font jamais que des moitiés de confidences. Car si Mme de Candale soupçonnait, comme on a vu, les sentiments de Poyanne pour Mme de Tillières, elle était à mille lieues de croire que ces sentiments fussent partagés, et qu'une liaison d'amant à maîtresse unît ces deux êtres. Les très honnêtes femmes, — et quoique Gabrielle le dît un peu trop, elle en était une, — ont de ces naïvetés qui prouvent leur absolue droiture. Et que d'autres petites choses il racontait entre les lignes, ce gentil billet bleu! Si Juliette l'avait relu sincèrement au lieu de le clore tout de suite, elle se serait rendu compte que les grâces de ces coquettes phrases, le « tu » subit et les caresses de la fin cachaient — ou compensaient — une perfidie ? Non. Mais une légère infidélité tout de même. N'en est-ce pas une, pour une maîtresse, que de faire une action dont elle sait d'avance que son amant en sera peiné, et Poyanne, qui parlait, ce jour-là, dans une séance importante de la Chambre, ne serait-il pas froissé, quand il saurait que Juliette, pouvant le voir dès huit heures, et après avoir manqué à cette séance sous un prétexte frivole, avait encore reculé cette entrevue pour dîner avec quelqu'un qu'il n'aimait pas ? Elle n'avait pas dit à Gabrielle que plusieurs fois, et à l'occasion de Mme de Corcieux dont il connaissait le mari, Poyanne avait jugé Casal très durement. Si elle l'avait relu une seconde fois, ce gracieux billet, la jolie veuve se serait peut-être demandé encore pourquoi, liée comme elle l'était dans la vie et pour toujours, — puisqu'ils avaient échangé, elle et Poyanne, une promesse secrète de mariage, — elle venait d'éprouver, à écouter Gabrielle, une espèce de curiosité singulière pour ce Casal si antipathique à son futur mari. Elle en aurait peut-être conclu, si elle avait été tout à fait vraie avec elle-même, que, dans son sentiment pour Poyanne, un peu de lassitude commençait de s'insinuer, et d'un peu de lassitude à beaucoup d'ennui le passage est si rapide, aussi rapide que d'un peu de curiosité à beaucoup de coquetterie...

Mais pouvons-nous jamais démêler l'écheveau des mille fils qui se croisent dans notre pensée derrière les phrases de nos lettres quand nous écrivons à quelqu'un qui nous tient de très près au cœur? Il en est du sens secret des billets d'amour comme des événements tragiques auxquels nous prenons part, et quand Juliette, une demi-heure plus tard, fit arrêter sa voiture devant le bureau de poste de la rue Montaigne, pour glisser elle-même sa dépêche dans la boîte, elle ne soupçonnait pas plus ce que signifiait, au fond, tout au fond, sa gracieuse prose, que Mme de Candale ne soupçonnait la funeste importance que son invitation improvisée allait prendre dans l'existence de sa plus chère amie.

II

L'INCONNU

Madame de Tillières avait l'habitude, lorsqu'elle ne dînait pas à la maison, de faire sa toilette bien à l'avance, afin d'assister au repas de sa mère, si elle ne pouvait le partager. Mme de Nançay conservait, de ses trente ans de province, le principe de se mettre à table sur le coup de sept heures moins un quart, très exactement. Cette salle à manger du premier étage, où il ne pouvait pas plus de dix personnes, était commune aux deux femmes. Cette mère qui adorait sa fille, pour sa fille et non pour elle-même, — sentiment rare chez les mères comme chez les filles, — s'était appliquée à organiser leur intérieur de façon que leurs deux existences se côtoyassent sans se mêler. Elle avait son étage, son salon, ses domestiques, sa distribution de journée indépendante; — toujours levée à six heures, été comme hiver, pour la messe d'un couvent voisin, couchée à neuf, et ne descendant guère au rez-de-chaussée. Elle voulait que Juliette fût à la fois libre comme si elle vivait seule, et protégée. Dans l'excès de son abnégation, elle se reprochait d'accepter la gâterie que lui faisait Mme de Tillières, avant chacune de ses sorties. Elle l'acceptait pourtant, car elle comprenait qu'en dehors de ces conditions-là, Juliette, qui ne sortait déjà pas beaucoup, ne sortirait plus jamais. Et puis, ce lui était un charme si doux de contempler sa fille dans la primeur de sa parure ! Elles passaient là quelquefois, toutes les deux, des minutes d'une si tendre intimité ! Il était rare que quelqu'un s'y trouvât en tiers. Dans les premiers temps où Poyanne faisait la cour à Juliette, il inventait sans cesse des prétextes pour venir caresser ses yeux à ce délicat tableau : cette jeune femme en grande toilette servant cette mère toujours en deuil, dans cette salle à manger silencieuse, à la lueur paisible de deux grandes lampes de style Empire juchées sur leurs hautes colonnes. Depuis que ses rapports avec Mme de Tillières avaient changé, il éprouvait comme une pudeur d'affronter les regards de Mme de Nançay. Cet homme de tribune, renommé pour son sang-froid au milieu d'assemblées hostiles, se sentait, dans cette présence vénérée, en proie à ces appréhensions angoissées qu'un secret coupable inflige aux âmes très droites. Il redoutait ces clairs yeux bleus, trop intelligents, — des yeux de vieille femme à demi sourde, — seule jeunesse de ce pâle visage flétri. Quoiqu'elle eût soixante ans à peine, Mme de Nançay en paraissait plus de soixante et dix, tant ses propres chagrins et ceux de sa fille avaient empoisonné chez elle les sources de la vie. Elle avait perdu, coup sur coup, son mari et ses deux fils dans l'année même qui avait précédé le tragique veuvage de Juliette. Cette mère douloureuse, et qui, visiblement, habitait en pensée avec ses chers morts, se ranimait d'une joie émue lorsqu'elle tenait ainsi sa dernière enfant auprès d'elle, parée, souriante et caressante, comme dans la demi-heure qui précéda le départ pour le dîner chez Mme de Candale. Ce soir-là, Juliette portait une robe de dentelle noire sur une jupe de moire rose, avec des nœuds de la même nuance. Dans ses cheveux cendrés et à ses fines oreilles luisaient des perles. Son corsage à peine échancré laissait voir la naissance de sa gorge et de ses souples épaules, tout en dégageant l'attache ferme de son cou et dessinant la sveltesse de son buste. Ainsi vêtue, elle avait en elle les grâces mêlées d'une jeune femme et d'une jeune fille. Ses bras à demi nus allaient et venaient, et ses belles mains, chargées de bagues, s'occupaient sans cesse à rendre quelque menu service à la vieille mère, lui versant à boire, ou bien lui préparant son pain, choisissant un fruit pour le partager. En s'acquittant de ces soins délicats, ses yeux bleus brillaient dans son teint de blonde, plus rosé que d'ordinaire. Un sourire plus gai plissait sa bouche au coin de laquelle une fossette se creusait à droite. Enfin elle avait son air des jours contents. Sa mère considérait avec bonheur cette expression joyeuse de physionomie. Elle savait du premier regard si sa Juliette se préparait à subir une corvée ou à s'amuser véritablement, et cet amusement lui représentait, avec une reprise de goût pour le monde, les chances d'un nouveau mariage pour cette fille qu'elle appréhendait de laisser seule bientôt; et voici qu'après s'être tue quelques minutes, elle lui dit, avec la voix claire et haute des sourds, en approchant de son oreille sa main un peu tremblante, pour mieux saisir la réponse:

— « J'ai presque envie d'être jalouse de Gabrielle, tant on voit que cela t'amuse d'aller chez elle. Et qui doit-il y avoir encore? »

— « Très peu de monde, » répondit Mme de Tillières, qui se sentit rougir. « Des chasseurs de la société de chasse de Candale. C'est pour lui tenir compagnie qu'elle m'a invitée... »

— « C'est pourtant l'exemple de ce ménage-là qui t'empêche de te remarier, » dit Mme de Nançay en secouant la tête et ajoutant avec mélancolie : « Pauvre petite femme ! et si courageuse, et avec cela pas d'enfants. »

— « Oui, » répondit Juliette, « si courageuse, » — et l'éclat de ses yeux se ternit une minute à la pensée du malheur secret qui rongeait la vie de son amie. Louis de Candale, encore garçon, était l'amant d'une Mme Bernard, la femme d'un riche industriel, dont il avait un fils. Presque aussitôt après son mariage, cette liaison avait repris, quasi publique, et supportée depuis dix ans par la comtesse avec une fière résignation qu'un simple détail expliquera : toute la fortune lui appartenait et la noble femme ne voulait pas que le dernier des Candale en fût réduit à vivre d'une pension mendiée à une épouse outragée. Et puis elle espérait toujours, elle aussi, un fils de ce nom auquel elle avait voué le plus romanesque des cultes. Enfin elle aimait son mari malgré tout. Mme de Tillières connaissait cette triste histoire, par les confidences de Gabrielle, et trop intimement pour n'en point partager toutes les amertumes. Elle ajouta, complétant la phrase de sa mère : — « Ah ! je ne crois pas que j'aurais jamais cette patience. »

— « Allons ! » reprit Mme de Nançay, « j'ai

eu tort de te rappeler ces tristes choses. Te voilà comme je ne t'aime pas, toute sombre. Donne-moi ton sourire avant de me quitter et sois gaie, comme tout à l'heure. J'étais si heureuse. Voilà au moins six mois que je ne t'avais pas vu ces yeux-là. »

— « Chère maman, » songeait Juliette un quart d'heure plus tard, tandis que son coupé l'emmenait vers la rue de Tilsitt, où habitaient les Candale, — « comme elle m'aime ! Et comme elle connaît mes yeux, comme elle sait y lire C'est pourtant vrai que ce dîner chez Gabrielle m'amuse comme une enfant ? Pourquoi ? »

Oui, pourquoi ? — Cette question, qu'elle ne s'était posée ni après l'entretien avec son amie, ni après avoir écrit la lettre à Henry de Poyanne, s'empara d'elle tout d'un coup à la suite de la remarque de sa mère et dès qu'elle fut assise dans l'angle de la voiture. C'est la place où les femmes réfléchissent le plus profondément, parce que c'est la place où elles se sentent le plus isolées, le plus défendues contre la vie qui frémit autour d'elles. Dix minutes ainsi passées, — les dix minutes qui séparent la rue Matignon de la rue de Tilsitt, — avaient suffi bien souvent à Mme de Tillières pour analyser par le menu tous les petits faits observés dans une soirée. Mais, cette fois, il lui aurait fallu des heures et des heures pour décomposer le travail accompli dans sa tête depuis sa conversation avec Gabrielle, et, quoique cette silencieuse fût habituée à voir très clair en elle-même, elle devait nécessairement se tromper sur la nature de ce travail.

Le petit germe de curiosité déposé d'abord en elle par le nom de Casal avait, si l'on peut dire, fermenté dans sa rêverie. Toute l'après-midi, et dans le va-et-vient machinal de ses courses, elle s'était laissée penser à lui, accueillant, sans y prendre garde, les images qui flottaient autour de ce nom. C'est ainsi que Mme de Corcieux lui était apparue, telle qu'elle l'avait rencontrée à l'époque de la rupture avec Casal, consternée de mélancolie et changée à ne pas la reconnaître. Il y a, dans tout cœur de femme, une certaine quantité d'intérêt disponible, au service d'un homme capable de se faire aimer ainsi, presque jusqu'à la mort. Cet obscur intérêt s'était remué autrefois dans Mme de Tillières, qui se souvint d'avoir éprouvé pour l'abandonnée une pitié infinie et de s'être dès lors demandé : « Que peut bien avoir cet homme pour qu'elle y tienne jusqu'à s'en déshonorer ?... » Casal possédait encore, pour exciter cette curiosité singulière chez Mme de Tillières, ce pouvoir de séduction qu'exercent les libertins professionnels sur beaucoup d'honnêtes femmes. Or Juliette, ayant pris un amant, comme elle avait fait, pour des raisons toutes morales, avait su garder toutes les délicatesses d'une honnête femme, même dans l'irrégularité d'une situation qu'elle et Poyanne considéraient d'ailleurs comme un mariage. Cette fascination projetée, si l'on peut dire, par les Don Juan sur les Elvire, — pour rappeler le symbole immortel qu'en a donné Molière, — a été bien souvent signalée et aussi souvent déplorée. Elle demeure un problème encore insoluble. Quelques-uns veulent y voir le pendant féminin de cette folie masculine qu'un misanthrope humoriste a nommée le *rédemptorisme,* le désir de racheter les courtisanes par l'amour. D'autres y diagnostiquent une simple vanité. En se faisant adorer par un libertin, une honnête femme n'a-t-elle pas l'orgueil de l'emporter sur d'innombrables rivales et de celles que sa vertu lui rend le plus haïssables ? Peut-être tiendrions-nous le mot de cette énigme, en admettant qu'il existe comme une loi de saturation du cœur. Nous n'avons qu'une capacité limitée de recevoir des impressions d'un certain ordre. Cette capacité une fois comblée, c'est en nous une impuissance d'admettre des impressions identiques et un irrésistible besoin d'impressions contraires. Un petit fait corrobore cette hypothèse : cet attrait du libertin ne commence, chez les honnêtes femmes, que vers la trentième année et lorsque la vie vertueuse leur a donné tout ce qu'elle comporte de joies un peu sévères. Sans doute, Mme de Tillières, quand elle arrivait à Paris, au lendemain de la guerre, jeune veuve enivrée de douleur et de fierté, eût éprouvé une antipathie immédiate pour cette personnalité de Casal, qui la préoccupait davantage de minute en minute, depuis quelques heures. A travers tous les va-et-vient de sa pensée, elle cristallisait, suivant la spirituelle expression mise à la mode par Beyle, et sans s'en douter, pour cet homme avec qui elle allait passer la soirée. Elle se crut sincère en répondant au « pourquoi » qu'elle s'était formulé assez courageusement : « Je suis curieuse de connaître quelqu'un dont Gabrielle fait tant de cas malgré sa réputation, voilà tout... » Et elle ajouta, pour se justifier de ce qu'elle sentait malgré tout d'un peu malsain dans son élan secret vers cette rencontre : « C'est toujours l'histoire du fruit défendu. » Dans tous les cas, malsain ou non, cet élan fût demeuré invisible à l'observateur le plus subtil quand elle descendit de sa voiture dans la cour de l'hôtel des Candale, tant sa voix était calme et nette pour dire au cocher : « A onze heures moins un quart..., » et tant son mystérieux visage exprimait de paisible candeur à son entrée dans le hall où se trouvaient déjà réunis tous les convives, et c'est à peine, lorsqu'on lui nomma celui pour lequel, en définitive, elle avait accepté cette invitation, si elle parut prendre garde à lui. Casal s'inclina de son côté avec une indifférence pareille, si bien que Gabrielle, occupée à les guigner de l'œil l'un et l'autre, appréhenda, devant la froideur de son amie, un sermon de Poyanne. Elle s'approcha de Juliette, et, tout bas :

— « Eh bien ! comment le trouves-tu ? » demanda-t-elle.

— « Mais, » fit Mme de Tillières en souriant, « je ne le trouve pas... C'est un beau garçon comme il y en a tant. »

— « Je t'avais bien dit que ce n'est pas ton genre, » reprit Mme de Candale. « Je t'avertis que je l'ai mis à table à côté de toi. Si cela t'ennuie, il est encore temps de changer. »

— « A quoi bon ? » répliqua Juliette en hochant gracieusement la tête.

Gabrielle n'insista pas davantage. Toutefois cet excès d'indifférence ne lui parut guère naturel, et elle avait raison. Les deux femmes étaient très amies. Mais ce qui distingue l'amitié entre femmes de l'amitié entre hommes, c'est que cette dernière ne saurait aller sans une confiance absolue, tandis que l'autre s'en passe. Une amie ne croit jamais tout à fait ce que lui dit son amie, et cette continuelle suspicion réciproque ne les empêche pas de s'aimer tendrement. En réalité, aucun homme n'avait produit sur Mme de Tillières, depuis qu'elle retournait dans le monde, une impression comparable, par la soudaineté de la secousse, à celle dont l'avait saisie, au premier regard, l'ancien amant de Mme de Corcieux. L'extrême attente ayant comme monté toutes les cordes de son âme, elle était préparée à sentir, avec une vivacité inaccoutumée, ou le chagrin de la déception ou le plaisir de rencontrer un être à la hauteur de sa curiosité. Or, Casal avait, dans son aspect, de quoi frapper fortement une imagination un peu romanesque, même sans ce travail d'esprit préliminaire.

Ce jeune homme réalisait pleinement ce contraste énigmatique entre sa réputation et sa personne, sur lequel Mme de Candale avait tant insisté qu'elle en avait vaguement monté la tête à Juliette. Il n'était à aucun degré le « beau garçon comme il y en a tant » dont cette dernière avait parlé avec une dédaigneuse hypocrisie, et il ne ressemblait pas davantage à l'image déplaisante qu'elle en avait gardée pour l'avoir aperçu autrefois, accoudé sur la balustrade de velours d'une loge de cercle, avec une espèce de morne insolence. Il y a un âge d'apogée, pour toutes les physionomies, une époque unique où elles donnent la totale intensité de leur expression. Pour certains hommes, musclés et bilieux comme celui-là, cette période coïncide avec celle de la seconde jeunesse. Casal avait trente-sept ans. Les fatigues de la vie de plaisir qui épuisent les lymphatiques, congestionnent les sanguins et détraquent les nerveux, ces exorbitantes et multiples fatigues du jour et de la nuit, l'avaient, lui, affiné et comme spiritualisé. Elles s'étaient imprimées sur son visage en traces qui jouaient la pensée, en stigmates qui faisaient croire à une intime et noble mélancolie. Le teint offrait ce caractère, qui ne s'acquiert pas, d'une chaude pâleur uniforme sur laquelle ne sauraient mordre ni les excès des veilles passées au jeu, ni les journées de chasse avec le coup de fouet de l'air. Les cheveux, coupés ras et encore très noirs, poussaient leurs cinq pointes sur un front carré, divisé en deux par la ligne de la volonté, et qui commençait à s'agrandir vers les tempes. Il y avait de la rêverie, semblait-il, sur ce front, comme il y avait de la tristesse dans les rides des paupières, comme il y avait une finesse pénétrante dans les prunelles d'un vert très clair et tirant sur le gris. Le nez droit et le menton solide achevaient en vigueur ce masque un peu creusé, où la sensualité de la bouche se dissimulait sous le voile d'une moustache châtaine, presque blonde. Casal avait profité du prétexte d'un voyage aux Indes pour changer sa coiffure et faire couper sa barbe où quelques fils d'argent apparaissaient déjà. Ses joues ainsi dégarnies se marquaient du pli un peu amer où se trahit le désenchantement de l'homme qui a souri avec dégoût de trop de choses. C'était une figure à la fois vieillie et jeune, énergique et alanguie, dont les traits excluaient toute idée de vulgarité. Il devait paraître incroyable que cette physionomie appartînt à un viveur professionnel, quoique le corps, svelte dans sa robustesse, révélât l'habitude de l'exercice quotidien. Casal, naturellement grand et fort, ne passait guère de jour, depuis sa première jeunesse, sans se dépenser à quelque sport violent, escrime ou paume, boxe ou cheval, chasse ou yachting. Sa mise, un peu trop soignée, révélait le souci puéril, passé vingt-cinq ans, d'un prince de la mode. Mais il semblait si peu y penser. Une si évidente habitude d'élégance émanait de tout son être, qu'il avait l'air créé ainsi, comme un animal de haute vie, fabriqué par la Nature pour s'habiller, pour exister de cette manière-là, et non d'une autre. Le tout formait un ensemble à la fois mâle et joli, très viril et vaguement efféminé, qui expliqua du coup à Mme de Tillières pourquoi cet homme avait inspiré des passions presque tragiques dans un monde de caprices et de frivolité; pourquoi aussi les autres hommes, y compris Poyanne, nourrissaient contre lui cette animosité particulière. Les femmes, qui nous connaissent beaucoup mieux que nous ne l'imaginons, savent très bien que le succès d'un de nos semblables auprès d'elles excite chez toute la corporation une envie égale à la jalousie que leur inspirent les amours heureuses d'une d'entre elles. Le simple extérieur de Casal devait infliger une humiliation constante à la plupart de ceux qui se trouvaient en sa présence, et, de toutes les vanités masculines, la vanité physique, pour être la moins avouée, n'en est que plus passionnée et plus jalouse.

— « C'est positif qu'il ne ressemble pas aux autres. » Cette petite phrase, qui contenait en germe toute une nouvelle fermentation d'idées, Mme de Tillières se la prononçait mentalement, un quart d'heure plus tard, et c'était le résultat d'un de ces examens où les femmes les plus distraites excellent et qui vous dévisagent un nouveau venu en quelques coups d'œil lancés si vite. Elles savent comment vous avez les yeux et les dents, les mains et les cheveux, vos gestes et vos tics, votre humeur et votre éducation, avant que vous ne sachiez, vous, seulement, si elles vous ont regardés. Le dîner avait été annoncé, et Candale avait offert son bras à Juliette pour passer dans la salle à manger, celle du premier étage et qui est réservée aux réceptions fermées. Quoique cette petite salle ait été aménagée, au rebours de la grande, celle du rez-de-chaussée, pour servir de cadre à des causeries d'intimité, un détail y révèle tout le caractère de la comtesse, qui appartient à ce que l'on pourrait appeler la section Champs-Élysées du faubourg Saint-Germain, c'est-à-dire qu'au rebours des boudeurs et des boudeuses des environs de la rue Saint-Guillaume, elle unit à la plus ancienne noblesse le goût du « chic » et de l'élégance la plus récente, mais certaines nuances ne permettent pas qu'on la confonde avec des femmes simplement riches. Elle a fait tendre par exemple sur un panneau de cette salle à manger une des dix tapisseries, encore intactes, princier cadeau que le duc d'Albe offrit au vieux maréchal de Candale lors d'une ambassade secrète de ce dernier auprès de lui. Il n'y a pas un coin de cet hôtel, à la fois si moderne et si plein des reliques d'un passé terrible, qui ne trahisse ainsi le culte étrange de la jeune femme pour ce sanglant ancêtre. Cette tapisserie, en particulier, tissée à Bruges, et qui représente une marche de lansquenets à travers un bois, piques dressées, apparaît dans cette étroite pièce, avec l'inscription qui rappelle l'illustre donataire, comme le signe d'un orgueil nobiliaire très affecté. Peut-être, pour le goût d'autrefois, cela eût-il senti son parvenu. Mais les femmes comme Gabrielle, qui veulent à la fois briller comme leurs rivales de la finance et pourtant s'en distinguer, se mettent volontiers à être fières de leur noblesse, comme si cette noblesse datait de la veille. C'est une des mille formes du conflit engagé depuis cent ans entre la vieille et la nouvelle France. Il arrive à Mme de Candale de dire : « Quand on s'appelle comme nous... » avec le même étalage de sa race que si elle n'était pas, en effet, une Candale authentique, unie à un cousin aussi Candale qu'elle, ce qui ne l'empêche pas d'avoir à sa table, comme ce soir, — à côté de sa sœur, la duchesse d'Arcole, mariée au petit-fils d'un maréchal de Bonaparte, — le petit-fils d'un célèbre banquier de Vienne, M. Alfred Mosé. Il est vrai que les Mosé sont convertis depuis deux générations. Sur les trois autres convives, un seul, le vicomte de Prosny, descendait d'une famille qui, à la rigueur, pût traiter de pair, moins l'illustration, avec celle du grand maréchal. Mais la baronnie du baron d'Artelles date du règne de Louis-Philippe, tandis que Casal est le fils d'un industriel enrichi dans les chemins de fer et sénateur d'après le Deux Décembre, comme d'ailleurs le père de la comtesse elle-même. Telles sont les inconséquences d'un temps où les prétentions les plus raides se heurtent à d'irrésistibles nécessités de mœurs. Louis de Candale avait la passion de la grande chasse, et, si considérable que fût la fortune de sa femme, il lui fallait bien, pour satisfaire ce goût sans doute héréditaire et entretenir les premiers tirés de France, accepter quelques partners pris à son club. C'est ainsi que Mosé, dont l'unique affaire était de mener la vie élégante, et qui avait réussi à forcer la porte du Jockey par une diplomatie de dix années, se trouvait occuper dans le budget de Pont-sur-Yonne une place trop importante pour n'être pas traité en ami par son associé et la femme de cet associé. La comtesse, trop vraiment chrétienne, trop intelligente et trop juste pour donner dans le fanatisme anti-sémitique, affectait pourtant d'être très hostile aux étrangers, afin de ne presque pas recevoir son ennemie Mme Bernard, née Hurtrel, des Hurtrel de Bruxelles, et elle se tirait de cette petite contradiction qui admettait Mosé parmi ses intimes, par des phrases adroites, afin d'excuser cette exception en la soulignant. Elle vantait ce camarade du comte pour sa discrétion, pour son ton véritablement exquis, pour la générosité dont il donnait des preuves à toutes les œuvres de bienfaisance. Ces éloges étaient mérités. Car cet homme blond, chauve à quarante-cinq ans, avec des yeux très fins dans un mince visage exsangue, possédait au plus haut degré la suite dans la voie adoptée qui demeure le secret du succès de cette forte race dont il gardait le type malgré le baptême. Il tenait son rôle de gentleman avec une irréprochable rigueur. Si pourtant un philosophe s'était rencontré parmi les convives, n'aurait-il pas éprouvé une intense impression de l'ironie inhérente aux choses à voir le descendant du peuple le plus persécuté de l'histoire, assis sous une tapisserie donnée par un furieux persécuteur à un autre persécuteur ? Et c'eût été pour lui une ironie encore de regarder Mme d'Arcole en train de manier de l'argenterie anglaise devant une table toute servie à l'anglaise, quand le premier duc d'Arcole s'était rendu célèbre par sa haine implacable contre le peuple britannique et sa lettre de provocation à Hudson-Lowe. Mais les philosophes ne vont guère dans le monde, et, quand ils y paraissent, c'est pour noyer aussitôt leur philosophie dans une débauche de snobisme. Il y a ainsi des dessous de contradictions absurdes à presque toute réunion, ne fût-ce que de cinq ou de six personnes. Le plus sage est de ne pas plus les scruter que ces personnes elles-mêmes. On eût fort étonné Mosé, tandis qu'il dégustait la crème d'asperges du potage, si on lui eût rappelé que le vieux Candale l'aurait probablement brûlé de ses mains; comme on eût étonné d'Artelles, occupé à servir la comtesse, sa voisine, en lui remémorant que son arrière-grand-père, à lui, poussait la charrue dans les plaines de Beauce; — comme on eût étonné Mme de Candale en lui démontrant que l'action d'avoir placé Casal à côté de Juliette n'était pas absolument digne d'une très honnête femme; — comme on eût étonné Juliette en lui affirmant que son indifférence, de plus en plus marquée envers son voisin, dissimulait un intérêt de plus en plus vif. Quant à Prosny, déjà occupé à déguster l'amontillado du premier service avec une joie de connaisseur, et au gourmand Candale qui se consolait de ne pouvoir inviter sa maîtresse par l'excellence de sa propre table, ils étaient à l'abri de toutes les surprises de la pensée, et Casal, lui, avait trop roulé de-ci de-là pour s'étonner jamais de rien.

Le dîner avait naturellement commencé par des commentaires de toute sorte sur l'accident de voiture dont Mme de Candale avait été la victime; puis, comme des chasseurs déterminés, fussent-ils d'ailleurs dans la morte saison, ne sauraient causer dix minutes sans que leur passion favorite entre en jeu, la mésaventure de la comtesse servit aussitôt de prétexte à des récits d'accidents de chasse, et de ces accidents eux-mêmes la conversation passa vite à des discussions d'armes. D'Artelles, avec sa rude figure de petit-fils de paysan, aimait à faire le coup de fusil presque autant que Candale, mais d'une tout autre manière. Par exemple, tandis que les rabatteurs poussaient devant eux le gibier que les chasseurs guettaient dans une allée, il lui arrivait souvent de leur fausser compagnie et de fouiller la plaine ou le bois tout seul. Il y avait en lui du braconnier, tandis que le goût véritable du comte Louis était uniquement la chasse à courre, la bête forcée et la fête seigneuriale de la curée. Pour la centième fois, ils se reprirent à discuter sur ces deux sortes de sport, puis à se remémorer des chasses mémorables, et l'on entendit des phrases comme celles-ci :

— « Vous rappelez-vous, d'Artelles, » disait Prosny, « cette chasse étonnante avec les grands-ducs à la Croix-Saint-Joseph ? Sur combien d'oiseaux avons-nous tiré ce jour-là ?... »

— « Trois mille, » répondait d'Artelles, « et voilà ma déveine : je n'avais pas de poudre de bois ! »

— « Félicitez-vous-en, » interrompit Mosé, « ça brise les fusils. L'autre jour, nous chassions chez Taraval avec le petit La Môle, ses *Purdeys* étaient en capilotade après. »

— « Quel tireur, ce La Môle ! » s'écria Candale.

— « Comment pouvez-vous dire cela ? » répliqua Prosny, « tout au plus un bon premier second-fusil ; voyons, vous qui connaissez Strabane !... »

— « Strabane ! Strabane ! » reprit d'Artelles, en hochant la tête.

— « Ah ! » insista l'autre, « si vous l'aviez vu, comme nous, tuer six grouses d'affilée, dans un même vol, deux à son affût, deux au coup du roi, et deux par derrière... »

— « Parbleu ! » dit Mosé, « tous les matins il s'exerce devant sa glace à recevoir ses trois fusils sans désépauler et ses domestiques à les lui passer... »

— « Alors il lui faut emmener deux hommes

pour lui porter ses trois armes... Et vous appelez ça chasser ?... » reprit d'Artelles.

— « Dites donc, Candale, » interrogeait Prosny, « c'est toujours le xérès que vous a cédé Desforges ? Il est parfait. »

Mme d'Arcole écoutait ces discours, entendus cent fois, avec le placide silence italien qu'elle tenait de sa mère, à qui elle ressemble autant que Gabrielle lui ressemble peu, et Juliette complimentait cette dernière sur les fleurs qui paraient la table. Au milieu et dans un cache-pot d'argent ancien se dressait un bouquet de lilas blanc, de grandes roses jaunes et d'orchidées. D'autres orchidées, d'une nuance mauve avec des cœurs de velours violet, garnissaient deux autres cache-pot moins grands mais d'un aussi fin travail, et un tapis de violettes russes reliait entre eux ces trois bouquets. A cette sorte de sombre parterre la nappe blanche, les cristaux et la vaisselle plate faisaient comme une bordure brillante. Des bougies munies d'abat-jour roses, éclairaient cette table d'une lumière plus vive que le reste de la salle et permettaient d'en saisir le moindre détail, depuis les petites assiettes en argent pour le beurre, mises à côté de chaque personne, jusqu'à la grâce mignarde des figurines ciselées dans les pièces centrales du service. C'était un extrême atteint dans l'élégance qui s'obtient très rarement, même dans les maisons les plus comblées, car il suppose à la fois une énorme fortune, une hérédité séculaire d'aristocratie et un goût unique chez la maîtresse du logis. Quand Mme de Tillières se prit à vanter ce joli arrangement de fleurs et d'objets d'art, Casal releva la tête. Sa blonde voisine venait de dire à voix haute ce qu'il pensait tout bas, juste à cette seconde. Pris entre la conversation des chasseurs et les phrases échangées à travers la table par les deux amies, il n'avait pas encore placé vingt mots depuis le commencement du dîner. Il s'était contenté de regarder avec ce plaisir de l'impression exquise sur lequel les hommes d'une finesse native ne se blasent guère. D'ailleurs, quoiqu'il ne parlât jamais ni tableaux ni bibelots, il avait acquis un sens artiste assez aiguisé dans de longues causeries avec les deux ou trois peintres de valeur que la recherche du portrait fructueux, le caprice d'une grande dame galante ou la vanité de fréquenter des gens riches lance de temps à autre, pour leur perdition, dans la société des clubmen. Casal avait ainsi appris à voir; — action très simple et pourtant si rare que de tous les convives il avait seul goûté, avec Mme de Tillières, le délicieux décor des choses autour d'eux. Il avait de même remarqué l'harmonie de toilette des trois femmes : Mme de Candale tout en rouge avec l'or fauve de ses boucles; Mme d'Arcole tout en blanc avec la chaude langueur de son teint, ses bandeaux d'un noir épais et ses yeux d'un brun clair; Juliette avec ses cheveux cendrés et la grâce des reflets roses sous la dentelle noire. Après la phrase qui lui avait fait dresser la tête, il se prit à considérer sa voisine plus attentivement qu'il n'avait fait lors de leur présentation.

A cette première minute, et tandis qu'elle tressaillait, elle, de curiosité jusque dans ses fibres les plus profondes, il l'avait jugée, lui, comme maintes fois de loin au théâtre, une assez jolie personne, mais presque insignifiante. Les femmes qui possèdent plus de charme délicat que d'éclatante beauté risquent ainsi d'être méconnues d'abord. Elles ressemblent à ces fins paysages de notre France du centre que le touriste traverse rapidement pour courir vers d'autres, et qui découvrent sans cesse à leur familier de nouvelles raisons de les préférer. A détailler Mme de Tillières avec ce coup d'œil respectueusement indiscret dont les libertins bien élevés enveloppent les femmes, il reconnut que la taille de sa voisine était très mince et très souple, que la naissance des épaules, les bras et la ligne de la nuque indiquaient une irréprochable perfection de formes, enfin que les traits du visage, pour être un peu menus, étaient aussi d'une délicatesse presque idéale. Là-dessus, un autre se serait dit tout de suite : « Mais c'est une très jolie femme... » et aurait commencé de lui faire deux doigts de cour, — comme on chantait dans les naïves romances de jadis. Chez Casal, l'observateur, une fois mis en jeu, devait aussitôt dépasser la constatation physique et creuser jusqu'au caractère. A travers cette existence de fête continuelle qui était la sienne, il n'avait pas désappris à réfléchir. L'air de supériorité qui s'exhalait pour ainsi dire de toute sa personne ne mentait qu'à moitié. Sa qualité maîtresse, appliquée, faute de principes et faute aussi d'un talent positif, à des choses de pure élégance, était une force extrême de jugement. Il possédait, dans un domaine de futilités, le don précieux d'aller toujours droit à l'essentiel. Pour employer une expression, susceptible d'innombrables nuances comme la vertu d'esprit qu'elle désigne, il n'était jamais à côté. Un nouveau venu entrait-il au cercle, qu'il arrivât de province ou d'Amérique, qu'il fût Anglais, Russe ou Argentin, en quelques jours, Casal vous disait exactement ce que cet étranger avait dans le ventre, — admirable formule d'argot créée par ce Paris qui traite en effet les inconnus comme les petites filles curieuses font leurs poupées : elles les ouvrent d'un coup de ciseau après s'en être amusées, et sitôt ouvertes, sitôt jetées. Un tireur inédit se présentait-il sur la planche, en une séance Casal avait décomposé son jeu, presque aussi bien que Camille Prévost, le maître avec lequel il aimait le mieux à tirer, justement à cause de son impeccable analyse. Avec cela, il savait juger d'un cheval comme un maquignon, et d'un dîner comme un cuisinier. C'était lui qui, ayant accepté de faire l'intérim du commissariat de la table dans un club aujourd'hui disparu, le Fencing, avait, dès le second jour, appelé le chef pour lui demander simplement : « Pourquoi avez-vous employé aujourd'hui du beurre qui coûte dix sous de moins la livre que celui d'hier?... » Et c'était vrai. Cette précision de sens et d'intelligence allait du petit au grand, et Casal se trompait aussi peu sur l'avenir d'une pièce de théâtre, d'un acteur ou d'un livre. Ayant, en outre, le tact de se taire quand il ignorait, il n'était jamais pris en défaut; jamais il n'énonçait une de ces opinions médiocres qui rendent les beaux esprits de salon intolérables aux spécialistes.

Ce sont là quelques-unes des facultés qui donnent à un homme une maîtrise, et leur présence ou leur absence explique pourquoi, dans une carrière aussi unie et monotone que la vie de plaisir, certains personnages exercent une dictature, tandis que d'autres sont toujours à la suite. Le moraliste en est encore à comprendre comment la sûreté de l'observation, la modestie du bon sens, l'énergie de la conclusion exacte, peuvent se rencontrer ainsi, jouant à vide et sans que l'homme qui les possède ait l'idée de produire une action utile ou seulement sérieuse. Ce déséquilibre étrange entre le moyen et la fin traduit-il une timidité foncière, ou bien faut-il y voir une preuve de plus à l'appui de cette vérité si bien résumée par la sagesse du langage qui a dérivé le mot de *corruption* d'un verbe latin dont le sens est *briser* ? L'habitude du plaisir précoce et continue aurait-elle pour résultat de rompre en nous, de dissoudre cette sève de notre être qui crée l'Idéal ? Quelle que soit la cause de ce singulier effet, il est constant que Casal aura passé sa vie à partager les débauches de compagnons dont pas un ne le vaut et dépensé le meilleur de son esprit à résoudre des problèmes tels que celui qu'il se posa quand Mme de Tillières eut attiré son attention : « Qu'est-ce au juste que cette petite femme ? » Et encore cette petite femme-là, comme il l'appelait irrévérencieusement dans sa pensée, valait-elle du moins la peine d'être étudiée.

Cette étude, commencée au moment où le maître d'hôtel offrait à la sensualité des convives un *magnum* de la bonne année de Cos d'Estournel, révéla tout d'abord à Raymond une agitation extraordinaire chez la jeune femme. Il en jugea ainsi aux brusques sautes d'idées qu'elle avait dans sa conversation avec Candale ou avec la comtesse, — car, pour lui, elle continuait à ne pas lui parler, — puis au frémissement de ses lèvres dans le sourire, enfin au battement de paupières par lequel elle semblait vouloir éteindre son propre regard. Il en conclut deux choses : l'une, que sous ces dehors de pastel adouci, avec ses cheveux d'un blond pâle, son teint transparent et ses yeux d'un azur clair, Mme de Tillières était sans doute une personne à impressions très vives, une passionnée toujours en train de se refouler et de se dompter; — l'autre, qu'il y avait à cette table quelqu'un à qui elle s'intéressait extrêmement. En une seconde il eut fait le décompte des hommes ici présents. Était-ce Candale, ce quelqu'un? Non. Elle lui parlait trop gaîment. D'Artelles? Le baron s'en fût aperçu depuis longtemps et n'aurait point passé, comme il le faisait, quatre de ses soirées sur sept dans les coulisses de l'Opéra. Prosny? Ce grand gourmand de vicomte se vantait lui-même d'avoir « dételé » depuis des années. Mosé? Mais Mme d'Arcole, avec qui ce dernier causait en aparté à cette minute même et à laquelle il faisait officiellement la cour depuis des mois, n'avait pas échangé avec Mme de Tillières une seule de ces œillades significatives que les femmes jalouses ne s'épargnent jamais, — si prudentes soient-elles. Que restait-il, sinon Casal lui-même? Malgré ses succès, ou peut-être à cause d'eux, le jeune homme n'était ni très vaniteux, ni trop modeste. Il se croyait parfaitement capable d'inspirer mieux qu'un caprice, une passion, et dès la première rencontre... Mais il croyait aussi qu'il pouvait déplaire jusqu'à l'antipathie, et il admettait même, ce qui prouve la trempe de son bon sens, qu'il passât inaperçu. Cela dépendait et de la femme et du moment de sa vie. A quelle crise de son existence sentimentale en était Mme de Tillières ? Voilà ce que l'examen le plus pénétrant ne pouvait apprendre à un Parisien qui n'avait, pour tout renseignement sur elle, que de petites phrases comme celles-ci, entendues au hasard :

— « Mme de Tillières ? C'est une charmante femme, et distinguée et simple... »

— « Allons donc, mon cher, c'est une insupportable poseuse... »

Ou encore :

— « Il y a pourtant d'honnêtes femmes dans le monde. Voyez Mme de Tillières : lui connaissez-vous un amant ?... »

— « Bah ! c'est une sournoise qui cache son jeu mieux que les autres, voilà tout... »

— « Si c'est moi qui l'occupe, » conclut Casal en lui-même, après cette première méditation, « c'est comme à l'escrime, il faut voir venir. »

C'était la sagesse, en effet, d'autant plus que Mme de Tillières avait dû certainement entendre parler de lui d'une façon sévère. Il connaissait trop sa situation personnelle pour en douter. Cela suffisait à lui tracer un rôle de mesure, de tact et de discrétion, en vertu de cette méthode pratiquée d'instinct par tous les hommes qui réussissent auprès des femmes : intéresser en déroutant. Il continua donc à s'effacer, s'interdisant les manières d'enfant gâté qu'il avait parfois, se posant en écouteur plutôt qu'en causeur, et réservé comme un secrétaire d'ambassade de la vieille école. Le résultat de cette tenue ne se fit guère attendre. Juliette, qui, elle-même, avait voulu voir venir son voisin, appréhenda que le dîner ne s'achevât sans qu'elle eût pu essayer de savoir ce qu'il y avait au juste derrière la physionomie de cet homme vers lequel elle continuait de se sentir trop attirée. Et ce fut elle qui lui posa tout d'un coup une question destinée à le faire causer.

— « Vous me croirez si vous voulez, » venait de dire Prosny, excité déjà par le vin à outrer son penchant naturel aux racontars invraisemblables, « mais j'ai connu en Normandie un braconnier qui chassait sans bras. Oui, messieurs, son petit garçon lui chargeait son fusil, le lui posait sur une pierre, et notre homme tirait... avec ses pieds!... Ma foi, à l'affût, il tuait son lapin tout comme un autre... »

Comme la table entière se récriait sur cette fantastique anecdote, que le Normand Prosny confirmait de sa maigre et rouge figure, M%me% de

Tillières se tourna vers Casal, et, d'une voix un peu troublée :

— « Et vous, monsieur, » dit-elle, « vous n'avez donc pas de récits extraordinaires à nous conter, comme ces messieurs ? »

— « Mon Dieu, madame, » fit le jeune homme en souriant, « c'est qu'il n'y a guère qu'un certain nombre d'histoires de chasse, et ils les auront bientôt toutes dites. Pourtant, je ne connaissais pas celle que vient de nous servir Prosny et qui dépasse un peu la permission... Mais il faut pardonner leurs gasconnades aux chasseurs, en pensant à ce que cette passion représente de vie saine et naturelle dans notre existence factice et frelatée de civilisés... »

— « J'avoue ne pas saisir, » reprit Juliette, « ce qu'il y a de bien sain et de bien naturel à se poster sept ou huit au bord d'un bois pour fusiller, à bout portant, de malheureux lapins et des faisans, que vous ne faites même pas lever vous-même... »

— « D'abord ce n'est qu'une espèce de chasse, » dit Casal, « mais c'est pourtant un commencement... On prend le goût d'un gibier plus difficile, et j'ai vu des camarades à moi, oh ! pas beaucoup, mais j'en ai vu partir de là et finir par aller chasser le tigre aux Indes, le buffle en Afrique, et le mouflon dans le Turkestan. Croiriez-vous cela, madame, que trois de mes amis ont eu le courage d'aller chercher là-bas, sur les frontières de la Chine, une bête dont parlait le voyageur Marco-Polo, l'*ovis poli,* et ils l'ont retrouvée et tuée. »

— « Avez-vous fait vous-même de ces grandes chasses ? » demanda-t-elle.

— « Quelques-unes, » répondit-il, « les plus faciles. Je suis allé aux Indes, et j'ai tué ma demi-douzaine de tigres, comme tout le monde. Mais j'ai gardé de ce voyage des impressions uniques... Quand on a vu se lever beaucoup d'aurores, par les fenêtres du cercle, cela vous change jusqu'au ravissement d'en voir d'autres à dos d'éléphant, et de traverser quelqu'une de ces vastes rivières qui coulent toutes roses et enluminées sous un ciel qui s'enflamme... Avec un peu de danger pour agrémenter le paysage, je ne dis pas que ça n'ennuierait pas à la longue, mais c'est exquis. Je vous jure qu'on trouve la vie de club et de fête bien mesquine à ces moments-là... »

— « Mais alors pourquoi la menez-vous ? » interrogea-t-elle. Le petit frisson que donne à toutes les femmes la sensation du courage personnel de l'homme avait été si vif pendant ces quelques paroles de Casal, qu'elle avait cessé de se surveiller pour une seconde. Son exclamation la surprit elle-même, en la faisant un peu rougir. Elle se trouva trop familière et elle eut peur qu'il n'en profitât tout de suite pour se familiariser de son côté avec elle. Il eut la finesse de répondre en secouant la tête, avec une espèce de bonhomie gaie :

— « C'est l'histoire des femmes mal mariées, madame. C'est joué, c'est perdu. On a commencé à s'amuser, ou ce qu'on appelle ainsi, à vingt ans, parce qu'on était jeune; on continue à cinquante parce qu'on ne l'est plus... On est un inutile et un raté. Mais quand on le sait... »

Il riait, en disant cela, du rire d'enfant qu'il avait gardé et qui était une de ses grâces. Il y a toujours quelque ridicule pour un homme aussi comblé que l'était Casal, très riche, fêté partout et libre de ses actions, à laisser entendre qu'il a manqué sa vie. Mais ce rire sauvait ce ridicule qui, d'ailleurs, n'est pas perceptible aux femmes. Les plus fines, pourvu qu'elles aient du cœur, sont disposées à croire un homme qui leur jouera la comédie des destinées avortées. C'est leur roman secret, à elles toutes, de consoler ces misères-là. D'ailleurs, peut-être Casal ne mentait-il pas en condamnant une existence avec laquelle il n'aurait cependant pas pu rompre. Lui aussi était saturé de ses sensations habituelles. Il y eut un silence entre eux, durant lequel il se commit une de ces fautes de tact que le langage parisien désigne du terme assez inexplicable de gaffe. On en était aux trois quarts du dîner. C'est le moment habituel où éclatent ces étourderies que l'entraînement de la conversation et quelques verres de vin fin rendent presque inévitables. Le baron d'Artelles s'était mis à parler de Mme de Corcieux, que toutes les personnes présentes savaient avoir été la maîtresse de Casal. Il n'en disait rien de très méchant, mais ce rien suffisait à mettre le jeune homme dans une position un peu fausse.

— « Quelle diable d'idée, » continuait-il, « cette pauvre Pauline a-t-elle eue de se teindre subitement en blond ? Elle n'a donc pas une amie pour lui dire que ça lui donne dix bonnes années de plus, et elle commence à n'en plus avoir besoin, de ces dix années-là, ni même de cinq... »

— « C'est comme le vieux Bonnivet, que vous avez dû voir souvent, madame, » dit le politique Mosé en s'adressant à Gabrielle de Candale afin de couper la conversation, « vous savez s'il se teignait ? »

— « Vous voulez dire s'il se cirait, » dit Candale.

— « S'il se salissait, » dit Mme d'Arcole.

— « Bref, » reprit Mosé, « qu'il fût teint, ciré ou sali, il cachait la chose à tout le monde, y compris son coiffeur, qui me disait d'un ton si comique : « Si j'osais lui en parler seulement, « monsieur, je lui ferais ça si bien. » Bref, notre Bonnivet tombe malade. Ses rhumatismes lui nouent tous les membres. Je vais le voir et je le trouve blanc comme neige. Devinez son premier mot : « Voyez comme j'ai souffert, Mosé, j'en ai « blanchi. »

— « Cela n'empêche pas, » insista d'Artelles, lequel, comme tous les gaffeurs, tenait à son idée, « que Mme de Corcieux pourrait bien se tenir tranquille. Voyons, quel âge a-t-elle à peu près ? Vous devez savoir ça, vous, Casal ?... »

Ces mots n'eurent pas plus tôt été prononcés que l'imprudent causeur sentit leur indiscrétion, et, s'arrêtant tout court, il devint pourpre au milieu du silence de toute la table, ce qui acheva de rendre l'attitude du jeune homme plus délicate. Il ne pouvait ni attaquer ni défendre son ancienne amie. Il fut naturel et dit simplement :

— « Mme de Corcieux ? Mais quand je l'ai saluée à l'Opéra l'autre semaine, elle avait l'âge d'une très jolie femme, et Bonnivet, lui, tout ancien pair de France qu'il fût, étalait sur les fauteuils de l'Agricole un très vieil homme, et terriblement cassé, quoiqu'il eût l'habitude de dire avec son grand air : « Il n'y a pas d'âge, il n'y a « que des forces... »

Tout le monde rit et la causerie tourna. Casal, qui avait eu la sensation de plaire à sa voisine, très particulièrement, prit soin que l'entretien restât général pour raconter avec un joli tour deux ou trois anecdotes de son voyage au

Japon. Il trouva le moyen d'être si gentiment spirituel, qu'une fois sortis de table, la comtesse s'approcha de lui, et, malicieusement :

— « En avez-vous fait des frais pour mon amie, » lui dit-elle, « et, soyez content, vous lui avez plu. Et maintenant, allez fumer en paix... Mais vous ne fumez pas, vous ? Seulement, je vous connais, vous voulez causer avec ces messieurs un peu plus librement et boire votre eau-de-vie en paix... N'en buvez pas trop, et revenez-nous vite... »

Le jeune homme sourit en s'inclinant. Mais quand, une heure plus tard, ses compagnons revinrent du fumoir, Mme de Candale chercha en vain parmi eux sa mâle et spirituelle figure. Il avait eu la coquetterie de disparaître sur son succès. Elle regarda Juliette, qui, elle aussi, venait de constater cette absence et qui, ne se sachant pas observée, fronçait ses jolis sourcils. Lorsque à onze heures moins un quart on annonça la voiture, ce petit mouvement d'humeur durait encore, et la malicieuse question de la comtesse au baiser d'adieu n'était pas faite pour dissiper cette humeur :

— « Tu ne t'es pas trop ennuyée ? » demanda-t-elle. « Tu vois que Casal vaut mieux que sa réputation. »

— « Mais, » dit Juliette, en riant d'un rire un peu forcé, « il ne m'a pas beaucoup laissé le temps de le juger. »

— « C'est tout de même vrai qu'elle est blessée qu'il soit parti si vite. A-t-il été maladroit! » pensa Gabrielle quand son amie eut disparu. En quoi, toute fine qu'elle était, elle se trompait, car, dans son coupé, en train de rouler vers la rue Matignon, Mme de Tillières ne songeait qu'à ce prétendu maladroit, et ce lui fut une surprise presque douloureuse quand le valet de pied qui ouvrit la porte de l'appartement lui dit, en la débarrassant de son manteau :

— « M. le comte de Poyanne est là qui attend Madame la marquise. »

Elle l'avait absolument oublié.

III

L'AUTRE

Juliette n'aimait rien tant d'habitude que les longues causeries au coin du feu à ces heures un peu défendues. Ce goût lui était si naturel qu'elle recevait de la sorte, non seulement l'homme qui avait tous les droits sur son intimité, mais encore les plus platoniques d'entre ses fidèles : et d'Avançon et Félix Miraut et de Jardes et Accragne, — les uns et les autres toujours isolément. Il y avait bien là quelque prudence féminine, car la multiplicité de ces visites interdisait tout commentaire aux domestiques. Il y avait surtout cet art d'amitié qui a rendu cette femme inoubliable aux privilégiés pour lesquels il s'est exercé. Elle avait deviné combien est fort sur un homme, dans cette vie de Paris si banale et si foulée, le charme d'un coin de salon où il trouve, à une heure fixée, une créature jeune, élégante et fine, qui l'écoute longuement; et elle le console ou le consulte tour à tour, avec cet air de n'avoir d'intérêt dans son existence que pour les minutes ainsi passées dans un tête-à-tête innocent et vaguement clandestin. Le cœur s'ouvre alors avec plus de liberté. Les secrètes confidences arrivent aux lèvres, et, par nature, Mme de Tillières avait la passion des confidences. Elle possédait ce tendre penchant qui, perverti en pédantisme ou en vanité, crée les Muses et les Égéries des hommes célèbres, qui, tourné en sainteté, fait les grandes religieuses. Elle se plaisait à envelopper d'une influence intelligente les personnes auxquelles elle s'intéressait. L'amour avait redoublé en elle ce délicat plaisir auquel elle avait dû les plus douces heures de sa liaison avec Poyanne. Que de soirées elle avait passées ainsi dans la première période de leur affection, et avant qu'elle ne devînt sa maîtresse, à l'écouter indéfiniment raconter les misères de sa vie !... Il disait son enfance mélancolique dans l'ombre du vieil hôtel Poyanne, à Besançon, sa mère morte, et la sévérité si dure de son père qui lui avait endolori toute sa jeunesse. Il disait son mariage avec une jeune fille longtemps aimée, ses premières jalousies, sa honte de ses propres défiances, puis l'évidence de la trahison — et quelle trahison! avec l'ami d'adolescence qu'il avait le plus chéri. Les heures d'autour le minuit paraissaient trop courtes alors à Juliette pour suivre ce drame, scène par scène, sentiment par sentiment, et le duel entre les deux amis, où tous deux avaient été blessés, et la fuite de Mme de Poyanne, et les désespoirs du comte, puis sa reprise à la vie par l'énergie du devoir, sa campagne en 1870 comme capitaine des mobiles du Doubs, son entrée dans la politique lors de l'Assemblée de Bordeaux. Et quand la pitié l'eut menée à la tendresse d'abord et ensuite à l'abandon entier de sa personne, quand elle fut devenue l'épouse mystérieuse de cet homme malheureux, que de soirées encore elle avait connues, où elle recueillait avec l'avidité d'une compagne aimante le récit de la journée du courageux orateur, — lui rendant la foi en lui-même aux crises de lassitude, éveillant sa prudence sur tel ou tel écueil caché, l'admirant avec un enthousiasme ému quand cet athlète invincible de la cause conservatrice déployait devant elle, et pour elle seule, l'horizon de ses projets et la générosité de ses doctrines; — et tout cela sans jamais dépasser son rôle de femme, avec une légère et caressante façon d'écouter ou de parler qui excluait jusqu'à l'ombre d'une prétention. En étant ainsi, elle ne calculait pas, elle cédait à sa nature, tout simplement. Comme certaines organisations ont, d'instinct, le sens et le goût de la musique ou de la peinture, de la mécanique ou de la poésie, elle avait, elle, le sens et le goût du cœur des autres, — charmante faculté, car elle permet d'exercer la plus rare des charités, la plus bienfaisante : celle de l'âme, — mais faculté dangereuse, car elle confine à la coupable curiosité de l'expérience sentimentale, et surtout elle nous entraîne vite aux compromis de conscience, aux dédales des situations fausses. Dans les déclins de passion, par exemple, comment trouver en soi la loyauté nécessaire à la noblesse des ruptures, si l'on continue, victime de ce pouvoir de sympathie, à sentir souffrir l'être que l'on a cessé d'aimer d'amour ? Percé jusqu'à l'âme par l'âcre sensation des chagrins que l'on cause, on se laisse aller à mentir pour épargner ces chagrins-là. On recule un aveu qui eût été moins cruel proféré durement. On prolonge des agonies dont on est l'auteur par de déshonorantes complaisances. On devient perfide pour avoir été trop tendre. Ironie étrange des contradictions du cœur qui tourne au vice nos meilleures vertus et nous fait mal agir pour avoir senti trop vivement !

Ces réflexions sur les avantages et les périls de son propre caractère, Juliette ne se les était jamais formulées, quoiqu'elle se fût dit souvent. « Je suis trop faible, » ou « J'aurais dû parler nettement, » à propos de telle ou telle petite circonstance qui eût exigé un « non » précis et désagréable à quelqu'un de ses amis. Il en est de notre caractère comme de notre santé. Nous en souffrons longtemps avant de nous savoir malades. Mme de Tillières ne savait pas davantage pourquoi bien des choses qui faisaient sa joie, les autres années, faisaient maintenant son malaise; par exemple ces tête-à-tête du soir avec Poyanne, où ils demeuraient l'un et l'autre silencieux pendant des dizaines de minutes; — et les efforts qu'ils tentaient, ou lui ou elle, pour rouvrir la causerie, marquaient mieux le contraste entre les soirées d'aujourd'hui et celles de jadis. Elle trouvait chaque fois, pour s'expliquer cette gêne, qu'elle jugeait momentanée, une raison tirée d'un détail quelconque. Ainsi, quand, à son retour de l'hôtel de Candale, la simple phrase du domestique sur la présence de Poyanne lui infligea un petit sursaut de réveil presque douloureux, elle attribua tout de suite ce frisson pénible à la peur d'avoir froissé son amant; d'autant plus qu'à un second regard, et tandis qu'on la débarrassait de son manteau, elle reconnut le valet de chambre du comte debout dans un coin de l'antichambre. A sa question, cet homme répondit :

— « J'attends les épreuves du discours de Monsieur pour les porter à l'imprimerie... »

— « C'est vrai, il a parlé, » se dit Juliette « il va m'en vouloir de ce que je rentre si tard. Je ne l'ai pas habitué à lui montrer si peu d'intérêt. »

En réalité cette visite lui était rendue désagréable par le besoin qu'elle éprouvait de continuer la solitaire rêverie de sa voiture et de penser librement à Casal. Telle était la profondeur de l'impression produite sur elle par cette rencontre. Mais comment aurait-elle admis cette cause à sa contrariété, quand elle était si persuadée qu'elle aimait Poyanne pour toute sa vie ? C'était l'honneur de sa faute que cette persuasion-là. Combien on se fait illusion à soi-même, et des années, sur ces fins de sentiments !... Puis il suffit d'une heure pour que cette illusion ne soit plus possible. Juliette devait l'éprouver ce soir même.

— « Vous êtes fâché contre moi, mon ami, » dit-elle en rentrant dans le petit salon Louis XVI, plus doucement pâle encore aux clartés mêlées du feu et des lampes. Le comte se tenait assis au bureau d'où elle lui avait écrit cette après-midi. Quand il la vit, il se leva en hâte pour lui baiser les doigts, et, lui montrant les papiers qui encombraient la mince tablette :

— « Fâché ? » répondit-il, « vous voyez que je n'ai pas eu le temps de l'être. Je travaillais chez vous en vous attendant, ce dont vous m'excuserez, n'est-ce pas ? Nous sommes sortis de séance si tard, et j'avais les épreuves de mon discours à corriger pour l'*Officiel*. J'ai dit à Jean de me les apporter chez vous, et fort heureusement, » ajouta-t-il avec la bonne humeur de la corvée accomplie, « elles sont presque finies... Vous permettez ? »

Il acheva, en se rasseyant, de tracer quelques signes dans les marges, puis il réunit les feuillets épars, qu'il glissa dans une grande enveloppe déjà préparée, et il alla lui-même remettre le paquet au valet de chambre qui l'attendait dans le vestibule. Tout ce manège ne dura pas dix minutes. Pourquoi Juliette, qui, dans l'appréhension d'un froissement de son ami, s'était faite d'avance tendre et caressante, se trouva-t-elle presque froissée elle-même et en tout cas déconcertée par le calme de cet accueil ? Certes, la faute qu'elle avait commise en s'intéressant à Casal toute la soirée, au point d'oublier Poyanne, était bien vénielle dans l'ordre des faits. Il n'en allait pas ainsi dans l'ordre du cœur. Quoiqu'elle ne s'en rendît compte qu'obscurément, elle aurait souhaité que son amant, par une mauvaise humeur un peu injuste, l'acquittât de cette faute et lui permît de la réparer en gentilles câlineries. Le contraste entre son trouble intime et la tranquillité apparente de Poyanne lui infligea en même temps une sensation de froideur. A maintes reprises et depuis que son amour commençait de dépérir, il lui avait semblé qu'Henry n'avait plus vers elle les mêmes élans de tendresse. C'est le premier signe et le plus singulier mirage d'une passion décroissante et qui ne le sait pas : nous reprochons à ceux que nous aimons moins de ne plus nous aimer autant, — et nous sommes de bonne foi ! Jamais Mme de Tillières n'avait éprouvé cette impression de quelque chose de mort entre elle et Poyanne comme à ce moment. Elle s'était approchée de la cheminée, et, tendant au feu ses pieds chaussés de bas de soie à jour, elle suivait dans la glace les moindres mouvements du comte qui vaquait, avec une minutie d'auteur, aux derniers soins de ses épreuves. Pourquoi une autre image s'interposa-t-elle soudain, jusqu'à lui remplacer celle de son amant ? Pourquoi, dans l'éclair d'une demi-hallucination, vit-elle l'homme à côté de qui elle avait dîné, le « beau Casal, » comme Gabrielle l'avait appelé, — avec sa silhouette robuste et svelte, avec ses gestes souples dont chacun disait la force, avec son masque si viril dans sa lassitude ? Et voici que, cette image du souvenir s'étant effacée pour laisser la place à celle de la réalité, elle aperçut de nouveau dans la glace celui à qui elle appartenait par son libre choix et depuis des années. Il lui apparut tout d'un coup et par le contraste, si gauche, si chétivement souffreteux que cette comparaison lui causa un malaise presque insoutenable.

Henry de Poyanne, alors âgé de quarante-quatre ans, était assez grand et mince. Naturellement délicat, les fatigues de la vie parlementaire, succédant aux chagrins rongeurs de sa jeunesse, avaient comme consumé sa santé. Ses épaules étroites se voûtaient un peu par l'habitude de travailler assis. Ses cheveux blonds grisonnaient et se faisaient rares. Son teint se plombait de ces couleurs bistrées qui disent la lassitude du sang, les désordres de l'estomac et l'énervement d'une existence toute sédentaire Il y avait bien de l'aristocratie encore dans ces lignes d'un visage presque émacié et d'un corps que le frac de soirée dessinait dans sa maigreur; mais on y sentait aussi la pauvreté de la nature et un précoce épuisement. Le regard des yeux bleus, d'un beau bleu loyal, et le pli hautain de la bouche rasée restaient magnifiques. Ils révélaient ce qui soutenait le généreux orateur depuis sa première et malheureuse enfance : l'ardeur contenue du sentiment, la foi profonde, l'invincible énergie de la volonté. Une femme ne pouvait s'être donnée à cet homme que par les meilleures qualités d'elle-même, par enthousiasme pour son éloquence, ou par le passionné désir de panser les blessures dont avait saigné cette destinée. C'étaient bien aussi les deux motifs qui avaient déterminé l'abandon de Mme de Tillières. Mais c'est le danger de ces liaisons fondées uniquement sur le romanesque, et dans lesquelles la maîtresse a cédé à l'admiration intellectuelle ou à la pitié sentimentale : il vient toujours une heure où cette admiration se lasse par l'accoutumance, où cette pitié s'émousse par sa satisfaction même. Cette maîtresse alors ouvre les yeux. Elle tremble de s'être trompée sur la nature de ses sentiments, et trop tard ! Heureuse encore celle en qui cette pensée s'éveille, hors de tout motif étranger et sans que le charme émané d'un autre homme soit le principe secret de ce soudain désenchantement ! Toutefois, si Juliette eut dans ses prunelles claires, qui fixaient avidement la glace, ce passage du plus amer regret qui puisse traverser une âme fière, Henry de Poyanne ne le remarqua pas lorsqu'il se rapprocha d'elle, — non, pas plus que le maître d'hôtel qui apportait, dans ces soirées de tête-à-tête, le plateau en argent chargé de la bouilloire, de la théière, des gâteaux, avec le flacon d'eau-de-vie et l'aiguière de boisson glacée parmi les verres et les tasses.

— « Vous avez beaucoup travaillé, voulez-vous que je vous prépare votre grog ? » dit la jeune femme en se retournant vers le comte et lui montrant le plus joli sourire de gâterie. Ces sourires-là peuvent-ils être qualifiés d'hypocrites ? Ils ont pour but d'épargner d'inutiles peines, et celles qui les ont aux lèvres se croiraient coupables d'y laisser monter leur secrète amertume. Elles ne savent pas sur quel chemin elles s'engagent à la première minute où elles commencent de ne plus avoir le regard et le visage de leur cœur, ne fût-ce que pour accomplir cette insignifiante action d'offrir une boisson familière à celui qu'elles veulent encore charmer.

— « Volontiers, » répondit le comte à l'offre de son amie; et il se mit à la regarder à son tour, qui de ses fines mains commençait de verser l'eau chaude dans un verre russe à gaine de vermeil ciselé, puis y broyait les morceaux de sucre avec la cuiller. Elle était adorable d'attitude, assise près du plateau, et plus pareille que jamais à un pastel de l'autre siècle avec l'or pâli de ses cheveux. Ses beaux bras dégagés des manches avaient de si gracieuses souplesses, l'harmonie de sa toilette noire et rose avec son teint un peu animé par la flamme du foyer était si délicatement voluptueuse que, presque malgré lui, le comte se rapprocha d'elle :

— « Comme vous êtes jolie ce soir, » lui dit-il, « et quel bonheur de me retrouver auprès de vous au sortir de cette aride et dure politique ! »

Tout en parlant, il se penchait pour lui prendre un baiser; mais elle, détournant la tête avec un geste de légère impatience :

— « Prenez garde, » fit-elle, « vous êtes si maladroit que vous allez me faire répandre tout ce flacon. »

Elle était en effet sur le point de verser dans le grog une cuillerée d'eau-de-vie, à la seconde où Poyanne s'était appuyé pour l'embrasser sur le dossier de sa chaise. Ce n'était rien, ce petit mot, et il n'y avait qu'un peu de mutinerie coquette dans le mouvement par lequel elle lui déroba son visage et laissa le baiser effleurer seulement la soie souple de ses cheveux. Pourtant, il s'éloigna aussitôt, en proie à une pénible impression, celle de l'amant dont la maîtresse ne vibre pas à l'unisson de son cœur, à lui. Oui, ce n'était rien, ce geste de retraite; mais quand des scènes semblables de gracieuse rebuffade se sont produites une centaine de fois, cet amant finit par éprouver une peur horrible, celle de déplaire, qui éteint le feu des regards, contracte le cœur et ferme la bouche aux paroles d'amour. Là résidait le principe du malentendu qui devait de plus en plus séparer ces deux êtres. Sans y réfléchir et obéissant à cette instinctive diminution de tendresse qu'elle subissait depuis tant de jours, Juliette infligeait trop souvent ces refus de caresse à cet homme qu'elle accusait ensuite en elle-même d'indifférence. Elle continuait à préparer le breuvage promis, piquant avec la pointe de la fourchette une des tranches de citron déposées dans une assiette, puis ayant goûté au grog du bout des lèvres :

— « Vous voyez, » dit-elle d'un air de reproche, « il est trop fort, vous me l'avez fait manquer, et il faut que je vous en prépare un autre. »

— « Ne vous donnez pas cette peine, » répondit-il, en faisant mine d'approcher.

— « Cette fois, » reprit-elle, « je vous défends de bouger et de me gêner dans ma petite cuisine. »

— « On vous obéira, » dit-il; et, accoudé sur le marbre de la cheminée, il la regarda de nouveau sans qu'elle donnât plus d'attention à ce regard qu'il n'en avait donné lui-même tout à l'heure à l'expression de ses yeux, à elle, en train de fixer la glace. Il se rendait bien compte que d'avoir détourné la tête de son baiser n'était qu'une taquinerie, qu'un enfantillage. Et cependant cet enfantillage allait suffire, il le comprenait, à empêcher qu'il ne prononçât, ce soir, une certaine phrase. Des lettres reçues dans la matinée lui avaient appris que sa présence était réclamée dans le Doubs pour une double élection au Conseil général. Il s'agissait d'enlever ces deux sièges à des adversaires politiques au profit d'hommes qui, appuyés de son éloquence, passeraient sans doute, et il prenait trop au sérieux sa mission de *leader* pour manquer à ce devoir.

Il était venu rue Marignon avec le projet de demander un rendez-vous à Mme de Tillières afin de lui dire adieu, avant son départ, ailleurs que chez elle, et maintenant, sur ce simple recul en arrière à l'approche de son baiser, il se sentait incapable d'articuler ce désir. Cette timidité passionnée, même dans des rapports qui semblent l'exclure nécessairement, eût fait sourire un héros de galanterie, Casal, par exemple, si quelque confidence l'eût initié à ce tête-à-tête du comte et de Juliette. Elle constitue néanmoins un phénomène sinon commun, cependant assez fréquent pour qu'il mérite d'être analysé dans ses causes.

Chez certains hommes, et Poyanne était du nombre, très purs dans leur jeunesse et plus tard trahis cruellement, il s'établit une défiance d'eux-mêmes presque invincible, et ce malaise se traduit par une pudeur plus féminine que masculine à l'égard des réalités physiques de l'amour. La passion ne s'éveille chez eux qu'accompagnée d'une anxiété presque douloureuse, et cette anxiété leur rend facilement presque intolérables les circonstances extérieures que comporte la possession. Rien de plus inintelligible à un libertin que cette délicatesse quasi morbide qui ne s'abolit que dans le mariage. La vie conjugale, avec sa cohabitation quotidienne et son intimité avouée, épargne seule à ces malades de scrupule l'angoisse toujours croissante du rendez-vous à demander, et, quand ils l'ont obtenu, le remords de la faute où ils entraînent leur chère complice. Après des années de liaison, Henry de Poyanne en était là que son cœur battait à se rompre au moment de prononcer cette simple petite phrase :

— « Quand vous verrai-je chez nous ?... »

Pourtant ce « chez nous » signifiait le plus délicat des aménagements, le mieux fait pour sauvegarder les susceptibilités les plus effarouchées. Juliette lui avait appartenu pour la première fois à Nançay, dans la dangereuse solitude de quinze jours passés là, sous les yeux indulgents d'une mère incapable d'un soupçon. La jeune femme avait cédé à ce mouvement irrésistible de charité exaltée que provoquent chez les nobles cœurs les confidences trop mélancoliques. C'est alors un désir presque fou d'abolir dans une autre âme un passé d'affreuse détresse. Elle s'était donnée ainsi par une ivresse de pitié, par une de ces surprises qui demeurent souvent sans lendemain, mais seulement quand elles se rencontrent, comme il arrive, avec l'habitude des aventures. Si contradictoires que puissent paraître les termes de cette observation : plus une femme est galante, plus elle a de force pour se reprendre quand elle s'est une fois livrée. Juliette, elle, s'était considérée comme engagée pour la vie par ce premier sacrifice. Mais ç'avait été un sacrifice tout de même, et Poyanne avait voulu que cette intrigue, qu'il considérait comme un mariage secret, ne fût souillée d'aucune des vulgarités qui représentent l'horrible rançon des amours coupables. Il avait choisi, à Paris, pour y recevoir son amie, un logis dans une des rues solitaires de Passy, au rez-de-chaussée, avec une porte qui ouvrait avant celle du concierge, afin qu'elle n'eût à craindre l'insolence d'aucun regard Il avait garni cet appartement de meubles précieux, pour qu'au jour de leur mariage officiel, si ce jour devait jamais venir, ces meubles pussent prendre place dans leur maison de famille et rattacher à leur existence d'époux le souvenir sanctifié de leur affection cachée. Cependant, il n'avait jamais attendu sa maîtresse dans cet asile sans frémir d'appréhension à l'idée qu'un passant pouvait la voir qui descendait furtivement d'un fiacre à la porte! En venant ainsi le retrouver, elle ne trahissait aucun serment, puisqu'elle était libre. Elle ne trompait pas un mari confiant, elle ne délaissait pas des enfants négligés, mais il lui fallait mentir à sa mère, puisque les existences des deux femmes étaient si étroitement unies; et ce mensonge, pourtant bien véniel, le comte ne se pardonnait pas à lui-même d'en être la cause. Si épris qu'il fût de cette tête charmante, dans les yeux bleus de laquelle il avait bu l'oubli de ses misères, ou peut-être parce qu'il en était épris avec l'idéalisme natif de son âme, il souffrait qu'une pensée mauvaise y naquît dont il fût le principe. Ces motifs réunis avaient maintenu cet amant inquiet dans un état de sensibilité souffrante qu'un détail fera mieux saisir : depuis un an Juliette et lui ne s'étaient pas rencontrés six fois dans leur asile de Passy. L'impossibilité, pour le comte, de provoquer une explication parce que tout lui était trop aisément blessure, l'inconscient détachement de la jeune femme qui, de bonne foi, se croyait moins aimée, le cours de la vie qui nous mène d'une pente insensible et sans crise à des malentendus irréparables, tout avait contribué à produire ces relations étranges. Mais peut-être ne paraîtront-elles pas si anormales à ceux qui, par métier ou par goût, ont reçu beaucoup de confessions, et qui savent combien de significations diverses ces mots si simples en apparence, d'amant et de maîtresse, peuvent envelopper? Poyanne, lui, se souciait peu que sa situation, vis-à-vis de Mme de Tillières, fût humiliante ou non pour cet amour-propre du sexe qui fait le fond du cœur chez presque tous les hommes. Il souffrait de l'aimer et de sentir qu'il était de plus en plus séparé d'elle. Il se reprochait, lui si brave dans la guerre et au Parlement, d'être en présence de cette femme, paralysé d'une irrésistible émotion. Et, comme ce soir, cet orage intérieur se déchaînait à propos de contrariétés qu'il jugeait insignifiantes, et sans que rien décelât son trouble qu'une contraction de ses traits où Juliette voyait les traces des tourments politiques, et il n'avait pas le courage de la détromper. Les reproches du cœur sont-ils possibles à formuler ? Celle qui ne les devine pas à l'avance les comprendrait-elle et, si elle les devinait, elle ne les mériterait pas Et puis, le moyen de répondre par des plaintes profondes où gémisse toute une agonie, à une femme qui vient à vous, la fossette de sa bouche creusée dans un demi-sourire, tenant d'une main une petite serviette frangée et de l'autre un verre brûlant, et elle vous dit :

— « Cette fois, j'espère que le grog sera de votre goût... Pauvre ami, vous avez l'air brisé. Je suis sûre que cette séance a de nouveau été terrible. Mais qui vous a décidé à parler, car vous hésitiez encore hier ? »

— « Merci !... » fit le comte, qui vida le verre à moitié; puis, le posant sur la cheminée : « Ce qui m'a décidé à parler ?... »

La question de son amie, en lui donnant un prétexte à s'entretenir d'autre chose que de ses pensées, soulageait trop son malaise pour qu'il n'y répondît pas longuement. Il se prit à marcher de long en large dans la chambre, comme c'est l'habitude des orateurs qui préparent un discours ou qui le racontent :

— « Ce qui m'a décidé à parler, » répéta-t-il

« c'est le même outrage d'égoïsme jeté toujours à mon parti. Non, je ne laisserai jamais dire sans protester, dans une assemblée française dont je serai membre, que nous autres, monarchistes et chrétiens, nous n'avons pas le droit de nous inquiéter des misères du peuple... De Sauve venait d'interpeller le ministère sur cette horrible grève du Nord et la répression qui a suivi. Un orateur de la majorité avait répondu en débitant des phrases que vous devinez sur l'ancien régime, — comme si les quelques progrès dont notre âge se vante ne se fussent pas produits, et plus rapides et plus définitifs, par la seule force des années, sans la boucherie de la Révolution, sans les massacres de l'Empire, sans Juin et sans la Commune !... Je ne leur ai rien dit que cela, et ma vieille thèse que seuls, au contraire, nous avons qualité pour résoudre cette question ouvrière, nous qui nous appuyons sur l'Église et sur la Monarchie, les deux grandes forces historiques du pays !... Je leur ai montré que nous pouvions tout sauver de ce que les programmes des pires socialistes ont de réalisable, — tout sauver et tout diriger ensuite... Mais vous connaissez mes idées. Je les ai défendues une fois de plus, sentant la gauche frémir sous l'évidence de mes arguments, acclamé par nos amis... Et à quoi bon ?... Ah ! les écrivains de nos jours qui font métier de peindre toutes les mélancolies ne l'ont jamais décrite, celle-là, cette tristesse de l'orateur qui combat pour une doctrine à laquelle il croit avec l'âme de son âme ; et puis ses partisans l'applaudissent, comme un artiste, comme un virtuose, sans que de sa parole il puisse germer seulement une action... A gauche et à droite, toute la vie politique aujourd'hui tient dans des intrigues de couloir, dans des combinaisons de groupes qui sont misérables, et avec lesquelles ils perdent la France. Et je leur ai dit cela encore, une fois de plus, et vainement, si vainement !... »

Il allait et venait, prenant et reprenant un thème un peu bien grave pour une de ces séances du Parlement, comme il y en a eu d'innombrables depuis la guerre, écœurantes de bavardage vide !... Juliette savait que l'accent de sa voix ne mentait pas. Elle connaissait avec quelle ferveur de conviction Poyanne avait embrassé une cause sur laquelle l'avenir jugera en dernier ressort, et son espérance invincible d'opérer la suture entre les deux Frances, œuvre manquée du siècle, par une monarchie appuyée à la fois sur le droit traditionnel et sur le sens intime des problèmes modernes. Elle s'était autrefois intéressée passionnément à ces rêves d'un homme d'État qu'ell sentait sincère, qu'elle devinait incompris, qu'elle voulait heureux. Mais elle était femme, et, comme telle, du jour où son amant avait commencé de lasser sa tendresse, ces nobles idées avaient commencé de lasser aussi son gracieux esprit. Quiconque vit beaucoup par la pensée, artiste ou savant, chef de parti ou écrivain, possède un infaillible moyen de mesurer la décroissance d'affection que lui porte sa maîtresse, son épouse, et même son amie. Du jour où elle cesse de lui accorder ce fanatisme d'intelligence qui est pour l'ouvrier de l'esprit un aliment vital, elle lui a retiré en secret la dévotion du cœur, quitte à protester au nom du cœur même contre la possession de cet époux, amant ou ami, par le travail professionnel, comme fit Mme de Tillières au moment où le comte s'arrêta de parler.

— « Tout cela est bien beau, » dit-elle, « mais en attendant, si vous pensiez un peu à votre amie ? »

— « Si je pensais à vous ? » répliqua-t-il avec une sorte de mélancolique surprise, « et pour qui donc souhaité-je que mon nom soit illustre ?... Auprès de qui ai-je puisé l'énergie de supporter tant de déceptions amères ?... »

— « Ah ! » fit-elle, en hochant joliment sa tête blonde, « vous savez répondre. Mais voulez-vous que je vous prouve combien vous avez peu pensé à moi aujourd'hui ? »

— « Prouvez, » dit-il en s'arrêtant étonné.

— « Eh bien ! vous ne m'avez pas seulement demandé avec qui j'avais passé la soirée. »

— « Mais, » fit-il naïvement, « puisque vous m'avez écrit que vous dîniez chez Mme de Candale ! »

— « Il n'y avait pas qu'elle, » reprit Juliette, en proie à ce singulier démon de curiosité qui pousse à de certains moments les meilleures femmes à tâter la jalousie d'un homme en lui parlant d'un autre.

— « Elle n'est pas fâchée contre moi de ce que je suis si en retard avec elle ? » demanda le comte, sans prendre garde à cette coquette insinuation.

— « Pas le moins du monde, » dit Mme de Tillières, qui continua, comme indifférente : « J'ai dîné là auprès de quelqu'un que vous n'aimez guère. »

— « Et de qui donc ? » interrogea enfin Poyanne.

— « M. Casal, » fit-elle en regardant l'effet produit sur le visage du comte par ce nom de l'ancien amant de Mme de Corcieux.

— « Comment Mme de Candale a-t-elle des connaissances pareilles ? » dit Poyanne avec une conviction qui, à la fois, divertit et irrita Juliette. Elle en sourit, parce que c'était précisément la phrase qu'elle avait annoncée à son amie. Elle en fut irritée, parce que ce mépris faisait la plus cruelle critique de l'impression produite sur elle par Casal. Et le comte insistait : « C'est sans doute son mari qui le lui impose. Candale et Casal, les deux font la paire. Encore ce dernier, par son existence de bookmaker et de viveur, ne déshonore-t-il pas un des grands noms de notre histoire. »

— « Mais, » interrompit Juliette, « je vous affirme que j'ai causé très agréablement avec lui. »

— « Et de quoi ? » demanda Poyanne. « Il a terriblement changé si vous avez pu tirer de lui une phrase qui trahisse autre chose que des goûts de tripot et d'écurie. Allez, je ne l'ai que trop subie, sa conversation, chez les Corcieux, et celles des quatre ou cinq de ses camarades que cette pauvre Pauline invitait pour le garder... »

— « Elle l'aimait donc beaucoup ? » fit Juliette.

— « Ah ! follement, » reprit le comte avec une amertume singulière où se retrouvait le fonds de douloureuse sévérité que garde contre les histoires d'adultère un homme autrefois trahi par sa femme, « et ce fut toujours pour moi un mystère horriblement triste que cette passion de cette créature charmante pour ce fat qu'il fallait voir, avec ses airs ennuyés d'être aimé ainsi !... Et le mari est spirituel, distingué, instruit. Il adorait, il adore toujours Pauline. J'ai cessé d'aller dans la maison à cause de ce que j'y voyais. J'en souffrais trop pour Corcieux et pour elle... La malheureuse ! Elle a été si punie ! Le Casal a été affreux de dureté, paraît-il... »

— « Il en a pourtant parlé ce soir avec beaucoup de tact, » dit Mme de Tillières.

— « Est-ce qu'il devrait même prononcer son nom ? » fit le comte.

Il y eut un silence entre les deux amants. La jeune femme se repentait maintenant d'avoir, elle, mentionné seulement son voisin de soirée. Elle avait joué avec la jalousie de Poyanne, et elle appréhendait de l'avoir éveillée. Elle était trop profondément sensible pour ne pas regretter aussitôt une peine infligée à quelqu'un qu'elle croyait encore aimer d'amour, qu'elle aimait certainement d'affection et d'habitude. Elle se trompait encore ici sur le sentiment de cet homme, trop noble pour le soupçon, même après les atroces expériences de son mariage. Dans la manière dont Juliette venait de lui parler de Casal, le comte n'avait vu qu'une preuve du plaisir goûté par son amie dans le monde et sans lui. Ce plaisir lui semblait bien innocent, et il se reprochait le sentiment qui le faisait en souffrir comme un égoïsme et une injustice. Hélas ! La logique du cœur, qui ne compte ni avec nos générosités, ni avec nos sophismes, lui montrait dans le goût croissant de Mme de Tillières pour les sorties et les nouvelles connaissances un signe de plus qu'il ne suffisait pas à la rendre heureuse. Cependant l'horloge sonna. Elle marquait minuit.

— « Allons, » reprit-il avec un soupir, « il est temps que je vous dise adieu. Quand vous verrai-je ? »

— « Quand vous voudrez, » répondit Juliette. « Voulez-vous dîner demain avec ma mère et ma cousine de Nançay ? »

— « Je veux bien, » dit-il; et avec une voix un peu troublée : — « Vous savez que je vais peut-être vous quitter après-demain pour quatre ou cinq semaines ? »

— « Non, » fit-elle, « vous ne m'en aviez pas parlé. »

— « Il y a deux élections pour le Conseil général ces jours-ci, et on me réclame là-bas. »

— « Toujours la maudite politique, » dit-elle en souriant.

Il la regarda de nouveau avec des yeux où elle ne lut pas, — où elle ne voulut pas lire une demande que les lèvres de cet homme passionné ne formulèrent point.

— « Adieu, » reprit-il d'une voix plus troublée encore.

— « A demain, » dit-elle, « à sept heures moins un quart. Venez un peu avant. »

Quand la porte se fut refermée, elle resta longtemps seule, accoudée à cette même cheminée dans la glace de laquelle l'image de

Poyanne se reflétait tout à l'heure encore. Pourquoi de nouveau le souvenir de Raymond Casal vint-il se glisser devant elle, et à quelles idées répondait-elle en disant tout haut, avant de sonner sa femme de chambre:

— « Est-ce que je n'aimerais plus Henry ? »

IV

LES SENTIMENTALITÉS D'UN VIVEUR

Tandis que Juliette se couchait sur cette douloureuse question dans son lit étroit de jeune fille, qu'elle avait voulu reprendre après son veuvage avec tous les autres meubles de sa vie heureuse d'autrefois, — tandis que Poyanne revenait à pied vers son logement de la rue de Martignac, près de l'église Sainte-Clotilde, et se reprochait comme un crime de ne savoir pas plaire à son amie, — que faisait celui dont l'apparition subite entre ces deux êtres constituait, à leur insu, le plus redoutable danger pour les débris du bonheur de l'un, pour les lassitudes morales de l'autre, ce Raymond Casal, si diversement jugé par les hommes et par les femmes? Se doutait-il qu'à ce moment même, et au lieu de s'endormir, sa jolie voisine du dîner continuait de penser à lui, en prenant la résolution de n'y point penser? — Elle n'en avait pas le droit, puisqu'elle en aimait, qu'elle voulait continuer d'en aimer un autre. — Il était parti de l'hôtel de Candale, bien persuadé qu'il avait plu à Mme de Tillières, et très tôt, pour ne pas gâter cette impression. Mais son premier mouvement lorsqu'il se retrouva sur le trottoir de la rue de Tilsitt, chaudement enveloppé de son pardessus du soir, et qu'ayant aspiré gaîment l'air frais, il regarda le ciel et le vit plein d'étoiles, ne fut pas de songer au délicat profil de la jeune veuve. Il devait sentir plus tard seulement à quelle profondeur il avait été touché déjà. Très réfléchi, sa réflexion s'était toujours appliquée à des choses extérieures, et il ne se connaissait pas dans les dessous de son être intime. Mais qui se connaît entièrement? Qui peut dire : demain, je serai gai ou triste, tendre ou défiant? Épuisé comme il était de sensualité satisfaite, blasé sur les jouissances que représentent ici la jeunesse, une fière tournure, des relations choisies, deux cent cinquante mille livres de rente et l'intelligence de Paris, Casal devait se croire et se croyait à l'abri de toute surprise romanesque. Son joyeux rire d'enfant, — ce rire qui révélait quelques-unes de ses plaisantes qualités : son fonds de naturel, son absence de haine, son humeur facile, — eût éclaté de lui-même, si quelqu'un lui eût soutenu que justement ces côtés épuisés et blasés de sa personne le rendaient mûr pour une crise sentimentale, ou légère ou profonde, mais une crise.

Depuis longtemps il s'ennuyait de la pire des monotonies, celle du désordre. Rien de plus régulier, de moins relevé par l'imprévu, de plus distribué en distractions fixes, suivant la saison et l'heure, que cette vie de « fêtard » perpétuel, — pour donner aux viveurs leur affreux nom moderne, cette étiquette barbare qu'ils ont adoptée depuis une dizaine d'années. Cet envers exact de l'existence bourgeoise, en faisant du plaisir une occupation presque mécanique, finit par excéder autant que l'autre et pour des raisons analogues. Le plus souvent ce « mal aux cheveux intérieur, » comme disait gaîment Casal à propos d'un camarade pris tout d'un coup de la folie du mariage, se traduit en effet par un soupir nostalgique vers la vie conjugale, qui apparaît au « fêtard » comme délicieuse d'inattendu ! Elle l'attire par ce même attrait de nouveauté qui pousse un brave homme de mari à souper en cabinet particulier, pendant une absence de sa femme, avec des filles aussi sottes que cette femme est spirituelle, aussi fanées qu'elle est fraîche, aussi vénales qu'elle est pure. Mais ce prurit irrésistible du mariage ne se déclare guère que chez les viveurs qui ont connu autrefois les profondes douceurs d'une vraie vie de famille, ou bien chez ceux qui ont continué, à travers la Fête, — cela se rencontre, — d'être bons fils vis-à-vis d'une vieille mère, bons frères à l'égard d'une sœur inquiète. Casal, lui, privé de ses parents très jeune, enfant unique, à peu près brouillé avec ses deux oncles, habitué depuis sa première jeunesse à une indépendance absolue, semblait devoir rester célibataire comme il était brun, comme il était bilieux et musclé, par constitution et pour toujours. On ne l'imaginait guère se laissant prendre à la naïve adoration devant la candeur des jeunes filles qui apparaît d'habitude chez les Parisiens blasés avec les premiers rhumatismes. En revanche, la finesse native de ses sensations, conservée intacte malgré le milieu, son goût de la difficulté à vaincre et le besoin d'employer des facultés inoccupées devaient lui rendre piquante une aventure avec une personne aussi différente de ses habitudes, et aussi distinguée dans cette différence que Mme de Tillières. Il ne connaissait pas cette espèce de femmes; elle était donc aussi dangereuse pour lui qu'il était, lui, dangereux pour elle, — avec cette réserve que la jeune veuve était capable du plus profond, du plus mortel amour, au lieu que la passion, chez Casal, avait beaucoup de chances pour n'être qu'un caprice, jouant l'amour par l'intensité du désir. On n'a pas impunément dix-huit années de débauche dans le sang et dans les moelles. Mais en humant à pleins poumons l'air du soir le long des Champs-Élysées qu'il descendait de son pied leste d'escrimeur, il n'en était même pas au caprice, et si l'image de Juliette lui revint, ce fut à travers un labyrinthe de pensées qui aurait fait apprécier davantage à la jeune femme ce que son amie Gabrielle de Candale appelait quelquefois les pédanteries de Poyanne.

— « Voilà une jolie soirée, » se disait Casal; « si le printemps continue ainsi, les courses seront belles cette année... Et le dîner n'était pas mauvais. On recommence à bien manger dans le monde. C'est à nous qu'on doit cela, tout de même. Si nous n'avions pas été là une demi-douzaine à dire la vérité à Candale et à quelques autres sur leur chef et leur cave, où en seraient-ils encore?... Ce qu'il faudrait trouver, par exemple, c'est le moyen d'employer ces deux heures-ci, de dix à minuit. On devrait fonder un club rien que pour cela... Le matin il y a le sommeil, la toilette, le cheval. Après le déjeuner il y a toujours quelques petites affaires, puis, de deux heures à six heures, l'amour. Quand il n'y a pas l'amour, c'est la paume ou c'est les armes. De cinq à sept heures, il y a le poker. De huit à dix, le dîner. De minuit au matin, le jeu et la fête. De dix à minuit, il y a bien le théâtre, mais combien de pièces par an valent la peine d'être vues deux fois ? Et je suis trop vieux, ou pas assez, pour aller jouer les fonds de loge. »

Cette idée de théâtre ramena sa pensée vers une mauvaise mais fort jolie actrice du Vaudeville dont il était l'amant plus ou moins intérimaire depuis six mois, la petite Anroux : « Tiens, » songea-t-il, « si j'allais voir Christine. » Il s'aperçut passant la porte de la rue de la Chaussée-d'Antin, montant l'escalier de service, parmi toutes les odeurs qui flottent dans les arrière-fonds d'un théâtre et débouchant dans la loge étroite où s'habillait la demoiselle. Les serviettes tachées de blanc et de rouge traîneraient sur la table. Deux ou trois acteurs seraient là, tutoyant leur camarade. Ces messieurs s'en iraient discrètement pour la laisser seule avec un protecteur sérieux comme il était, malgré sa belle mine, à cause de sa fortune connue, et elle commencerait de lui raconter les potins du foyer. Il l'entendit qui disait des phrases comme celle-ci, tout en faisant sa figure : « Tu sais, Lucie est avec le gros Arthur, c'est dégoûtant, rapport à Laure. » — « Ma foi, non, » conclut-il, « je n'irai pas... Je vais toujours passer au cercle... » Les salons de jeu s'évoquèrent dans son imagination, déserts à cette heure, avec les valets de pied en livrée sommeillant sur les banquettes et levés soudain à son approche, avec le relent du tabac mêlé aux fades odeurs du calorifère. « C'est vraiment trop funèbre, » reprit le jeune homme en lui-même. « Si je poussais jusqu'à l'Opéra? Et quoi faire? Entendre le quatrième acte de *Robert* pour la cinq centième fois? Non. Non. Non. J'aime mieux encore Phillips... » C'était le nom d'un bar anglais, sis rue Godot-de-Mauroy. A la suite d'une discussion suivie de duel qui avait eu lieu chez *Eureka*, — ou plus familièrement *l'Ancien*, — un autre bar, célèbre, celui-là, parmi les viveurs de ces vingt dernières années, Casal et sa bande à lui avaient fait scission et quitté la rue des Mathurins pour émigrer dans le cabaret de la rue Godot. S'il se rencontre jamais un chroniqueur renseigné de la jeunesse contemporaine, ce sera pour lui un curieux chapitre que l'histoire des cafés et restaurants durant cette fin de siècle, et, parmi les plus étranges de ces endroits, il devra noter ces espèces d'assommoirs de la haute vie où de vrais grands seigneurs ont pris l'habitude d'aller, au sortir du théâtre, boire des cock-tails et du whisky, côte à côte avec des jockeys et des bookmakers porteurs de bons *tuyaux*. Casal se peignit en pensée la salle étroite avec son long comptoir, ses tabourets hauts, ses gravures de courses, puis, au fond, le retiro, orné du portrait de quatre entraîneurs illustres.

— « Bah! » se dit-il, « à cette heure-ci je n'y

trouverai que Herbert avec ou sans sa serviette. »

Ce lord Herbert Bohun, le frère cadet d'un des plus riches d'entre les pairs anglais, le marquis de Banbury, était un terrible buveur d'alcool qui, à trente ans, tremblait parfois comme un vieillard. Il s'était rendu fameux pour avoir trouvé des mots étonnants de simplicité dans l'aveu de cette redoutable passion. C'était lui qui répondait à cette demande : « Comment allez-vous? » — « Mais très bien, je jouis d'une soif excellente. » Il croyait ingénument prononcer la phrase correspondante à cette autre : « Je jouis d'un bon appétit. » Sa grande plaisanterie, qui n'était qu'à moitié une plaisanterie, consistait, dans les dîners d'intimes, afin de porter son verre à ses lèvres sans le renverser, tant son geste était peu sûr, à passer derrière son cou une serviette. Il en prenait une des extrémités avec sa main gauche, l'autre coin avec sa main droite qui tenait le verre, et la main gauche tirait, tirait jusqu'à ce que le sacro-saint alcool arrivât aux lèvres du buveur.

— « Mais, » pensa Casal, « il est déjà trop tard. Il ne me reconnaîtra plus. Décidément, ce qu'il me faudrait, c'est une *bourgeoise* de cette heure-ci, » — c'était le terme consacré, dans la bande de ses intimes, pour signifier une maîtresse du monde, — « une veuve ou séparée qui ne sortirait guère et à qui je serais sûr de faire plaisir en allant la voir... »

Ce singulier monologue avait mené le raisonneur jusqu'au rond-point. Ce fut là seulement qu'il se rappela de nouveau sa voisine et il se dit à mi-voix : — « Ma foi, cette petite Mme de Tillières ferait joliment mon affaire. Avec qui peut-elle être?... »

Certes, la formule était très irrévérencieuse et elle achevait une suite d'idées qui, transcrites en détail, eussent paru, même à un moins naïf que Poyanne, terriblement positives et cyniques. Pourtant un embryon de sentiment s'agitait par-dessous, ce qui prouve que le cœur de chacun est un petit univers à part, où les images les moins romanesques peuvent servir de prétexte à la naissance d'une émotion romanesque. Si Casal n'eût pas subi, d'une manière inconsciente, le charme de délicatesse émané de Juliette, comme un arome à la fois entêtant et imperceptible s'exhale d'une plante cachée dans un coin de chambre, il n'eût pas éprouvé au même degré cette sensation de répugnance au souvenir de la vulgarité de Christine Anroux. Il s'était donné, pour n'aller ni au théâtre, ni au club, ni chez Phillips, des raisons excellentes, mais qui n'auraient pas eu plus de poids sur son esprit ce soir-ci que les autres soirs, s'il n'eût été travaillé par un secret besoin d'être seul. Et pourquoi?

Sinon pour penser longuement à la jeune femme dont le souvenir, surgi tout d'un coup, effaça en une seconde ces imaginations de coulisses, de cercle et de bar. La fine silhouette se dessina dans le champ de sa vision intérieure avec une netteté prodigieuse. Les hommes de sport, qui vivent d'une vie physique très intense, finissent par développer en eux des sens de sauvages. Ils possèdent d'une façon surprenante cette mémoire animale, propre aux cultivateurs, aux chasseurs, aux pêcheurs, à tous ceux en un mot qui regardent beaucoup les choses et non les signes des choses. Les formes et les couleurs s'impriment dans ces cerveaux sans cesse en présence d'impressions réelles et concrètes avec un relief que les travailleurs de cabinet ou les causeurs de salon ne soupçonnent pas. Celui-ci revit le buste de Juliette dans sa grâce svelte et pleine, les souples épaules et le corsage noir avec ses nœuds roses, l'attache voluptueuse de la nuque, les cheveux d'un blond si doux, le saphir sombre des yeux, les lèvres sinueuses, l'éclat des dents avec la fossette du sourire, les bras où courait comme une ombre d'or, les mains nerveuses, la salle à manger tout autour, avec la tapisserie du duc d'Albe, avec les teints pâlis ou pourprés des convives. M*me* de Tillières eût été là, présente et vivante, qu'il n'en eût pas distingué les traits avec une précision plus aiguë. Cette évocation eut pour résultat que le raisonnement à demi ironique sur l'emploi de sa soirée céda aussitôt la place à une impression assez brutale encore, mais, du moins, franche et naturelle : le désir sensuel pour cette jolie créature que son instinct pressentait voluptueuse et passionnée sous ses dehors de chaste réserve.

— « Oui, » continua-t-il, « avec qui est-elle ? Ce n'est pas possible qu'elle n'ait pas d'amant. » Puis tout de suite, la mémoire morale arrivant pour compléter, pour interpréter la mémoire physique : « C'est égal. Elle m'a regardé avec des yeux très particuliers, après avoir eu l'air de ne pas me remarquer au commencement... C'était combiné avec Mme de Candale, ce dîner-là. Elles sont amies intimes. Alors, c'est que ma petite voisine a voulu me connaître. Je n'ai pas trop mal manœuvré. Ça, j'en suis sûr. Maintenant, que signifie cette curiosité ? A-t-elle entendu parler de moi par une autre femme ? Par son amant ?... Après tout, peut-être n'a-t-elle pas d'amant et s'ennuie-t-elle dans son coin ?... On la voit si peu. Elle doit vivre très retirée... Elle est bien jolie. Si je me mettais à lui faire la cour ? Je n'ai rien devant moi pour tout ce printemps. C'est une idée... Mais où la retrouver ?... J'ai dîné à côté d'elle, je peux toujours aller lui rendre visite au lieu de lui mettre simplement un carton... »

Il fut si content de cette idée qu'il en rit tout haut une minute : — « C'est cela, » reprit-il, « mais alors il faudrait y aller dès demain... Demain ? Qu'est-ce que je fais demain ? Au Bois le matin avec Candale. Bon, cela. Il me renseignera. Déjeuner chez Christine. Ça peut se manquer, ce déjeuner. Je déjeune trop cette année-ci. Toute la journée est gâtée ensuite. Je lâche Christine et à deux heures je vais chez la petite veuve. A quatre heures, je tire avec Wérékiew. Comme ces gauchers sont difficiles !... Si je rentrais tout simplement me coucher maintenant ? Il est dix heures et demie. C'est bien tôt, mais voilà huit jours que je m'endors à quatre heures du matin. Relayons pour être en forme... »

Sur cette sage résolution, il obliqua par la rue Boissy-d'Anglas, sans s'arrêter ni à l'Impérial ni au Petit Cercle, et il se dirigea tout droit vers la rue de Lisbonne, où il habitait un hôtel hérité de son père et aussi complètement monté que s'il eût continué de vivre en famille. Il y a ainsi derrière toutes ces santés extraordinaires des hommes d'excès, et que l'on cite comme tels, un fond caché d'hygiène. Ceux qui méconnaissent cette loi disparaissent bien vite, et ceux qui survivent, ceux qui étonnent des générations successives par leur infatigable activité à la chasse, au jeu, à la salle — et ailleurs, — ont gardé, comme Casal, le pouvoir de se surveiller à travers cette existence de déraillement continu. C'est, tantôt, une sobriété monastique le matin qui corrige le trop bon dîner de la veille; tantôt un repos pris judicieusement à l'heure exacte où le surmenage commencerait; tantôt un dosage savant d'exercices adaptés, la présence quotidienne du masseur, un véritable traitement d'hydrothérapie à domicile. Machiavel disait : « Le monde est aux gens froids, » et le demi-monde aussi, quelque paradoxal que paraisse cet aphorisme. Tant il y a que le lendemain matin, lorsque Raymond se leva vers les huit heures pour passer dans sa salle de bain et de là dans son cabinet de toilette, il était merveilleusement dispos et rafraîchi par le plus calme de tous les sommeils.

Ce cabinet de toilette de Casal était fameux parmi les viveurs, à cause de ce que le jeune homme appelait plaisamment ses deux bibliothèques, quoiqu'il en eût ailleurs une véritable et garnie des livres les mieux choisis. Celles du cabinet de toilette consistaient en deux vitrines : une première avec une rangée admirable de fusils anglais à tout usage, et une seconde où se trouvait renfermée la plus étonnante collection de bottes, bottines et souliers : — quatre-vingt-douze paires, — et pour les circonstances les plus variées de l'existence de sport, depuis la chasse à courre jusqu'à la pêche au saumon, sans parler des tenues du polo et de l'ascensionnisme. Il n'était pas rare que de jeunes snobs vinssent, dès cette heure-là, pour assister à la toilette de ce maître en haute vie et s'ébahir devant cet étrange musée. Mais au matin qui suivit le dîner chez Mme de Tillières, il resta, sans autre compagnie que son valet de chambre, à se regarder beaucoup dans la glace de l'immense armoire à trois pans qui renfermait ses innombrables costumes et achevait de meubler la pièce. Malgré les raffinements d'installation qui faisaient de ce coin de sa demeure la garçonnière typique d'un Parisien élégant en l'an de grâce 1881, anglomane et athlétique, Raymond n'était pas un fat. S'il avait mis dans sa première jeunesse son amour-propre à ces puérilités d'un luxe minutieux, il n'y pensait plus depuis des années, au rebours de presque tous ses confrères dans le métier d'homme à la mode; et, s'il se regardait ce matin-là dans la glace, une fois habillé, c'était par ressouvenir de son projet de la veille. Il était bien plus près de quarante ans que de trente. A cet âge, on a déjà cette première petite surveillance de soi qui, dix ans plus tard, se tournera en défiance, et, vingt ans plus tard, si on ne désarme pas, en artifice. Il faut croire qu'il se trouva encore capable de plaire et il faut croire aussi que sa résolution de faire une visite dès ce jour-là à Mme de Tillières ne s'était pas en allée avec le sommeil, car, avant de monter à cheval, il griffonna un billet à l'adresse de

Mme Christine Anroux, 83, avenue de l'Alma, où il se dégageait du déjeuner, et c'est en chantonnant entre ses dents un air en vogue à cette date : « Elle est tellement innocente... » qu'il commença de se diriger vers le Bois, monté sur un alezan joliment découplé, mais pas très vite, Boscard. — Ce terme d'argot dont le monde actuel désigne les parasites professionnels lui servait de malicieuse épigramme contre le camarade qui lui avait vendu ce cheval, un certain vicomte de Saveuse, très bien né, mais de procédés plus qu'indélicats, qui avait trouvé le moyen de lui faire payer cet animal deux fois sa valeur. Saveuse, — aliàs « la Statue du Quémandeur, » — avait en outre la fâcheuse habitude d'emprunter à ses voisins de jeu des plaques de vingt-cinq louis jamais rendues. Et Casal se vengeait de ces supercheries répétées et aussi du petit crève-cœur d'avoir été dupé dans ce marché par ce surnom donné à la pauvre bête, qui n'en pouvait mais.

Boscard avait pris le trot à l'entrée du Bois, dont les massifs comme saupoudrés d'une verdure blonde étaient adorables à voir par cette matinée de premier printemps. Si cette bête n'avait pas beaucoup de fond, elle était d'allure très douce, et le fait que Casal l'eût commandée ce matin prouvait chez lui une disposition rêveuse. Quand le hasard, — ou ce que nous appelons ainsi par ignorance des puissances cachées qui dominent toute existence, — se mêle de rapprocher deux personnes, il multiplie les circonstances, de manière à justifier la crédulité des pressentiments. Mais la logique suffit, au moins en apparence, pour expliquer tous les faits. S'il était naturel qu'un jour ou l'autre Casal fût présenté à Mme de Tillières, il ne l'était pas moins qu'il rencontrât au Bois à cette heure-là, non seulement Candale avec lequel il avait pris rendez-vous, mais encore Mosé, Prosny et Mme d'Arcole, — et pas moins encore que ces personnes eussent remarqué la veille les distractions de la marquise après le départ hâtif du jeune homme, et l'en plaisantassent gaîment. A chaque instant, des hommes et des femmes du monde jettent des taquineries semblables sans y attacher d'autre importance, et Casal savait de reste ce que valent les petits propos de ce genre, simples prétextes à causer. Dans le cas particulier, ces mêmes propos venaient appuyer trop fortement son observation de la veille pour qu'il négligeât d'y prendre garde. Ce fut d'abord Prosny galopant dans une allée transversale et qui, sans arrêter son superbe cheval noir, lui cria :

— « Pas contente, la petite dame, hier, après ton départ, pas contente... »

Puis au détour du chemin, ce fut Mosé qui arrêta le cavalier d'un salut un peu appuyé. Il était à pied, suivant son habitude, luttant contre un précoce diabète et pratiquant l'hygiène de la marche avec cette énergie dans la tenue de la volonté qui demeure le trait le plus caractérisé des Juifs comme des Yankees. Ces deux espèces humaines, les plus entêtées du monde et aussi les moins bien connues à cause de leur récente arrivée à la fortune, ont pour trait commun cette volonté qui va du petit au grand et qu'aucune défaite ne lasse. Il n'est pas rare de voir un Sémite et un Américain se fabriquer, à cinquante ans, toute une destinée nouvelle et jusqu'à des goûts inédits, à coups de parti-pris personnels, systématiquement et continûment appliqués. L'Israélite, lui, possède par surcroît ce don spécial de ne jamais manquer au soin du détail, si léger soit-il. C'est ainsi que Mosé, jadis brouillé puis réconcilié avec le beau Casal, s'empressa de saisir cette occasion de lui rendre le léger service d'un avis peut-être agréable :

— « Comme vous nous avez quittés vite hier au soir, » lui dit-il.

— « J'avais un ami qui m'attendait au cercle, » répondit Casal. La pénétration des yeux fins de Mosé venait de l'inquiéter, déjà, et de le déterminer à ce mensonge.

— « Et vous nous avez emporté toute l'attention de ces dames, » continua l'autre. « Mme de Candale et sa sœur se sont mises à bavarder dans un coin, et, quant à Mme de Tillières, vous parti, plus personne. »

Un quart d'heure plus tard, et comme Casal méditait sur ce renseignement, il croisa Mme d'Arcole en train de conduire elle-même ses deux ponnettes blanches. Du bout du fouet elle lui fait signe d'arrêter, et quand il est auprès de la voiture :

— « Comment la trouvez-vous, la petite amie de ma sœur ? Idéalement jolie, n'est-ce pas ?... Et vous l'avez lâchée pour aller Dieu sait où... Maladroit ! »

Elle eut, en redonnant du *pull up* à son coquet attelage qui partit vite, un sourire de la bouche et des yeux qui, traduit en clair langage, signifiait : « Si vous n'êtes pas un imbécile, mon petit Casal, vous ferez la cour à votre voisine d'hier au soir, et vous réussirez. » Ce n'était pas un conseil très digne d'une honnête femme, sœur elle-même d'une très honnête femme. Mais, d'instinct, la duchesse n'aimait pas beaucoup Juliette qu'elle trouvait toujours entre elle et sa sœur, — précisément parce qu'elle adorait cette sœur unique, — et elle n'eût certes pas été fâchée de pouvoir dire à Gabrielle : « Hé bien ! ton irréprochable amie, la voilà qui flirte avec Casal. » Et pour achever de montrer à ce dernier que son flair de libertin ne l'avait pas trompé, le gros Candale lui disait, quand, s'étant enfin rencontrés, ils chevauchèrent côte à côte, avec son rire lourd où se trahit son fond d'origine allemande, — un Candale s'est marié dans le Wurtemberg, lors de l'émigration :

— « Ma foi ! ça n'a pas mal marché hier, mieux que je ne pensais. Elle est un peu prude, cette petite veuve... Mme Bernard prétend que feu Tillières s'est fait tuer par ennui de l'avoir épousée... J'avais peur de toi... Mais tu as été parfait... Et elle a eu un petit air vexé que tu aies filé... Non. C'était à payer sa place... »

— « Et qui est-ce ? » interrogea Raymond.

— « Comment, qui est-ce ? Mais c'est la veuve de Tillières, l'aide de camp du général Douay ! »

— « Je ne te demande pas cela. Qui est-ce comme caractère ? »

— « Ah ! tout ce qu'il y a de plus pot-au-feu, de plus gnan-gnan... Ça vit avec une vieille maman dans une maison triste comme un tombeau. Enfin, c'est le genre de ma femme, juge un peu. »

Tout l'esprit de Candale consistait à diriger ainsi de misérables épigrammes contre cette créature exquise à laquelle il ne pardonnait ni les bienfaits qu'il en recevait : cette fortune abandonnée à toutes ses fantaisies, — ni l'outrage de la trahison qu'il lui infligeait : cette maîtresse reprise aussitôt après le mariage et scandaleusement affichée. Il ajouta, après avoir joui de son mot :

— « Elle te plaît donc beaucoup ? Voudrais-tu l'épouser, par hasard ?... »

C'en fut assez pour que Casal s'abstînt de lui poser la question qu'il avait déjà aux lèvres sur l'adresse de la jeune femme. « Il ne manquerait pas d'aller bavarder auprès de sa Mme Bernard, » songea-t-il. « D'ailleurs, je trouverai cette adresse dans le premier annuaire. » Il se sentait déjà saisi d'une telle impatience qu'il abrégea sa promenade, en proie à une petite excitation d'attente très rare chez lui. Quand il rentra, son premier soin fut d'ouvrir un de ces prétendus livres d'or où, moyennant le prix de l'abonnement, les plus vaniteux des bourgeois se font enregistrer, entre des grands seigneurs ou des millionnaires, avec leur rue et leur numéro, comme membres authentiques du *high life*. Le nom de Mme de Tillières ne figurait pas dans ce répertoire.

— « Je ne peux cependant questionner aucune des personnes qui étaient hier à ce dîner, » se dit Casal, « leur attention est déjà si éveillée !... »

Justement cet éveil prouvait trop à quel degré il avait intéressé sa voisine pour qu'il renonçât à son idée de visite. Mais s'il n'eût pas été lui-même intéressé par elle plus qu'il ne l'imaginait, il eût remis cette visite, quitte à profiter adroitement d'un hasard,—une conversation avec Mme de Candale, par exemple, — pour savoir l'adresse cherchée. Au lieu de cela, il ne put se tenir d'envoyer son valet de chambre la demander chez le concierge de la comtesse. « C'est le vrai moyen, » songea-t-il. « Ce concierge n'a pas pu encore être prévenu par des racontars d'office. Il trouvera cette demande toute naturelle. » Et cependant, petit détail qui montrera combien l'image de Mme de Tillières tenait déjà dans la pensée du jeune homme à des fibres très sensibles, l'idée d'un commentaire, malgré tout possible, de la part des deux domestiques lui fut si insupportable, qu'il chargea son messager de trois autres commissions parfaitement inutiles dans le quartier de l'Arc de Triomphe, afin de dire comme en passant : « Et puisque vous serez près de l'hôtel de Candale, entrez donc dans la loge pour demander où demeure exactement Mme de Tillières. Retiendrez-vous le nom ? » Grâce à cette ruse d'adolescent, qui eût bien diverti ses camarades de Phillips s'ils l'avaient soupçonnée, il sonnait, dès les deux heures, à cette porte de la rue Matignon, vers laquelle Gabrielle de Candale s'était réfugiée la veille. L'accident de voiture portait déjà ses conséquences.

— « Ça lui va d'habiter ici, » se disait le jeune homme en traversant la vieille cour et se dirigeant vers la cage vitrée du fond. Le concierge lui avait répondu que Mme de Tillières était chez elle. La jeune femme ne condamnait jamais sa porte, par la même défiante prudence qui lui faisait recevoir également tous ses amis très tard le soir. Elle s'appliquait à éviter jusqu'aux plus légères remarques de ses gens. D'ailleurs, comme elle connaissait peu de monde, comme c'était son habitude de convier ses fidèles très exactement à des rendez-vous séparés et précis, et qu'elle ne prononçait jamais de phrases d'invitation banales, une telle liberté d'entrée n'offrait guère d'inconvénient. Cette facilité d'accès acheva de ravir Casal.

— « Rien à cacher..., » songeait-il en sonnant à la porte doublée de rideaux rouges. « Si elle pouvait être seule, » ajouta-t-il tout bas, tandis que le valet de pied le conduisait par le grand salon du devant jusqu'à cette petite pièce plus intime, témoin cette nuit même de la violente sortie de Poyanne contre lui. Quand il entra, il vit du premier coup d'œil Mme de Tillières, couchée plutôt qu'assise sur une chaise longue, comme une personne souffrante, et dans un déshabillé de dentelles blanches qui affinait encore sa beauté. Auprès d'elle, assis sur un fauteuil bas et lui parlant presque à mi-voix, bien qu'ils fussent seuls, se tenait d'Avançon. Casal et l'ancien diplomate se connaissaient du Petit Cercle où ce dernier allait souvent montrer sa physionomie de vieux Beau et humer les potins les plus récents. Les jeunes gens de la rue

Royale se moquaient de lui qui grondait sans cesse contre la mauvaise éducation ou les tristes plaisirs d'aujourd'hui. A cinquante-six ans qu'il allait avoir, d'Avançon était aussi empressé auprès des femmes qu'à vingt-cinq. C'était l'homme qui ne fume pas après dîner pour ne pas quitter le salon, celui que vous apercevez, en arrivant, abîmé là-bas dans les délices d'un aparté avec celle que vous voudriez le plus approcher. Et il cause de cette voix rentrée qui ne laisse arriver à vous aucun de ses mots. S'il est installé dans une maison où vous êtes venu espérant un tête-à-tête, vous pouvez rester, rester encore. Vous ne lui ferez pas quitter la place. Vous ne le *tuerez* pas, comme disent joliment les amoureux impatientés. Le d'Avançon, car l'individu est un type, adore des liaisons toutes leurs menues corvées si pénibles au positivisme de la génération actuelle, depuis les visites jusqu'aux courses en voiture pour faire des emplettes. Les femmes leur savent un gré infini, à ces Sigisbées en cheveux gris, de ce culte le plus souvent désintéressé. Les maris sont reconnaissants à ces chiens de garde volontaires de ces assiduités peu dangereuses. Les amants les abominent et plus encore les aspirants au titre. Aussi la première pensée de Casal fut-elle d'envoyer mentalement au diable l'attentif de Mme de Tillières, sans se douter que la jeune femme appréciait surtout dans son patito sur le retour un dévouement jamais démenti pour la vieille Mme de Nançay.

— « En voilà une tuile, » se dit-il. « Je le connais, le gêneur; il est à l'épreuve de la balle. Allons, c'est une visite perdue. »

— « Casal ici? » se disait de son côté d'Avançon. « Oh! oh! je me charge d'y mettre bon ordre, » et, tout en serrant la main du nouveau venu, sa surprise était telle qu'il ne put se tenir de l'exprimer à voix haute. « Comment, chère amie, » fit-il, « vous connaissez ce mauvais sujet-là, et vous me l'avez caché! »

— « J'ai eu l'honneur d'être présenté à Mme de Tillières chez Mme de Candale, » dit Casal, répondant pour celle à qui s'adressait d'Avançon. Il venait de comprendre, à regarder le visage de Juliette, que, pour une minute, elle était incapable de parler, tant avait été forte la surprise causée par son apparition inattendue. Cette évidence compensa du coup la vive contrariété que la présence du fâcheux lui avait infligée à lui-même. Il n'avait plus besoin de discuter avec ses souvenirs, ni d'interroger Prosny ou Mosé, Mme d'Arcole ou Candale. Un tel trouble et si subit, — elle avait rougi jusqu'à la racine de ses cheveux cendrés, — quel symptôme d'un frémissement extraordinaire chez une femme de la société, en qui la maîtrise constante de soi est la vertu professionnelle, comme le courage chez les militaires! Vivraient-elles si elles ne s'habituaient à tout cacher toujours de leurs sensations, plus espionnées par la malignité que celles d'un inculpé par le juge qui l'interroge? Mais celle-ci avait traversé depuis la veille des heures d'une trop anxieuse réflexion pour que ses nerfs ébranlés eussent en ce moment toute leur énergie au service de sa volonté. Après avoir répondu tantôt par un: « Non, je l'aime encore, » tantôt par un: « Non! nous ne nous aimons plus, » à sa propre question sur Poyanne et leurs communs rapports, elle avait roulé au fond d'un abîme d'infinie tristesse. Il y a, dans les fins d'amour, de ces minutes d'une mélancolie navrante, où l'on mesure, où l'on touche, pour ainsi dire, la misère de la vie, à constater la ruine en nous-mêmes des sentiments sur lesquels posait tout notre avenir de cœur. C'est alors des découragements d'âme à désirer en mourir. C'est des détresses durant lesquelles les blessures du passé se rouvrent et saignent avec cette nouvelle blessure du présent, pour nous attester que si tout doit périr de ce qui fut notre joie, rien ne s'abolit jamais entièrement de ce qui fut notre peine. Pendant cette nuit où Casal dormait d'un sommeil d'enfant, où Poyanne se rongeait, lui aussi, de chagrin, Juliette avait versé des larmes amères sur l'oreiller de ce petit lit, témoin jadis de ses innocentes, de ses heureuses imaginations de jeune fille. Mais pourquoi, à travers ses larmes, et du fond de ce désespoir intime où elle se laissait tomber, se prenait-elle à revoir sans cesse l'image du jeune homme qui, lui, sans doute, était loin de songer à sa voisine de la veille ? Du moins elle le croyait ainsi. Pourquoi, dans le sommeil lassé qui lui ferma les yeux vers le matin, subit-elle le va-et-vient de rêves traversés par cette même image ? Si un véritable directeur moral, le Lacordaire des admirables lettres à Mme de Prailly, par exemple, avait reçu sa confession à son réveil, il l'aurait éclairée sur les causes secrètes de cette mélancolie et de ses rêves. Il est bien certain que si nos songes ne prédisent en aucune manière l'avenir, leur signification n'est négligeable ni pour le moraliste ni pour le médecin qui trouvent en eux des enseignements sur les parties inconscientes de notre être. Quelques faits établis scientifiquement le démontrent : un homme rêve qu'il a été mordu à la jambe. Peu de jours après, un abcès se déclare à cette jambe. La nature animale s'était donc sentie touchée en lui avant qu'aucune trace extérieure ne révélât cette atteinte. Il fallait de même que Raymond eût produit sur Juliette une impression autrement vive qu'elle ne le soupçonnait, pour que ce souvenir se trouvât mêlé à toutes ses pensées depuis qu'elle avait quitté l'hôtel de Candale. Mais quels termes assez délicats un saint prêtre comme le noble

8

Lacordaire eût-il employés pour expliquer à une femme de cette délicatesse, le caractère vrai de cette impression? Eût-il admis lui-même que Casal, ce libertin notoire, ce viveur authentique, avait éveillé en elle, par sa seule présence, un obscur frisson de désir et de volupté? Malgré son mariage presque aussitôt brisé tragiquement, malgré sa liaison avec Poyanne, où le don de sa personne avait eu pour motifs une idée et un sentiment, Juliette conservait cette virginité de sensation, — phénomène si connu de toutes les femmes qu'il sert de prétexte à leur plus fréquent mensonge. Il y avait en elle une amoureuse endormie à laquelle venait de parler cet homme qui correspondait évidemment chez elle à ce Beau idéal des sens dont le type varie avec chaque système nerveux. A coup sûr le prêtre l'aurait mise en garde contre toute nouvelle rencontre avec quelqu'un d'assez dangereux pour devenir aussitôt un principe d'obsession, et cela au moment même où elle se sentait détachée de celui qui faisait, depuis des années, son plus solide appui moral. Mais justement depuis ces années-là, Mme de Tillières ne se confessait plus. De sa piété ancienne, il semblait ne lui rester qu'un remords toujours étouffé et cette espérance invincible dans la bonté de Dieu, qui est en effet la moelle même de toute foi religieuse. Elle n'avait donc personne, pour la guider aux heures périlleuses, que sa réflexion solitaire, que sa volonté de ne jamais déchoir à ses propres yeux. Aussi, au lendemain de cette nuit tourmentée, et en se réveillant toute migraineuse, s'était-elle rattachée, sans comprendre les causes complètes de son désarroi intérieur, à cette idée qui lui représentait la sauvegarde de sa dignité: prodiguer, même dans cette décroissance de l'amour, toute sa sollicitude, et de plus en plus, à l'amant qu'elle considérait comme son mari.

— « Je lui cacherai que je ne l'aime plus d'amour, » s'était-elle dit, « et je n'y aurai pas de peine, car lui non plus, il ne m'aime pas comme autrefois. Mais l'affection, mais l'estime, c'est de quoi vivre encore, de quoi être contente, sinon heureuse. »

Elle avait ensuite prié, comme elle continuait de le faire, chaque matin et chaque soir, quoique séparée des sacrements et se sachant hors de la loi de l'Église, avec une ferveur pieuse, et elle était parvenue ainsi à une sorte de calme brisé dont elle jouissait comme d'une douceur tout en écoutant les bavardages de d'Avançon, lorsque l'entrée de Casal était venue la surprendre d'un saisissement, si violent cette fois qu'elle ne put ni le vaincre tout de suite, ni s'en dissimuler le motif. Ce ne fut qu'un éclair, et déjà elle s'était, par un geste gracieux, assise au lieu de rester étendue, elle avait rejeté sur ses pieds la traîne de sa longue robe, faite pour la chambre, et elle répondait à Casal qui lui demandait en s'asseyant lui-même :

— « Vous êtes souffrante, madame ? »

— « Oui, » fit-elle, « j'ai eu ce matin un peu de migraine. J'espérais qu'elle s'en irait vers le milieu de la journée, et je la sens au contraire qui augmente... »

Elle prit, en parlant, un flacon de sels qui se trouvait sur une petite table à portée de la chaise longue, et elle le respira lentement. C'était dire au visiteur : « Vous voyez, monsieur, que vous ne devez pas rester longtemps... » — Mais qu'importait à ce dernier la froideur de cet accueil qu'il sentait voulue ? Que lui importait la visible mauvaise humeur de d'Avançon debout maintenant contre la cheminée et qui, assurant sur son nez son lorgnon de presbyte, considérait avec une impertinente attention le sommaire d'un numéro de revue posé sur cette cheminée ?... Casal venait de surprendre la preuve la plus indiscutable qu'il intéressait la jeune veuve jusqu'au trouble, — davantage encore, jusqu'à la crainte. Cette rougeur suivie de pâleur, et, après l'amabilité gracieuse du dîner de la veille, tout de suite cette retraite en arrière sans qu'aucun fait nouveau eût pu survenir, — autant de signes que le jeune homme devait recueillir et recueillit avec délices. Peut-être, s'il eût trouvé dans ce petit salon de l'avenue Matignon, éclairé maintenant par le plus clair soleil de deux heures, une personne gaie et rieuse, prête à sortir et l'entretenant de la dernière pièce des Français, du prochain concours hippique et de la plus récente séparation, aurait-il mentalement soupiré.

— « Allons, toutes les mêmes. »

Et conclu :

— « Ce n'est pas la peine de quitter Christine. »

Mais l'atmosphère de demi-réclusion répandue autour de Mme de Tillières et qu'il avait comme respirée dès l'entrée ; — mais l'énigme du caractère de cette femme, chez laquelle il avait constaté, la veille, une curiosité singulière de le connaître, puis qu'il retrouvait bouleversée de cette connaissance et résolue à le fuir ; — mais cette résistance même, à laquelle il venait de la voir se résoudre, tout se rencontrait de ce qui pouvait porter à son plus haut degré son caprice de viveur blasé. L'homme d'action qu'il était par naissance et qui s'ennuyait d'être inoccupé tressaillit en lui du même tressaillement qu'à la salle, quand un tireur d'un jeu nouveau touchait son fer, ou qu'autrefois aux Indes dans sa première chasse au tigre. Cependant, Juliette avait commencé une de ces causeries sans objet qui ont déterminé tant d'écrivains, dramaturges ou romanciers, à partir en guerre contre le papotage du monde. Elles seraient très vaines, en effet, ces causeries, si elles n'avaient pour but de masquer des pensées qui ne sauraient être exprimées sans rendre impossibles certaines relations à la fois forcées et trop délicates.

— « Comme Mme d'Arcole était en beauté hier au soir, » disait la jeune femme.

— « Très belle, en effet, » répondait Casal, « et comme le blanc lui va. »

— « C'était sa revanche de l'autre jour, » interrompit d'Avançon en fermant la revue et enlevant son binocle qu'il remit avec soin dans un étui spécial. « Vous vous rappelez, chère amie, comme elle était jaune et fanée lorsque nous l'avons rencontrée à cette exposition de la rue de Sèze?... A propos, quand viens-je vous prendre pour aller voir ensemble la tapisserie dont nous parlions tout à l'heure ? »

— « Va, mon bonhomme, » songeait Casal, tandis que l'ex-diplomate continuait, décrivant par le menu ladite tapisserie, indiquant sa place possible dans le petit salon et prodiguant les allusions à d'autres courses semblables chez les marchands, « donne-toi beaucoup de mal pour me faire sentir que je suis de trop ici et que tu es l'intime de la maison. Ça ne m'empêchera pas d'y revenir. Et vous, madame, vous voudriez bien aussi que je vous croie très absorbée par ce que vous raconte votre ami d'Avançon. Malheureusement je suis persuadé que c'est une petite comédie, cette attention-là, comme votre migraine, et vous êtes par trop jolie, avec votre façon de poser votre doigt contre votre tempe, comme si vous aviez vraiment mal, très mal!... »

Et cependant il plaçait un mot de temps à autre, laissant voir, comme la veille dans la conversation du dîner, cette qualité maîtresse de son esprit : la justesse dans le renseignement. Quoiqu'il n'eût guère acheté de bibelots dans sa vie que pour faire des cadeaux de jour de l'an à des femmes du monde ou du demi-monde, comme il avait tenu à les faire choisis, d'après son habitude d'amour-propre et son goût naturel de supériorité, il s'était adressé à des camarades bons connaisseurs, et il put se donner le malicieux plaisir de relever une ou deux erreurs de d'Avançon sur quelques marques de faïence.

— « Vous êtes donc aussi collectionneur, monsieur Casal? » lui demanda Mme de Tillières.

— « Moi, » fit-il en riant, « pas le moins du monde. Mais j'ai eu des amis qui l'étaient et je les ai écoutés. »

— « Lui collectionneur, » reprenait d'Avançon, « comme on voit que vous ne le connaissez que depuis vingt-quatre heures, ma chère amie! »

Et poursuivant avec une ironie où achevait de se révéler sa colère contre la présence de Casal, cette étrange colère si fréquente chez les hommes de plus de cinquante ans qui ne voudraient pas dire qu'ils sont jaloux d'une amie et qui le sont pourtant, sans en avoir le droit, avec une violence enfantine, il continuait :

— « Non, vous ne savez pas ce que c'est que les jeunes gens d'aujourd'hui, si vous les croyez capables de s'occuper d'autre chose que de chic et de sport... Celui-ci, vous voyez, est intelligent. Moi, je l'ai connu à l'œuf... Mais oui, mais oui, il débutait au cercle juste comme j'allais partir pour ma mission de Florence... Il était doué !... Il dessinait, jouait du piano, parlait quatre langues !... Vous avez dû constater quelle mémoire il a, hé bien ! si vous pouviez l'entendre, comme moi, causer avec ses amis : Est-ce *Farewel* ou *Livaror* qui gagnera demain à Auteuil ?... Avez-vous un bon tuyau ?... Quel champagne avez-vous eu à dîner ce soir ? De l'*extra-dry* ou du *brute* ?... Machault a tiré avec Wérékiew, le gaucher. Ont-ils fait jeu égal ?... Où en est la banque ce soir ? Et la ponte ?... Pas autre chose, madame, vous ne leur arracherez pas autre chose... »

Tandis que l'ex-diplomate débitait cette tirade d'un accent d'autant plus comique qu'il conservait même dans sa rageuse rancune l'espèce de mesure courtoise affectée par les hommes de la carrière, Juliette ne pouvait s'empêcher de tourner vers Casal des yeux inquiets. Ce dernier était trop occupé à étudier les moindres nuances de cette physionomie charmante pour ne pas lire dans ce regard une crainte instinctive qu'il ne fût froissé. Il eût au contraire remercié volontiers le jaloux qui lui rendait le service de lui conserver la sympathie de la jeune femme. Quelle meilleure occasion de sortir sur une preuve de tact, en ne s'offensant pas de ces âcres critiques, et riant de son bon rire gai :

— « Est-il mauvais, » dit-il, quand d'Avançon se tut. « Mais est-il mauvais ! » — Et il se leva pour prendre congé, puis, frappant sur l'épaule du vieux Beau avec une familiarité gaie qui faisait la plus gracieuse et la plus dure des réponses, car c'était traiter le sermonneur comme un grand enfant : — « Allons, » insista-t-il, « ne continuez pas à dire trop de mal de moi à Mme de Tillières quand je ne serai plus là, et vous, madame, ne le croyez pas trop... »

— « Je parierais qu'elle lui fait une scène à mon sujet, » se disait-il cinq minutes plus tard en s'acheminant de pied par la rue Matignon maintenant, du côté des Champs-Élysées. « Voilà tout ce qu'il aura gagné avec sa mauvaise humeur... Le naïf!... » Et il haussa les épaules. « Mais comment la revoir à présent et bientôt ? » Puis après une minute de réflexion : « Il faut aller chez Mme de Candale. »

— « Vous avez été vraiment trop peu aimable pour M. Casal, » disait en effet Juliette au même moment à d'Avançon. « Qu'avez-vous contre lui ? »

— « Moi ? » répondait le diplomate embarrassé, « mais rien du tout. Ces viveurs-là ne me sont pas sympathiques, en principe... Mais vous semblez plus souffrante ? »

— « C'est vrai, » dit Mme de Tillières, qui s'était de nouveau couchée sur la chaise longue, en fermant à demi les yeux, « je vais même être obligée de me coucher. Il faut que je sois debout pour le dîner, j'ai ma cousine de Nançay et Poyanne... »

Elle mentait, car sa tête blonde n'était pas plus endolorie qu'à la minute où le visiteur avait troublé son entretien avec le fidèle d'Avançon, mais elle voyait ce dernier en veine de continuer son discours, et elle ne voulait pas entendre de nouveau des phrases dures contre Casal. Le vieux Beau la regarda quelques minutes en hésitant, sans que sa bouche osât prononcer la phrase qu'il avait dans le cœur : « Défiez-vous de cet homme. » Au lieu de cela, il poussa un soupir et dit simplement : — « Allons, adieu, je viendrai demain savoir comment vous allez. » Et il fallait que réellement ce lui fût une vraie peine, à cette fine et douce femme, de penser que Raymond n'était pas estimé de ses meilleurs amis, car le soir et lorsque à dîner sa mère la questionna, devant Poyanne, sur les visites reçues dans la journée, elle prononça le nom de d'Avançon seul, sans mentionner l'autre. Il fallait aussi que cet autre, qu'elle était pourtant bien résolue à ne plus revoir, occupât fortement son imagination, car elle demeura comme insensible à l'adieu que le comte lui fit le soir même, avant ce dîner. Il était arrivé un quart d'heure plus tôt pour lui parler en tête-à-tête :

— « Décidément, je pars demain matin, » lui avait-il dit, « et pour six semaines peut-être. Je profiterai de ce voyage pour régler quelques affaires en souffrance et refondre définitivement la rédaction de notre journal là-bas... »

— « J'espère que vous ferez nommer vos candidats, » avait-elle répondu ; et elle n'avait pas trouvé un mot de regret à donner au malheureux homme. Elle n'avait pas deviné dans ses yeux le reproche de le quitter ainsi sans un de ces baisers que les amants emportent comme le viatique de la mélancolique absence. Encore eut-il cette illusion d'attribuer à la migraine le silence qu'elle garda durant le dîner, et la facilité avec laquelle, dès les dix heures, elle le laissa partir en même temps que sa cousine. Ah ! comme ce départ eût été plus amer, s'il eût deviné à quelles tentations il l'abandonnait, sa chère, son unique amie, celle qu'il aimait si profondément sans plus savoir lui montrer cet amour !

V

PREMIÈRE FAUTE

En pensant à Mme de Candale comme à une auxiliaire possible dans son projet d'investissement du cœur de Juliette, Casal comptait sur la sympathie de Gabrielle d'abord, qu'il se savait acquise, et ensuite sur ce goût irrésistible qui pousse toutes les femmes romanesques à s'intéresser aux sentiments qu'elles croient malheureux ou naïfs, et il n'allait pas avoir trop de peine à jouer la comédie d'un de ces sentiments-là. — Serait-ce même une comédie? — Malgré la certitude où il était maintenant, après sa visite, d'intéresser Mme de Tillières, il se trouvait vis-à-vis d'elle dans une incertitude qui, aussitôt et durant l'après-midi qui suivit cette visite, le troubla jusqu'à l'inquiéter. Il eut à la salle des Mirlitons, où il tirait avec Wérékiew, deux ou trois distractions dont s'étonnèrent les admirateurs de son jeu. A dîner, — un dîner avec deux camarades rencontrés au cercle et emmenés au Café Anglais par peur de la solitude, — il fut très silencieux, et non moins morne à un spectacle d'acrobates où ces camarades l'entraînèrent à leur tour. Aux habitués de Phillips, parmi lesquels il échoua vers les minuit, il parut si terne qu'ils l'interrogèrent sur sa santé. A mesure que se rapprochait le moment d'aller chez Mme de Candale pour lui parler de son amie, il entrevoyait obstacles sur obstacles entre cette amie et lui, et ce fut avec un véritable battement de cœur qu'il franchit le seuil de l'hôtel de la rue de Tilsitt, moins de quarante-huit heures après y avoir dîné, et vingt-quatre heures après s'être heurté chez Juliette à la présence de d'Avançon. Cette espèce de timidité chez un homme habitué, comme lui, à tous les triomphes, cette gaucherie subite et complètement inattendue, devaient plaire à Gabrielle et la lui rendre favorable. Mais il y avait chez la jeune femme pour la bien disposer envers le soupirant improvisé de Juliette, un autre sentiment sur lequel Casal ne pouvait pas compter, une aversion singulière pour Henry de Poyanne, et cette aversion a joué dans ce drame mondain un rôle trop important pour que l'on n'essaye pas d'en donner la raison. C'est ici un cas entre mille de ce problème de l'amitié entre femmes qui a préoccupé, ne fût-ce qu'une heure, tout mari défiant et tout amant jaloux.

Gabrielle de Candale, — commençons par le dire à l'éloge de la jolie comtesse, — chérissait Juliette de Tillières d'une affection très vraie. Elles s'étaient connues très jeunes filles dans un de ces bals comme il s'en donne dans les châteaux de province, et qui sont les plus authentiques revues de ce qui reste de vieille noblesse française. Nançay et Candale, situés tous les deux sur les bords de l'Indre, commencèrent de voisiner à partir de ce jour, malgré les vingt-cinq lieues qui les séparent. La guerre de 1870, en isolant les deux femmes dans leurs terres et frappant l'une si cruellement, les avait de nouveau rapprochées. Puis Gabrielle avait pris son amie comme confidente du malheur secret de sa vie. Elle avait pleuré auprès de Juliette à son tour, comme autrefois Juliette auprès d'elle. Ce doux échange de pitié avait forgé entre ces deux êtres, également généreux et tendres, une imbrisable chaîne, faite du plus pur métal de dévouement. Avec tout cela, et adorant son amie d'une si jolie manière, si complète, si délicate, si désintéressée, Gabrielle détestait le sentiment de cette amie pour Poyanne, par un détour du cœur assez compliqué. Oui, elle le détestait, parce que jamais l'autre ne lui en avait parlé d'une façon tout à fait ouverte. Sans aller jusqu'à soupçonner d'une liaison coupable sa chère sœur d'élection, elle comprenait qu'entre Juliette et cet homme les rapports étaient très intimes, plus intimes que ce qu'elle en voyait. Elle se disait que Poyanne aimait Mme de Tillières, et que Juliette, de son côté, n'était pas insensible à cet amour. Sans doute, si la comtesse eût été initiée à ce coupable mais noble roman par l'un ou l'autre des deux complices, elle n'eût pas nourri cette antipathie pour des relations qu'elle croyait pures, et dont le mystère l'irritait en même temps qu'elle en était deux fois jalouse. Jalousie d'amitié d'abord. Qui ne la connaît, cette innocente et ombrageuse susceptibilité du cœur si naturelle que même les animaux en subissent l'atteinte ? Imposez donc au chien de votre foyer la présence d'un autre compagnon de sa race auprès de vous, et le partage de vos caresses. Jalousie d'envie, ensuite. Certes, la noble créature eût protesté avec une colère indignée contre l'existence en elle de cette passion, la plus basse, la plus détestable au regard d'un esprit élevé. Hélas ! c'est aussi la plus habile à s'insinuer dans les ténébreux replis des consciences, la moins avouée à la fois et la plus générale. Car son origine réside dans ce qui nous constitue essentiellement comme personnes sociales : notre ressemblance avec d'autres individus. Aussi l'envie s'exaspère-t-elle avec la multiplicité des analogies. Jamais l'artiste le plus pauvre n'enviera un millionnaire comme il envie un autre artiste, presque aussi pauvre que lui. Imaginez maintenant deux femmes, jolies toutes deux, jeunes, comblées de biens les plus précieux de la naissance et de la fortune; supposez qu'elles soient liées, comme l'étaient Juliette et Gabrielle, puis que l'une des deux éprouve et ressente un amour partagé, tandis que l'autre demeure emprisonnée par la fatalité des événements et par ses principes dans les tristesses d'un mariage malheureux. Dites ensuite si l'envie n'est pas aux portes de cette âme de femme isolée, pour généreuse qu'elle soit. Ce sera, au commencement, un obscur malaise, une antipathie instinctive et inexplicable contre l'homme qui lui inflige à son insu la douleur de cette comparaison avec son amie. Bientôt elle cherche à se justifier à elle-même cette antipathie en constatant les défauts de cet homme; elle le regarde avec ces yeux de la malveillance qui découvriraient de la sensualité dans un Marc-Aurèle et de l'égoïsme dans un Vincent de Paule. Mme de Candale avait ainsi reconnu chez Henry de Poyanne une excessive personnalité, tout simplement parce que le grand orateur, hanté de ses idées, obsédé de son œuvre, parlait un peu trop de politique. Elle l'accusait de tyrannie, parce qu'à maintes reprises Juliette avait refusé cette invitation-ci ou celle-là pour passer une soirée ou dîner avec lui. Elle en concluait de bonne foi que ce mariage, s'il se faisait jamais, serait le malheur de Mme de Tillières. Gabrielle n'en était pas moins convaincue de sa propre estime à l'égard de Poyanne. — « Je ne l'aime pas, voilà tout..., » ajoutait-elle en riant. Seulement, comme Juliette, dans son désir de maintenir une paix profonde autour d'elle, se gardait bien de transmettre à son amant de telles critiques, ce dernier ne soupçonnait en aucune façon quel adversaire il avait dans la jeune comtesse. Il en appréciait, au contraire, les qualités de race, l'irréprochable honneur, la religion éclairée. Il la plaignait d'être mariée à un personnage aussi vulgaire que Candale. Il la sentait l'amie dévouée de Mme de Tillières à laquelle il disait :

— « Vous avez là une affection vraie... »

Quand ces procédés de délicatesse ne désarment pas ceux qui nous sont hostiles, leur plus immédiat résultat est d'accroître cette hostilité. Tous les moralistes ont signalé cette loi mélancolique de notre nature : ce que nous pardonnons le moins aux autres, ce sont nos torts envers eux, surtout quand ces torts ne sont pas très nets et que nous les sentons plutôt que nous ne les reconnaissons. Mme de Candale aurait vu Poyanne franchement déclaré contre elle, cette hostilité lui eût moins déplu que la continuelle déférence du comte. Elle allait, dans ses mauvais jours d'injustice, jusqu'à le considérer comme un hypocrite. Qui sait ? Peut-être cette âme, déçue et comme crucifiée par la misère morale de son mari, souffrait-elle encore d'une autre comparaison : celle du grand seigneur oisif et brutal dont elle portait le nom avec le gentilhomme laborieux, éloquent, bienfaisant qu'était l'autre. Tout cet ensemble de mauvais sentiments devait d'autant plus agir sur la jeune femme, à une minute donnée, qu'elle s'en rendait moins compte. En faut-il davantage pour expliquer l'accueil que la démarche de Casal était assurée de trouver chez elle ?... Vous la voyez assise à sa table, dans une espèce de salon-boudoir où elle se tient, pour ses intimes, sous le buste du grand maréchal, son ancêtre, sculpté en marbre par Jean Cousin. Elle écrit des billets en retard, cette quotidienne correspondance de politesse, de sympathie ou de charité pour laquelle les femmes de son rang doivent trouver et trouvent sans cesse de jolies formules inédites. Elle a commandé sa voiture pour deux heures et demie. Il est deux heures. Le timbre sonne un coup... C'est un fournisseur. Un second coup... C'est une visite : — « J'aurais dû défendre ma porte, » dit-elle en posant sa plume et guettant l'arrivée de

l'importun : « Tiens, » fait-elle tout haut, « c'est vous, Casal. En voilà un hasard ! » et tout bas, en elle-même : « Pourquoi vient-il me voir, lui qui ne fait jamais de visite ? » Et pendant ce temps, le jeune homme répond avec un sourire qui cache un vague embarras : « J'avais un mot à dire à Candale à propos d'un cheval, s'il veut remplacer celui de l'autre jour. J'ai su que vous étiez là et je suis monté. Je vous dérange ? »
— « Mais non, » répond-elle, « vous ne vous prodiguez pas tant, » et tout de suite la conversation commence, partant de ce cheval, prétexte imaginé tout d'un coup par Raymond, pour arriver au dîner de l'avant-veille. Mme de Candale prononce le nom de Mme de Tillières. Elle voit passer dans les yeux de Casal une petite flamme de curiosité, une question sur ses lèvres.
— « Bon, » se dit-elle, « j'y suis. Il vient me parler de Juliette. »

C'est dans ces minutes-là qu'une femme est vraiment femme, féline et charmante de grâce adroite, à ce moment précis où elle découvre, dans le tête-à-tête, l'intérêt que vous inspire une autre femme. Elle a aussitôt un premier mouvement de curiosité qui lui fait tendre un peu sa gracieuse tête, ramasser toute son attention dans ses yeux futés. Si elle écrit, elle pose sa plume. Si elle n'écrit pas, qu'elle soit près du bureau, elle la prend, ou bien un ouvrage, un livre. Si c'est une étrangère et qui fume, elle allume une cigarette, afin de n'avoir pas l'air de cette curiosité. Puis elle jette une phrase, — une toute petite et légère phrase. C'est alors que les perfides excellent à vous empoisonner, du coup et à l'avance, l'avenir entier de votre passion par quelqu'une de ces insinuations où le classique « on dit tant de choses » sert de véhicule aux plus atroces médisances. Elles vous nomment, là, très tranquillement, et d'une bouche qui darde la calomnie dans un sourire, le Monsieur qui a été ou qui passe pour avoir été du dernier bien avec la dame de vos pensées. Et puis elles ont un : « Comment, vous ne saviez pas ça ?... » et un : « Vous voyez, vous pouvez aller de l'avant... » qui leur seront certes comptés dans l'autre monde, s'il y a une place dans le purgatoire pour les félonies de salon. Au contraire, celles qui sont bonnes, mais qui flairent une histoire d'amour avec l'avidité d'une chatte introduite dans une chambre où il y a une jatte de lait, déploient leur plus caressante diplomatie à vous engager sur le chemin des confidences. Vous n'en êtes qu'à la période des soupirs. Vous avez donc le droit de raconter un secret qui n'est encore que le vôtre, quitte à le regretter plus tard. Parmi ces ruses pour vous ouvrir le cœur, la plus banale, mais aussi la plus habile, consiste à vous dire simplement ce que vous auriez vous-même envie de dire, à vous parler tout haut votre pensée. C'est la plus sûre manière pour ces charmantes curieuses de savoir si elles ont deviné juste. Il faut ajouter que la plupart du temps nous leur rendons cette petite inquisition facile. C'est ainsi que, relevant au passage le nom de celle qui le préoccupait, Casal commença.

— « A propos de Mme de Tillières, comment va-t-elle ? Est-ce que vous l'avez revue depuis avant-hier ? »

— « Non, » dit la comtesse ; « je ne vous demande pas : et vous ?... Sauvage comme je vous connais, je parierais que vous ne lui avez seulement pas mis de carte. »

— « Ne pariez pas, » reprit Raymond en riant, « vous perdriez. J'ai fait mieux que de lui porter une carte. Je me suis permis de lui faire une visite en règle. »

— « Alors c'est une série, » dit-elle ; « hé bien ! pour une fois vous avez eu raison. Elle est délicieuse, mon amie, et spirituelle comme si elle n'était pas jolie, et distinguée, et fine... Seulement, vous savez, c'est une honnête femme. Cela vous changerait un peu d'en avoir quelques-unes et de bien vous convaincre que l'espèce existe... Et de quoi avez-vous causé tous les deux ? »

— « Mais de rien, » répliqua Casal. « Je ne

demanderais pas mieux que de me laisser convaincre. Par malheur, les honnêtes femmes sont plus entourées que les autres. Je vous rencontre seule, vous, madame, c'est pour une fois... Je n'ai pas eu cette chance-là avec Mme de Tillières. J'arrive chez elle, qui trouvé-je là ?... »

Il s'arrêta sur ce point d'interrogation. Avec une tout autre personne que Gabrielle, il eût calculé assez juste en supposant que la réponse lui dirait l'amant de Juliette, — s'il y en avait un. Mais y en avait-il un ? Il tournait et retournait ce problème depuis la veille, et il aurait passé quelques secondes d'une véritable souffrance si la comtesse lui avait répondu un nom d'homme accompagné d'un « naturellement. » Mais ces petites trahisons, la menue monnaie de l'amitié féminine, n'étaient pas dans le caractère de Mme de Candale, qui se contenta de hocher la tête en signe d'ignorance.

— « D'Avançon, » reprit Casal, obligé de faire la réponse après avoir fait la question. « Vous avouerez que, pour une première visite, ce n'est pas tentant. Avec cela que le bonhomme m'a gratifié d'un joli paquet de choses désagréables, et j'étais là !... Vous devinez l'abattage que j'ai dû subir, le dos tourné. Mme de Tillières ne va plus vouloir me reconnaître... »

— « Qu'est-ce que cela peut bien vous faire ? » insinua malicieusement la comtesse.

— « Comment, » dit-il, « ce que cela peut me faire ? Croyez-vous que ce soit très agréable de passer pour une espèce de brute, bonne tout au plus à faire la conversation avec des jockeys, des croupiers et des cocottes ? Ma parole d'honneur, c'est à peu près en ces termes que ce vieux galantin m'a présenté... »

— « Et qu'avez-vous répondu ? »

— « Je ne pouvais pas me fâcher, n'est-il pas vrai, pour ma première visite, avec un ami intime de la maison ; mais voulez-vous être bonne pour moi ? »

— « Je vous vois venir, » reprit la comtesse en riant de nouveau, « il faudrait dire à Juliette que vous valez un peu mieux que cela... C'est votre faute, aussi. Pourquoi ne vous voit-on jamais, sinon par hasard, en passant ? Et pourquoi vivez-vous vingt-trois heures sur vingt-quatre avec une bande de joueurs, de viveurs et de demoiselles qui vous affichent, vous démoralisent et vous ruinent ?... Vous me direz, » ajouta-t-elle, « que ce n'est pas mon affaire. »

— « Ah ! madame, » répondit Casal en lui prenant la main et la lui baisant, d'un geste à la fois respectueux et familier qui toucha la jeune femme, « s'il y avait beaucoup de personnes dans la société qui vous ressemblassent... »

— « Allons, allons, » fit-elle en le menaçant du doigt, « vous ne me flattez pas pour rien.

Vous voulez que je vous donne l'occasion de vous justifier un peu, auprès de ma jolie amie, des médisances de d'Avançon ? Alors, venez me faire une petite visite dans ma baignoire à l'Opéra demain vendredi... »

— « Mon Dieu ! » se dit-elle lorsque Casal fut parti, « pourvu que Juliette ne m'en veuille pas de cette invitation ?... Que je suis sotte ! Elle était toute contrariée, l'autre soir, quand il a disparu après le dîner. Elle sera ravie de le revoir. Et quand elle flirterait un peu en dehors de son politicien, où serait le mal ? Au moins celui-ci peut l'épouser... L'épouser, lui, Casal ? Quelle folie !... Et pourquoi pas ? Il est riche, bien apparenté et si jeune !... Oui, si jeune de cœur, malgré sa vie et sa réputation. Était-il gentil, tout à l'heure, en me parlant d'elle, et presque timide ? Qu'est-ce qui lui a manqué, à ce garçon-là ? Une bonne influence... Mais que dira Poyanne quand il saura ces deux rencontres, coup sur coup ? Il dira ce qu'il voudra. Voilà qui m'est bien égal... »

Malgré ces raisonnements, et quoique cette hypothèse d'un mariage, après tout possible, entre la jeune veuve et Raymond continuât de flotter dans sa pensée, la comtesse n'était pas absolument rassurée lorsqu'elle dit à son amie, le vendredi soir, dans le coupé qui les emportait vers l'Opéra :

— « A propos, j'oubliais... J'ai invité Casal dans ma loge. Cela ne t'ennuie pas. »

— « Moi, » répondit Mme de Tillières, « pourquoi ? »

Elle avait lancé ce simple « pourquoi ? » d'un ton un peu tremblé qui ne pouvait pas échapper à une personne aussi fine, aussi habituée aux inflexions de sa voix que Mme de Candale. Cette dernière attendit un mot sur la visite de Casal rue Matignon, et ce mot ne fut pas prononcé. Ce léger trouble d'accent et ce silence révélaient tout autre chose que de l'indifférence à l'égard de cet homme que Juliette n'avait encore vu que deux fois. Depuis cette visite elle avait en effet pensé à lui constamment, mais, avec une loyauté profonde, elle s'était efforcée d'opposer l'image de Poyanne à celle du tentateur : « Comme c'est heureux, » avait-elle songé, « que je l'aie mal reçu. Il ne reviendra plus. J'aurais été si ennuyée de devoir parler de lui à Henry dans mes lettres. Il est si dur pour ce pauvre garçon ! Et d'Avançon pire... » Elle se rappelait la sortie de l'ex-diplomate. « Je ne peux pas croire qu'ils aient raison... » Comme à la plupart des femmes qui n'ont aucune notion précise du décor du vice, cette formule : — un viveur — ne lui représentait rien que de vague, d'abstrait, d'indéterminé. Cela signifiait une destruction coupable de soi-même, un égarement presque douloureux par les remords qui le suivent. Un attrait complexe de curiosité, d'effroi et de pitié émane pour le doux esprit féminin de ces profondeurs obscures du péché de l'homme : « Non, Gabrielle y voit plus juste. Il a dû être mal entouré, mal aimé. Quel dommage !... Mais qu'y faire ? Oui, c'est heureux que je ne le revoie plus. Avec ses habitudes, il aurait essayé de me faire la cour. Déjà cette visite, dès le lendemain de ce dîner, sans que je l'en eusse prié, n'était pas bien correcte. Il faut lui rendre la justice qu'il a été parfait de tact, et vraiment d'Avançon a été inqualifiable. Oui, mais s'il m'avait trouvée seule, que m'aurait-il dit ?... » Un petit frisson de crainte la saisissait à cette idée. « A quoi pensé-je là ? C'est fini. Il ne reviendra plus... » Et voilà que son imprudente amie la remettait tout d'un coup en face du jeune homme !...

— « Mais, » demanda-t-elle assez brusquement, « je croyais que tu ne voyais guère M. Casal en dehors de tes grands dîners de chasse ? »

— « C'est vrai, » répondit Mme de Candale, « pourtant il est venu me rendre visite hier, et il avait l'air si malheureux... »

— « De quoi ? » fit Juliette.

— « Mais n'est-il pas allé te voir aussi ? » interrogea Gabrielle, « et n'a-t-il pas rencontré chez toi d'Avançon ? »

— « Je ne comprends pas le rapport, » dit Mme de Tillières, un peu confuse de voir que l'autre savait la visite de Casal.

— « C'est bien simple, » reprit la comtesse. « Il paraît que d'Avançon a été atroce pour lui... »

— « Tu connais le pauvre homme, » répliqua Juliette en affectant de rire, « il est jaloux, c'est de tous les âges et surtout du sien, et les nouveaux visages lui déplaisent. »

— « Enfin Casal est parti, persuadé que tu avais de lui une affreuse opinion, et il est venu me le raconter... Tu lui fais peur, c'est positif... Si tu l'avais vu, et comme tout en lui me disait : — Défendez-moi auprès de votre amie, — va, tu aurais été touchée comme moi... Et je l'ai invité pour qu'il se défende lui-même, par sa seule manière d'être... Que veux-tu ? Je m'intéresse à lui, comme je te disais l'autre jour. J'ai idée que c'est dommage de laisser un garçon de cette valeur tomber de plus en plus dans des sociétés indignes de lui. Et puisqu'il paraît tenir à notre opinion, pourquoi le décourager de vivre dans le vrai monde ? Ce n'est pas ton avis ?... »

Juliette répondit une phrase évasive. Elle ne voulait pas, elle ne pouvait pas montrer à Gabrielle le tremblement nerveux que la présence de Raymond lui causait de nouveau. Peut-être aussi avait-elle désiré obscurément cette présence.

tout en essayant de se démontrer le contraire, et se réjouissait-elle, dans sa demi-épouvante, à l'idée qu'elle allait revoir Casal, sans qu'il y eût de sa faute à elle? Et puis, la comtesse, en cherchant à se justifier d'avoir invité le jeune homme, venait de trouver involontairement la plus dangereuse des excuses pour une femme aussi sensible que Mme de Tillières à cet attrait de la pitié romanesque, à ce « quel dommage ! » qu'elle s'était déjà prononcé à elle-même. C'était par là, par cette fissure toujours ouverte dans ce tendre cœur, que l'amour s'était insinué une première fois, lorsqu'elle avait plaint les douleurs de Poyanne, et souhaité d'en réparer le ravage. De la pensée que Casal était misérable par les désordres de sa vie, et qu'une influence bienfaisante pouvait l'en tirer, au projet d'aider à ce rachat, d'être cette influence, que le passage était tentant! Mais cette tentation ne se formulait pas tout de suite dans cette âme troublée avec cette netteté, au lieu que tout de suite elle écouta la voix de sa conscience lui prononcer cette autre petite phrase :

— « Cette fois, je ne pourrai pas cacher à Henry que j'ai vu Casal. »

C'était son habitude, lorsque Poyanne était absent, de lui tenir une espèce de journal quotidien de sa vie et de ses pensées. Quand elle entra avec la comtesse dans la baignoire d'avant-scène pour laquelle son amie avait troqué sa loge des premières l'année précédente, — un peu à cause d'elle, — c'était cette dernière nuance de sentiment qui la dominait, et une impression de défiance contre le jeune homme. Il était là qui causait, en lorgnant la salle, avec Candale et d'Artelles. Il avait dans les yeux, quand il la salua, non point cette sorte de fatuité défiante qui dit à une femme : « Vous voyez, je suis arrivé à vous rencontrer malgré vous, » mais au contraire presque une souffrance. Depuis l'invitation de Mme de Candale, ce séducteur, ce roi de la mode, ce blasé ne se reconnaissait plus. Au lieu de s'apaiser, son malaise d'inquiétude avait augmenté. Il se disait, malgré son expérience : « Mme de Tillières va être froissée de me retrouver là. Elle croira que je m'impose à elle, et, pour peu que d'Avançon ait continué son travail de démolition, je suis perdu dans son esprit. » — Cette anxiété se changea en une réelle douleur quand elle passa devant lui pour gagner sa place sur le devant, aussi gracieusement froide et distante dans ses yeux et toute sa physionomie qu'elle avait semblé bouleversée la veille. Pour la première fois, l'évidence de la sensation qui le travaillait apparut à Raymond. Il ne s'agissait plus de se trouver une « bourgeoise » de dix heures du soir, ni de s'organiser un *flirt* plus ou moins intéressant.

— « Ça y est, je suis pincé, » se dit-il en employant mentalement un terme de son argot habituel, pour désigner un état moral qui ne lui était guère habituel et qu'il redoutait avec son bon sens en le désirant avec son cœur, et il étudiait Juliette qui, vêtue de blanc cette fois, s'installait à côté de Mme de Candale tout en rose. Les deux femmes préludaient à cette première prise de possession de la loge et de la salle, qui consiste à disposer, sur la petite tablette de velours, l'éventail, un mouchoir, une lorgnette d'écaille, un flacon de sels, tout en regardant de-ci de-là et passant la revue des loges, sans en avoir l'air. Et ce sont, tandis que les chanteurs vont et viennent sur la scène, que l'orchestre prolonge ou accélère l'accompagnement, que les hommes dans le petit salon du fond chuchotent de leur côté, toutes sortes de menues réflexions auxquelles le jeune homme était accoutumé comme à se mettre en habit le soir ou à monter à cheval le matin. D'ordinaire, il ne les remarquait plus, mais dans les dispositions de cœur où il était, il voulut y voir la preuve que Mme de Tillières était sur le point de se reprendre tout à fait, si déjà elle ne s'était reprise. On jouait l'*Hamlet* de M. Ambroise Thomas, assez médiocrement. L'excellente artiste qui tenait le rôle d'Ophélie n'était entourée que de doublures, et, dans le demi-jour de la baignoire, Casal pouvait entendre des phrases comme celles-ci : « Mon Dieu! le vilain roi! Comment a-t-elle pu empoisonner son mari pour un pareil homme?... — Qui est dans la loge de Mme de Bonnivet? Ce n'est donc plus Saint-Luc?... — Je me demande toujours si le fantôme est un véritable acteur?... — Mais oui, il remue la bouche... — Tiens, dans la baignoire de Mme Komof, c'est cette petite Mme Moraines, n'est-ce pas? Comme elle se pousse! Elle est bien jolie... — Regarde donc la reine. A qui trouves-tu qu'elle ressemble?... — Je ne vois pas... — A Marie de Jardes. Mais c'est frappant... » Telles sont les idées qu'échangent d'ordinaire, au son d'une musique tantôt médiocre, tantôt sublime, ces sphinx endiamantés des premières loges ou des avant-scènes dont le profil, contemplé de loin, agite des souvenirs de roman dans la cervelle de deux ou trois rêveurs pauvres cachés dans la salle. A l'Opéra, il y a toujours par représentation une couple de jeunes gens, chauffés à blanc par quelque lecture mal comprise, et qui ont économisé sur leur budget d'étudiants faméliques ou de répétiteurs en chambre, de simples employés ou de provinciaux en voyage, afin de venir se réchauffer au soleil de la Haute Vie! Pourtant ces insensés qui s'exaltent à la chimère d'une délicatesse d'âme pareille à celle des visages et des toilettes, n'ont pas tout à fait tort. Avec cette mobilité déconcertante qui fait d'une Parisienne un continuel miracle de contradiction, voici que ces mêmes femmes, après avoir causé comme dans leur salon, se prennent soudain à suivre un morceau dans l'œuvre de l'artiste, et, d'un coup, elles se trouvent au diapason de cette œuvre et de l'émotion idéale que le musicien a voulu traduire. C'est ainsi qu'au moment où le rideau se leva sur l'acte de la folie, la comtesse de Candale dit pour elle-même et pour ses invités :

— « Maintenant, il faut écouter. »

Le silence s'établit dans la loge. Il y a, en effet, dans ce quatrième acte d'*Hamlet*, une romance divine dont le compositeur français a, dit-on, emprunté le thème à un chant populaire du Nord. Ces quelques mesures d'une mélancolie nostalgique et désespérée passent et repassent sans cesse dans la plainte d'Ophélie, tandis qu'autour d'elle ses compagnes vont et viennent dansant et chantant, elles aussi, et c'est le contraste, toujours poignant pour le cœur, de la Vie qui s'égaie, qui se déploie, insoucieuse, autour de l'Ame en proie à la passion solitaire, au douloureux martyre de sa plaie intime... Le printemps arrive parmi les fleurs, il rit dans le ciel immortellement jeune, il sème dans les gazons les calices des tendres primevères, et dans les regards des amants il fait trembler les larmes ravies du bonheur. Toutes les bouches s'ouvrent pour saluer la fête enivrée de l'heure et des sens, toutes, excepté celle de l'abandonnée, à qui le prince cruel a dit tour à tour : « Suave Ophélie, » et : « Entre dans un couvent. » A travers la félicité des autres, elle aperçoit, elle, son irréparable misère, et tout ce qui aurait pu être. « Ah ! » soupire-t-elle, « heureuse l'épouse au bras de l'époux... » Et sa raison s'en va dans ce soupir... Non, ce n'est pas possible qu'elle ait été trahie, si le prince, son prince, si Hamlet, son Hamlet vit encore. Puisqu'elle est seule et brisée loin de lui, c'est qu'il n'est plus de ce monde, et elle marche vers le fleuve qui coule, qui coule, promettant la couche où toute souffrance s'oublie. Non, laissez-la, vous toutes à qui elle a distribué les fleurs de son bouquet, avec sa grâce d'amoureuse blessée, laissez-la s'en aller vers cette eau — moins trompeuse que le cœur de l'homme, moins mouvante que l'espérance, moins rapide dans sa course que la fuite de l'heure douce, — et y noyer, avec le souvenir de la joie perdue, son inguérissable amour. « Adieu, » soupire-t-elle encore, « adieu, mon seul ami... » La Vie peut continuer de rire et de tournoyer, le printemps de prodiguer la lumière et les parfums, l'Ame malade est affranchie pour jamais...

Le charme étrange de la musique et sa vertu particulière, c'est de ne pas préciser le symbolisme qu'elle enveloppe. Elle se prête ainsi aux exigences des sensibilités les plus distinctes. Tandis que la belle et plaintive phrase de la romance se développait, prise et reprise, à travers une combinaison scénique infiniment habile, chacune des personnes réunies dans la baignoire de Mme de Candale sentait frémir à cette mélodie touchante quelque pensée intime de la nuance de cette phrase. Gabrielle, qui n'avait qu'à se retourner pour voir Mme Bernard, la maîtresse de son mari, dans la loge entre les colonnes, retrouvait dans le soupir de l'abandonnée un peu de la souffrance secrète de sa vie. La résolution de Juliette s'amollissait des invisibles larmes que l'attendrissement de l'harmonie faisait comme tomber sur son cœur. Et Casal lui-même, envahi qu'il était par l'émotion romanesque, pour la première fois depuis des années, oubliait ses boutades habituelles contre le bruit « plus cher que les autres. » Il éprouvait et se laissait éprouver un trouble, tout ensemble voluptueux et triste, à écouter cet air, pourtant bien connu, auprès de la femme qu'il commençait d'aimer. Elle était si près de lui, avec ses cheveux blonds simplement relevés sur le derrière de la tête, avec sa nuque mince dont la blancheur se prolongeait par l'échancrure de la robe jusqu'au creux des épaules, avec la ligne fine de sa joue entrevue en profil perdu, avec le parfum qui émanait de toute sa toilette, un arome de lilas de Perse, presque imperceptible, — oui, si près, et si loin pourtant ! Et il la voyait, il la sentait comme fondue dans la même impression que lui. Ah ! qu'il pût seulement lui parler à cette seconde, il saurait bien vraiment si elle s'était reprise, si elle avait dominé tout à fait le premier intérêt constaté en elle dès leurs deux premières entrevues... Mais la porte s'ouvre, quelqu'un entre dans le petit salon qui précède la loge. L'enchantement est rompu, c'est Mosé à qui Candale serre la main, et Mme de Candale se lève pour aller causer avec le nouvel arrivant à qui elle laisse à peine le temps de saluer Mme de Tillières.

— « Venez ici, » dit-elle au visiteur en lui montrant une place à côté d'elle sur le canapé de ce petit salon d'entrée, « vous avez votre figure à potins... Voyons, contez-moi cela. »

— « Mais non, madame, » répond Mosé en riant, « je ne sais pas la plus petite nouvelle. »

— « Si c'est moi qui vous gêne..., » dit Candale, qui tourne le bouton de la porte, sa canne de soirée à la main. Il s'appuie de son bras libre au bras de d'Artelles en ajoutant : « Suis-je un bon mari ? je vous l'emmène aussi. »

— « Va-t-elle se lever ? » songeait Casal, resté seul avec Juliette sur le devant de la loge. Et c'était vrai que Mme de Tillières se disait à la même minute : « Mon devoir est d'éviter même ces cinq minutes de demi-tête-à-tête, » mais elle restait assise sur son fauteuil, affectant de parcourir à nouveau la salle du bout de sa lorgnette. Dans la glace qui garnissait la paroi de la baignoire, elle avait vu la physionomie de Raymond tout assombrie d'inquiétude, et voici qu'elle ressentait à la fois son émotion du premier soir devant ce beau, ce fier visage d'homme, et un attendrissement irrésistible devant cette évidente timidité qui flattait en elle les plus intimes orgueils de la femme. Ses nerfs, encore tout remués par la musique, lui rendaient difficile un effort intime, et, le cœur serré d'une attente, qu'elle jugeait coupable au moment même où elle la subissait avec de secrètes délices, elle ne se leva point. D'ailleurs, le jeune homme commençait de lui parler. Pouvait-elle lui faire l'affront de ne pas lui répondre, — et pourquoi ?

— « Cet acte est beau, » disait-il, « et à cause de lui, je pardonne presque au compositeur d'avoir touché à Hamlet, quoique je déteste que l'on gâche des sujets déjà traités, en les représentant sous une autre forme... Il faut la voir jouer à Londres, cette pièce de Shakespeare, et par Irving. Le connaissez-vous, madame ?... »

— « Je ne suis jamais allée en Angleterre, » répondit-elle; et elle pensa: « Gabrielle a raison, je lui fais peur... » Ce fut une sensation de quelques secondes, mais délicieuse. Cette réserve de

Casal mettait sa conscience à elle en repos, et surtout c'était la preuve qu'elle plaisait déjà tant au jeune homme qui continuait d'expliquer le jeu souligné du grand acteur anglais, critiquant sa parole trop continûment mordante, vantant ses gestes précis et sa subtile intelligence. Il s'arrêta, et avec un sourire :

— « Avouez, madame, » fit-il, « que vous me trouvez un peu ridicule de prétendre avoir un goût artistique à moi. »

— « Mais pourquoi cela ? » demanda-t-elle. Un petit frisson venait de la saisir. Elle se rendait compte que cette phrase en amènerait une autre et que la conversation allait devenir plus dangereuse.

— « Pourquoi ? » reprit Casal, « mais à cause du portrait que votre ami d'Avançon vous a tracé l'autre jour. »

— « Je ne l'ai pas écouté, » dit-elle en s'éventant pour cacher le trouble qui la ressaisissait. « J'avais une telle migraine ! » — « Où veut-il en venir ? » se demandait-elle.

— « Oui, » fit Casal avec une mélancolie qui n'était qu'à moitié feinte. « Mais le jour où vous ne l'aurez plus, cette migraine, vous l'écouterez et vous le croirez. Oh ! ou lui ou un autre... Je le disais hier à Mme de Candale, c'est un peu dur tout de même d'être jugé toujours sur quelques folies de jeunesse... Et puis, il m'a semblé... Vous me permettez de vous parler bien franchement ?... »

Elle inclina la tête. Il avait su poser cette question énigmatique avec cette grâce un peu enfantine, si puissante sur les femmes lorsqu'elle est associée chez un homme à toutes les énergies d'une maturité virile. Il continua :

— « Il m'a semblé que cela ne vous plaisait pas de me voir chez vous. Et c'est vrai, vous ne m'aviez pas dit de venir. »

— « Mais, » fit-elle toute troublée de ce coup droit qu'elle ne pouvait guère parer, « c'est vous qui ne vous y plairiez pas. Je vis dans mon coin, si retirée de tout ce qui vous intéresse... »

— « Vous voyez, » reprit-il, « vous avez écouté le réquisitoire de d'Avançon, malgré votre migraine. Hé bien ! je voudrais tenir de vous-même l'autorisation d'aller quelquefois rue Matignon, quand ce ne serait que pour vous faire un peu revenir sur ce réquisitoire. Ce ne serait que justice, avouez-le. »

Il était si beau à cette minute, de ses yeux clairs émanait une telle douceur, tout cet entretien avait été si rapidement poussé que Juliette répondit comme malgré elle :

— « Je vous verrai toujours avec beaucoup de plaisir. »

C'était la phrase la plus banale. Mais dite ainsi, en réponse à cette demande et après que

Mme de Tillières s'était promis d'être si discrète, cette petite phrase équivalait à une première faiblesse. Le « merci » presque ému de Casal lui fit trop comprendre que le jeune homme l'interprétait ainsi. Elle eut alors la force de se lever et d'aller à son tour dans le fond de la loge rejoindre Gabrielle et Mosé. — Il était trop tard.

VI

LA PENTE INSENSIBLE

Lorsque Juliette fut rentrée du théâtre et que, coiffée pour la nuit, elle eut renvoyé sa femme de chambre, elle s'assit à sa table, afin d'écrire à Poyanne le compte rendu de sa journée. Cette mignonne table, où la multiplicité des petits objets trahissait une gentille minutie d'esprit, faisait un coin dans son appartement, encore plus à elle que le bureau du paisible salon Louis XVI. Les portraits de sa mère, ceux de son père, de son mari et d'autres chers morts, ceux de ses amis préférés, étaient appendus à portée de la main et du regard sur le pan de mur tendu de soie, contre lequel s'appuyait cette table, témoin de ses meilleures minutes. Au-dessus des cadres en cuir, en vieille étoffe, en argent ciselé, une bibliothèque-étagère contenait les volumes qu'elle lisait le plus volontiers : une *Imitation,* des poètes intimes, quelques romans d'analyse tendre et surtout des moralistes, ceux qui unissent, comme Joubert, comme le prince de Ligne, comme Vauvenargues, la finesse aiguë de l'observation à toutes les délicatesses de la bonté. La lampe voilée de dentelle éclairait cet univers familier de sa lueur adoucie, et le virginal lit de bois de rose à colonnettes tournées avec les cinq ou six petits oreillers préparés pour dormir, et la cheminée où brûlait une flamme souple. Le battement régulier de la pendule emplissait seul de son bruit cette chambre close dont les deux fenêtres donnaient sur le jardin. Que ces heures de solitude étaient chères à Juliette, qui aimait à s'attarder sur une lecture et surtout à écrire! Elle avait ce joli goût de la correspondance qui s'en va de nos mœurs hâtives, et c'était sans cesse entre ses amis et elle un continuel échange de billets à propos d'une phrase mal comprise dans la causerie du jour, sur un livre prêté ou à lire, sur un souci de santé ou simplement une commission à faire. Ces mille riens servent aux femmes de prétexte pour broder les plus gracieuses fleurs de fantaisie sur l'étoffe si monotonement grise de la vie mondaine. Avec l'ami des amis, avec l'époux secret de son choix, et quand les exigences de la politique le tenaient loin de Paris, qu'elle avait souvent causé ainsi par de longues, d'interminables lettres, laissant sa plume courir rapide sur le papier mince, bleuté vaguement, et sa pensée suivre cet homme dont alors les ambitions la passionnaient, et qu'elle admirait, en le conseillant avec ce tact effacé, caresse unique pour l'amour-propre d'un mari ou d'un amant!... Mais ce soir-là et au sortir de cette représentation de *Hamlet*, elle resta longtemps, la tête dans sa main, avant de pouvoir tracer seulement une ligne de la lettre qu'elle voulait écrire. Allait-elle lui parler de Casal, de la demande qu'il lui avait adressée et de la réponse qu'elle avait faite?

— « Je le dois, » dit-elle enfin tout haut en plissant son front; et dans le mouvement de résolution que révélait cette parole, elle commença d'écrire. Après une demi-heure, elle avait terminé une lettre vraie où elle racontait la rencontre avec Raymond dans la loge de Gabrielle et l'essentiel de leur conversation, le tout simplement, droitement; elle ajoutait que si cette présence du jeune homme chez elle devait être désagréable à Henry, elle n'attendait qu'un mot pour s'y soustraire. Cette lettre finie, elle la relut et elle vit Poyanne la lisant à son tour, juste dans vingt-quatre heures. Elle le connaissait trop pour douter de sa réponse. C'était une coquetterie d'âme naturelle, à cet homme généreux, qu'il ne voulût, dans ses rapports avec Juliette, rien devoir à l'autorité. Il était de ces amants qui disent toujours à leur maîtresse : Vous êtes libre. Seulement ils ne peuvent pas s'empêcher de souffrir, et la femme à laquelle ils permettent ainsi d'aller comme elle veut, sur le chemin de ses fantaisies, sent, à de certaines minutes, qu'elle leur marche sur le cœur. Ce cœur saigne, sans une plainte, et sa muette souffrance s'élève comme un de ces tendres reproches auxquels un être délicat préférerait les plus violents outrages. Juliette éprouva ainsi par avance l'impression de la peine que cette lettre si franche infligerait à son ami. La scène qui avait suivi le dîner chez M#me de Candale se représenta tout d'un coup à son esprit avec une force extrême et l'animosité d'Henry contre Raymond. Persuadée comme elle était que l'amour de Poyanne avait diminué, Juliette aurait dû logiquement ne pas tenir compte d'une antipathie qu'elle jugeait inique. Mais elle lui gardait encore trop d'affection véritable pour se décider de sang-froid à un parti-pris de cette dureté.

— « Non, » fit-elle, « je n'enverrai pas cette lettre ; à quoi bon ? » Elle se leva et, jetant ce papier dans la flamme, elle le regarda brûler avec ce malaise bien connu de ceux qui ont traversé ces périodes des fins de liaison, où ce qui fut le charme de l'intimité en devient la corvée douloureuse. On ne veut pas renoncer à cette douce coutume de raconter son cœur la plume à la main, et l'on ne peut plus, et l'on recommence indéfiniment de noircir des feuilles que l'on froisse les unes après les autres jusqu'à une dernière, comme celle que Mme de Tillières se décida enfin à mettre dans l'enveloppe, et qui n'enferme plus rien que des phrases banales et gauches. Dans celle-là, le nom de Casal n'était même pas prononcé.

— « Je ne sais pas pourquoi je suis si troublée d'une pareille vétille, » se disait-elle le lendemain matin pour endormir le remords qui tressaillait en elle. « Qu'y a-t-il de mal à recevoir un ami de Gabrielle de Candale et de Marguerite d'Arcole ? Quel prétexte avais-je de répondre : non, à sa demande de venir ici ? Gabrielle a raison. Il a obéi à un joli sentiment. Il a voulu protester contre l'effet que les discours de d'Avançon devaient avoir produit sur moi. C'est comme s'il s'engageait à une tenue irréprochable rue Matignon, et par conséquent à ne pas me faire la cour... Quelques visites de temps à autre qui contribuent à lui donner un peu plus de respect pour ce qu'il y a de bon en lui... Mais Henry lui-même les approuverait s'il le connaissait mieux, si je pouvais lui expliquer de vive voix...

— D'ailleurs, » continuait-elle en relisant une

lettre reçue de Besançon le matin même, « il ne s'occupe guère de moi en ce moment. » — Elles étaient, ces pages où Poyanne racontait son arrivée dans sa ville natale et son entrevue avec quelques électeurs notables, toutes remplies de détails sur la lutte électorale qui allaient s'engager. Il semblait qu'il eût évité à dessein la plus légère allusion sentimentale. Cet amant timide, et qui craignait de lasser son amie par sa tendresse, avait écrit, lui aussi, une première lettre, puis une seconde, une troisième, et il les avait brûlées, comme elle avait fait elle-même, pour en envoyer une dernière, extérieure et indifférente. Juliette aurait pu et dû le deviner. Mais nous n'accordons jamais aux autres le crédit de penser qu'ils nous ressemblent par les susceptibilités douloureuses du cœur. Elle poussa un soupir et se dit simplement :

— « Comme il a changé ! Ses lettres d'autrefois étaient si tendres ! »

Elle remit ces pages, que couvrait la haute écriture droite et loyale du comte, dans une petite enveloppe de cuir à serrure et qui portait la date de 1881. Dans son culte pour celui qu'elle considérait avec raison comme une des figures supérieures de cette époque, elle avait pris la pieuse habitude de ne jamais laisser se perdre même un billet de cette chère main, et, à chaque commencement d'année, elle commandait ainsi une gaine précieuse pour ce trésor auquel elle avait jadis tant tenu. Le sentiment du passé, de ce qu'il y avait de diminué, comme d'éteint entre eux, lui serra le cœur, et elle devint plus songeuse encore tout en s'amusant, pour occuper ses doigts, à disposer dans des vases des fleurs envoyées de Nice par le général de Jardes qui voyageait sur ce bord d'Italie pour le grand ouvrage militaire, rêve de toute sa vie. Les roses à demi ouvertes et comme lassées par le voyage, les pâles narcisses, les mimosas dorés, les œillets rouges et blancs, les violettes russes mêlaient leurs odeurs. Les pauvres plantes encore vivantes, altérées d'eau et qui allaient renaître pour quelques jours, exhalaient leur âme dans cette agonie de parfums, — nostalgique soupir vers le pays du soleil et les jardins enchantés de la Provence. Mme de Tillières était trop profondément remuée depuis la veille pour que cette invisible caresse d'aromes ne la pénétrât pas d'une étrange langueur. Une tristesse l'envahit qui lui mit des larmes dans les yeux; elle les essuya de sa main fine et presque avec terreur en entendant ouvrir la porte du premier salon. Elle se prit à trembler de tout son corps à l'idée que Casal avait peut-être profité aussitôt de la permission demandée, qu'il allait entrer et la voir dans cet état de trouble inexplicable. Il l'interrogerait. Que lui dirait-elle? Heureusement la porte en s'ouvrant donna passage non pas au jeune homme, mais à d'Avançon, et l'ex-diplomate était si occupé d'une idée dont l'éclair brillait dans ses yeux gris qu'il ne remarqua même pas la pâleur de la marquise, ses yeux humides, l'agitation de ses mains.

— « Je suis sûre qu'il va me taquiner sur la soirée d'hier à l'Opéra ? » se dit la jeune femme, après le premier saisissement de délivrance. Et elle continuait d'arranger ses fleurs, mais presque avec gaîté, cette fois, en épiant du coin du regard le vieux Beau qui ménageait visiblement un effet. Elle le connaissait si bien !... Elle savait qu'une des manies de cet homme était de ne jamais aller droit au but. Il croyait devoir à son ancien métier de préparer ses mots comme il préparait son visage, cosmétiquant ses cheveux un par un, si bien que son crâne chauve en était comme laqué de noir, nuançant sa moustache de manière à lui conserver un grisonnement vraisemblable. Il lui arrivait de dire, au début d'une conversation, une phrase qui devait lui servir une demi-heure plus tard à en placer une autre. Il attendit moins longtemps cette fois. Mme de Tillières ne s'était trompée qu'à moitié. Il venait bien lui parler de Casal. Seulement il ignorait que le jeune homme eût été, la veille, des invités de la comtesse. Juliette venait de lui dire en lui tendant une des larges anémones qui sont la gloire du Midi :

— « Vous ne me complimentez pas sur mes fleurs? C'est notre ami de Jardes qui a eu cette gentille pensée. »

— « Et va-t-il revenir bientôt? » demanda le diplomate. Puis, sans attendre la réponse : « Croyez-vous qu'il pousse jusqu'à Monte-Carlo tenter la fortune?... »

— « C'est bien possible, » dit Juliette.

— « Ça me fait penser, » reprit d'Avançon avec un empressement à saisir cette grosse attache de causerie qui démentait toutes ses prétentions à la finesse de la Carrière, « que j'ai assisté hier, rue Royale, à une des plus grosses parties que j'aie vues depuis longtemps... Vous me reprochiez d'avoir été dur pour Casal, quand je l'ai rencontré ici l'autre jour. Savez-vous combien il a perdu devant moi entre minuit et demi et une heure? Voyons, dites un chiffre... Vous ne voulez pas... Hé bien! trois mille louis, vous entendez... Il sortait sans doute de quelqu'un de ces bars où ses amis et lui ont la jolie habitude d'aller s'assommer d'alcool, car son inséparable lord Herbert Bohun dormait pendant ce temps-là sur un des fauteuils du cercle et lui-même avait l'air passablement gai... Et puis ces jeunes gens s'indignent que leurs aînés leur servent un peu de morale de temps en temps!... »

— « Mais, » interrompit Mme de Tillières, « est-ce que M. Casal est si riche que cela? »

— « Il a dû avoir ses deux cent cinquante mille francs de rentes à sa majorité, » dit d'Avançon. « Que lui reste-t-il maintenant ? C'est une autre affaire, avec les femmes, un gaspillage de vaniteux, et ces parties-là... »

L'ex-diplomate triomphait en rapportant à Juliette cette anecdote destinée à lui prouver qu'il n'avait pas calomnié le jeune homme l'autre jour. Il continua de parler contre le jeu, sans se douter que l'esprit de son interlocutrice, en train de porter maintenant elle-même les menus vases pleins de fleurs ici et là dans la chambre, était touché tout autrement par ce qu'il venait de raconter.

— « Ainsi, après m'avoir quittée à l'Opéra, » pensait-elle, « il est allé boire et puis jouer. » Il n'y avait rien là que de très simple. Ne savait-elle pas que Casal passait au club, comme tant de jeunes gens de sa classe et de ses goûts, une partie des nuits ? Pourquoi cette idée lui fut-elle soudain si pénible ? S'était-elle donc imaginé que quelques mots échangés dans une baignoire de théâtre allaient par magie transformer des habitudes qui n'offraient, d'ailleurs, aucun rapport avec ces mots ? Avait-elle secrètement souhaité qu'il reçût, de cet entretien avec elle, une impression assez forte pour ne pas vouloir la profaner le même soir ?... Toujours est-il que pendant le reste de la visite de d'Avançon, puis durant l'après-midi et tard dans la nuit, elle ne put secouer cette pensée, obsédée par l'image des désordres de la vie d'un homme qu'elle connaissait pourtant si peu. Cette obsession continuait, malheureusement pour le repos de Juliette, le travail commencé en elle par Mme de Candale. Elle sentit redoubler la tentation de se rapprocher de lui, sous le prétexte, aussi spécieux que dangereux, d'une bonne influence à prendre. En croyant nuire à Raymond dans l'opinion de Mme de Tillières, d'Avançon venait de fournir à ces deux êtres, déjà trop préoccupés l'un de l'autre, un terrain de rapprochement et de causerie. La femme la plus réservée peut chapitrer un viveur sur la passion du jeu, tandis qu'elle ne le ferait ni sur celle de l'ivrognerie sans l'avilir, ni sur celle de la galanterie sans se compromettre. Aussi quand Casal parut à son tour dans le petit salon Louis XVI, vingt-quatre heures après le maladroit diplomate et deux jours après la permission accordée à l'Opéra, sa visite était-elle espérée avec une impatience qu'il n'aurait pas osé soupçonner. Mme de Tillières n'était plus, cette fois, ni souffrante, ni étendue sur la chaise longue, dans une de ces robes vaporeuses qui consolent de la migraine par leur coquetterie. Mais, dans sa toilette de ville et ses cheveux blonds encore libres du chapeau, elle avait cet air jeune fille, cette physionomie à la fois candide et futée, douce et spirituelle, qui était son charme unique dans ses minutes de détente et lorsqu'elle ne se reinait point. Tout entière à la pensée de ce qu'elle voulait dire au jeune homme, une pointe de rose brillait à ses joues, qui animait son fin visage, et ses yeux bleus eurent un regard que Casal ne leur connaissait pas, quand elle jeta cette petite phrase, après les premières banalités de la causerie :

— « Vous voulez que l'on vous croie calomnié, et vous passez les nuits à jouer au cercle... Ne dites pas non. J'ai ma police. Vous perdiez plus de soixante mille francs samedi à une heure du matin. »

— « Mais à deux je les regagnais et trente mille de plus, » répondit-il en riant.

— « C'est encore pis, » reprit-elle ; et, pour se conformer au programme qui justifiait seul un entretien de cette intimité, voici qu'elle commença un gentil sermon d'amie inquiète, et Casal l'écoutait avec une componction qui n'était qu'à moitié menteuse, — lui, le fringant, le scandaleux Casal, qui avait subi dans tous les clubs, voire dans les tripots, des différences de plus de cent mille francs vingt fois dans sa vie, — lui qui faisait école parmi les apprentis viveurs, dont ils citaient les mots, dont ils portaient la fleur à leur boutonnière !... Certes, ces jeunes habitués de Phillips, qui se donnaient des maux d'estomac à s'indigérer des *cock-tails* et des *brandy and sodas* à côté de lui pour attirer son regard, eussent été bien étonnés de le voir assis en face d'une jeune et charmante femme et en train de se laisser faire de la morale ! L'unique dé avec lequel ils jouaient leurs boissons de la soirée, — « Herbert le voit toujours double, » disait Casal, — en fût demeuré immobile de stupeur dans son cornet ! Et à cette morale ce prince de la fête répondait par des phrases analogues à celles qui lui avaient si bien réussi lors du dîner, rue de Tilsitt, sur les tristesses de sa vie manquée, ses lassitudes intimes, son besoin de s'étourdir, enfin des discours de mauvais sujet repentant dans les vaudevilles vertueux ! Il convient d'ajouter que, pendant cette conversation édifiante, il reconstituait mentalement sa nuit du vendredi au samedi afin de deviner qui l'avait si bien servi auprès de Mme de Tillières. Il se voyait sortant de l'Opéra si heureux de la réponse de Juliette qu'il en avait eu un accès de tendresse pour Candale, et il avait reconduit ce lourdaud, à pied, jusqu'à la rue de Tilsitt. Il avait passé au cercle ensuite. Qui donc y avait-il vu qui connût Mme de Tillières ? Parbleu, d'Avançon, debout parmi les spectateurs qui faisaient galerie aux pontes. Le vieux Beau s'était empressé de venir le dénoncer à la rue Marignon. Le procédé était de ceux que les hommes pardonnent le moins, et avec raison. Une loi de franc-maçonnerie masculine veut qu'ils n'initient jamais les femmes aux scènes qui ont pour théâtre l'intérieur des clubs. Les maris et les amants ont trop d'intérêt à cette discrétion pour ne pas l'observer et tenir la main à ce que tous l'observent. Mais Raymond eût volontiers donné à l'ex-diplomate la moitié de son gain, dans cette partie si perfidement incriminée, pour le récompenser de ce grand service. Ne venait-il pas de saisir à cette occasion une preuve nouvelle de la sympathie que lui portait déjà la marquise, et puis quelle plate-forme pour manœuvrer que ce sermonnage féminin ! Il lui suffisait de l'accepter docilement pour avoir le droit de dire, sur la fin de la visite :

— « Si je pouvais m'abonner à causer seulement ainsi une heure par jour, je donnerais bien ma parole de ne pas jouer au moins d'un an. »

— « Donnez-la tout de même, » fit Mme de Tillières avec une grâce coquette.

— « Vous le voulez ? » reprit-il d'un ton si sérieux que la jeune femme sentit du coup combien, sans y prendre garde, elle s'était avancée sur le chemin de la familiarité. Il était trop tard pour reculer, et, continuant, elle, sur un ton de plaisanterie :

— « Oh ! un an, » dit-elle, « ce serait exiger beaucoup. Si vous commenciez par trois mois ? »

— « Hé bien ! vous avez ma parole, » répondit-il, toujours sérieux. « Avril, mai, juin. D'ici en juillet, je ne toucherai pas une carte. »

— « Nous verrons cela ! » reprit-elle en riant davantage encore ; et afin que cette promesse, formulée avec une certaine solennité, ne constituât point un premier secret entre eux deux, elle ajouta : « Voilà qui fera beaucoup de plaisir à quelqu'un chez qui je déjeune demain... Vous ne devinez pas ? C'est Mme de Candale. Je vais lui porter votre serment tout chaud. »

Elle n'eut pas plus tôt prononcé ces mots, qu'elle en comprit le danger, et surtout après le départ du jeune homme, il lui parut qu'elle venait de commettre une grave imprudence. N'allait-il pas prendre cette phrase pour une indication de rendez-vous, et que penserait-il d'elle alors ? Elle eut l'idée d'écrire à Gabrielle, par mesure de précaution, afin de remettre le déjeuner à un autre jour... Elle ne le pouvait guère. C'était, ce lendemain, l'anniversaire du jour où, toutes jeunes filles, elle et Mme de Candale s'étaient rencontrées ; elles avaient adopté la tendre habitude de déjeuner une année chez l'une, une année chez l'autre, à cette date, et c'était aussi un prétexte à cet échange de jolis cadeaux qui fait la grâce de l'amitié entre femmes. Elles adorent ces occasions de courir les magasins, de voir en détail les nouveautés. Elles éprouvent un enfantin délice à manier ces mille brimborions, fins comme leurs doigts, du luxe et de la mode. Elles goûtent un plaisir unique à se faire des surprises de gâterie qui ne sont pas plus des surprises qu'à dix ans les jouets du petit Noël ou les présents de fête. C'est ainsi que Juliette avait préparé pour Gabrielle la plus délicieuse ombrelle à manche de Saxe, et pour rien au monde elle n'eût renoncé au plaisir de donner ce souvenir à son amie à la date fixée. « Si je lui demandais de venir déjeuner chez moi ? » songea-t-elle ; « oui, pour que Casal s'imagine que j'ai eu peur de lui, s'il a l'idée de se faire inviter... Mais il ne l'aura pas... » Ces allées et venues de ses imaginations l'agitèrent tellement qu'elle en avait oublié Poyanne lorsque vint l'heure habituelle de lui écrire le compte rendu de sa journée. Cette fois, elle ne s'interrogea pas une minute sur la question de savoir si elle lui parlerait ou non de Casal. Elle acceptait déjà le compromis, ou mieux la dualité de conscience que lui représentait ce secret gardé vis-à-vis de son amant. Cela n'allait pas, malgré les sophismes dont elle s'était étourdie, sans un obscur remords qui la gêna au point de lui rendre la composition de cette nouvelle lettre aussi difficile que l'avant-veille :

— « Mon Dieu, » se disait-elle en la terminant, « comment s'y prennent les femmes qui trompent leur mari ? Moi, je n'ai qu'un peu de silence à garder et qui m'est déjà si pénible !...

Il ne faudrait point que cela se répétât souvent... »

Elle essayait de se persuader de la sorte qu'elle ne désirait pas revoir Casal aussi tôt. En réalité, quand elle arriva rue de Tilsitt, à l'heure du déjeuner, avec la précieuse ombrelle, si elle n'y avait pas trouvé Raymond, elle eût été un peu déçue. Mais elle avait deviné juste sur l'effet produit par son imprudente phrase. La première action du jeune homme, en quittant la rue Matignon, avait été de donner à son cocher l'adresse de l'hôtel de Candale. Il avait trouvé la comtesse en train d'examiner des bijoux posés dans des écrins ouverts, les plus récents de ces petits chefs-d'œuvre d'orfèvrerie autour desquels les joailliers d'Old Bond Street et ceux de la rue de la Paix se livrent des batailles quotidiennes.

— « Vous arrivez bien, » s'écria-t-elle gaîment à la vue de Casal; « lequel préférez-vous de ces bracelets?... » Et elle lui tendit deux cercles d'or, l'un revêtu d'un émail noir sur lequel le mot *Remember* était écrit en lettres de roses, l'autre fermé par une montre microscopique, original paradoxe d'élégance tombé aujourd'hui dans la vulgarité.

— « Mais celui-ci, » dit le jeune homme en désignant le second des deux objets. « Il a un double avantage : celui d'abord de ne pas étaler une devise prétentieuse, et puis, c'est si commode pour les adieux... Mais oui, » insista-t-il avec son rire gai, « une femme s'ennuie avec son amant; elle n'ose pas consulter la pendule pour voir si elle peut décemment filer. Elle met les bras autour du cou du bien-aimé, elle appuie sa jolie tête, comme cela, de profil, et regarde l'heure à son poignet... »

— « Ça vous ressemble, cette idée-là, » dit la comtesse. « Vous mériteriez que vos impertinences fussent répétées à la personne pour qui j'ai choisi ce bracelet; et elles le seront, pour vous punir, pas plus tard que demain matin. »

— « Si c'est Mme de Tillières?... » fit Casal.

— « Voyez-vous qu'il a deviné tout de suite! » interrompit la comtesse. « Alors, si c'est Mme de Tillières?... »

— « Soyez juste, » continua Raymond, « répétez-lui mes impertinences, comme vous dites, mais devant moi, que je puisse me défendre. »

— « Êtes-vous libre demain matin? » fit la comtesse. « Venez déjeuner; mais tâchez de mériter cette gâterie, car c'en est une de vous prier ce jour-là. »

Et elle lui expliqua avec force détails toute l'histoire de leur amitié, que Casal n'eut pas de mérite à écouter religieusement. Si bien qu'à son entrée dans le petit salon de la rue de Tilsitt, la première personne qu'aperçut Juliette fut le jeune homme. Oui, elle eût été un peu déçue qu'il n'eût pas essayé de se rapprocher d'elle ainsi, et pourtant elle ne fut pas hypocrite de prendre aussitôt la physionomie mécontente et comme serrée, qu'elle avait eue le jour où Casal faisait chez elle sa première visite. Les situations ambiguës fournissent prétexte à ces contrastes. Elle devait être tour à tour, successivement et avec la même bonne foi, atteinte dans son intérêt pour Raymond ou touchée dans ce qu'elle croyait devoir à Poyanne aussi longtemps qu'elle laisserait place en elle aux complications sentimentales qui l'amenaient, dès cette première période, à être émue à la fois par ces deux hommes. Mais si Casal eut la naïveté de prendre au sérieux le reproche muet d'indiscrétion que lui adressait cette subite froideur, Gabrielle n'y vit qu'une courte comédie destinée à tromper un demi-remords. Elle était, elle, rayonnante de gaîté communicative en prenant le bras de son confident de la veille pour passer dans la salle à manger, tandis que Candale conduisait Juliette. Les mondaines ont un goût particulier pour organiser de ces petits déjeuners à la fois clandestins et innocents dont tout leur plaît : la fantaisie de l'intimité plus libre, la certitude qu'aucun importun ne les dérangera, et, osons le dire, la joie un peu animale de manger de bon appétit. C'est avec le souper, quand elles soupent, le seul repas auquel leurs jolies dents blanches fassent vraiment honneur.

Le matin, elles se sont levées trop tard et n'ont qu'à peine grignoté les rôties beurrées de leur thé. Elles arriveront pour dîner à huit heures, serrées dans leur corset comme un horse-guard dans sa tunique rouge, fatiguées de la journée, l'estomac troublé par le thé, les pâtisseries et les tartines des cinq heures, préoccupées de vingt intérêts de cœur ou de vanité, et, devant un repas dont le seul menu réveille un écho dans l'orteil d'un goutteux, elles mangeront à peine de quoi soutenir leurs nerfs jusque vers minuit. Vers midi, au contraire, elles ont déjà marché, respiré l'air du Bois. Elles portent un petit costume anglais d'une étoffe souple et pas trop ajusté. Le déjeuner avec une amie ou deux, et un ou deux amis, — pas plus, — c'est alors une petite fête improvisée, d'autant plus que celui qu'elles veulent bien y associer est nécessairement un oisif et qui n'a d'autre métier que de leur plaire. A Paris, aucun homme occupé ne déjeune, et ce dont elles sont plus friandes que d'une aile de perdreau froid à déchiqueter, c'est du temps de ceux à qui elles donnent ce titre flatteur et absorbant d'ami. On s'étonne souvent que leurs choix, non seulement en passion, mais en simple affection, s'égarent sur des personnages sans autre esprit qu'un bagout insignifiant, sans autre mérite apparent que de bonnes manières et un bon tailleur. On trouverait que, neuf fois sur dix, ces inexplicables Favoris ont aussi cette qualité, la première de toutes, qu'ils sont toujours là. Au fond de la rancune que Mme de Candale conservait à Poyanne, il y avait ce grief spécial : elle lui en voulait, occupant une grande place dans la sympathie de Juliette, de se tenir, comme il faisait, hors de ces menues relations. Le double désir de ne pas compromettre Mme de Tillières et de suffire à ses travaux avait en effet conduit le comte à se retirer presque absolument du monde, et Gabrielle, en regardant son amie et Casal assis l'un en face de l'autre à cette table de déjeuner, ne pouvait s'empêcher de se tenir à elle-même ce petit monologue, avec cette puissance de dédoublement que les écrivains modernes s'imaginent avoir découvert, — comme si toutes les femmes n'excellaient pas depuis des siècles et naturellement dans cet art de vivre à la fois et de se regarder vivre.

— « Ma petite Juliette s'obstine à garder sa mine sévère. Elle voudrait bien nous faire croire qu'elle est fâchée. Mais il ne faudrait pas avoir, madame, cette distraction dans vos yeux, en me parlant, qui me prouve que vous n'écoutez que M. Casal en train de causer avec Louis... Si elle pouvait s'éprendre pour lui d'un sentiment véritable pourtant et si ce mariage avait lieu ?... Qu'elle épouse ce sauvage d'Henry de Poyanne, et je la perds, au lieu qu'avec Raymond, qui a les goûts de Louis, nos goûts, nous mènerions une si gentille vie... — Lui, me paraît tout à fait emballé... Bon, elle se déride. Ce qu'il vient de dire est fin, et comme il la regarde peu à peu!... Allons. Il lui parle. Elle lui répond. Elle s'apprivoise... »

C'était, ce petit commentaire muet, l'accompagnement d'une de ces causeries qui vagabondent, suivant la règle ordinaire, à travers les infiniment petits des préoccupations parisiennes et qui vont des courses d'Auteuil à la politique, ou du dernier procès à des détails de cuisine, en passant par le théâtre, et les allusions au plus récent scandale, jusqu'à ce qu'un hasard de conversation ayant amené Candale à dire à Raymond :

— « Je t'ai admiré, hier. C'est la première fois que je t'aie vu refuser de te mettre en banque, et avec Machault, qui gagne toujours... »

— « Je vieillis, » répondit l'autre en haussant les épaules, « je suis brouillé avec la dame de pique. »

— « Voilà du moins un caprice raisonnable, » fit Gabrielle, « mais de quand date-t-il et combien durera-t-il ? »

— « Ce n'est pas un caprice, madame, je vous le jure, » répliqua le jeune homme avec la même simplicité sincère qu'il avait mise la veille à donner sa parole. Cette phrase, intelligible à la seule Juliette, la fit tressaillir dans ses fibres profondes. Casal lui eût dit en propres termes qu'il l'aimait, elle n'eût pas éprouvé une émotion plus forte. Elle détourna les yeux une minute, pour qu'il n'y lût point les sentiments confus qui l'agitaient, et parmi lesquels dominait une espèce de plaisir invincible. Elle aurait dû, prenant ces mots comme ils avaient été prononcés, s'enfermer dans un quant à soi de plus en plus impénétrable. A partir de ce moment, il lui fut au contraire impossible de garder son masque de défense. En lui prouvant le bienfait immédiat du premier conseil reçu, Raymond ne l'excusait-il pas à ses propres yeux de l'accès trop facile qu'elle lui avait déjà donné auprès d'elle ? Et par-dessus tout il continuait de lui plaire infiniment, grâce à ce magnétisme personnel qui déconcerte toutes les analyses et qui semble justifier la dure formule des savants qui considèrent l'amour comme un simple phénomène physique. — Il est certain que Louis de Candale avait depuis longtemps quitté le fumoir où l'on était venu après déjeuner, et la jeune femme, elle, était encore là qui subissait le charme de la présence de Raymond. Cet abandon à ce charme était si complet qu'elle fut prise d'un saisissement lorsque, ayant regardé par distraction la montre du bracelet que la comtesse lui avait passé au poignet, elle vit comme l'aiguille avait marché.

— « Trois heures! » s'écria-t-elle avec une réelle surprise, « et ma voiture que j'ai commandée à deux!... Allons, je me sauve... »

— « Veux-tu m'attendre? » demanda Gabrielle, « je sors avec toi. »

— « Ah! » dit Juliette qui remettait son chapeau devant la glace, « je voudrais bien, mais je dois aller prendre ma cousine. »

Elle s'étonna elle-même, en descendant l'escalier, de ce nouveau mensonge inventé si soudainement. Pourquoi? Sinon qu'elle n'aurait pu, à cette seconde, supporter sans en souffrir les taquineries certaines de Gabrielle. Les secrets reproches de sa conscience grondaient déjà trop fort dans son cœur. Comme d'habitude en quittant la rue Matignon, le valet de pied avait mis dans le coupé la correspondance arrivée par le courrier de midi. Il s'y trouvait trois lettres, dont une de Poyanne. Mme de Tillières en regarda longtemps la suscription avant de l'ouvrir. Elle venait d'avoir, à un degré presque insoutenable, l'impression qu'elle se conduisait très mal envers cet ami absent. Sous l'influence subite de ce remords, elle le vit dans cet exil de Besançon, assis à sa table et lui écrivant, au sortir des luttes fiévreuses de la politique, pour se rafraîchir l'âme à son cher souvenir. Tous les motifs de tendre admiration qui l'avaient attachée au noble orateur se réveillèrent à la fois en elle. Ses mains frémissaient en déchirant l'enveloppe. Peut-être, si elle avait, cette fois, rencontré dans ces pages une phrase de chaude effusion, aurait-elle retrouvé là, dans ce court instant de crise intérieure, la force de se reprendre tout d'un coup. Les minutes les plus décisives de notre existence sentimentale sont celles-là, quand l'émotion nous envahit trop vivement pour que nous puissions nous tromper sur sa nature, sans que cependant elle ait encore noyé en nous tous les scrupules. Mais c'était de nouveau la lettre gaie, vaillante, presque insoucieuse, que le comte croyait devoir plaire à sa maîtresse. Pas un mot n'y vibrait qui pût toucher l'âme déjà malade de Juliette à la vraie place. Ah! les malentendus des éloignements! Les cruelles, les irréparables mésintelligences qu'emportent et que redoublent ces feuillets sur lesquels nous ne savons pas, nous n'osons pas mettre tout le sang de notre amour et toutes ses larmes! Écrire à la femme que l'on aime, après plusieurs jours de séparation, c'est lui parler sans voir ses yeux; — c'est jeter des paroles dont le retentissement dans cette création idolâtrée vous échappe, hélas! et qui vous la perdent quelquefois pour toujours; — c'est ne pas la sentir sentir! Et elle lit votre lettre en répétant, ce que dit Juliette cette fois encore : « Comme il a changé! » Et ce n'était pas vrai; mais le croire, pour elle, était si dangereux. au moment où elle allait être entourée par la plus savante, par la mieux conduite des séductions !

Il faut dire, en effet, pour ne pas être injuste envers cette charmante femme et d'ordinaire si prudente, que Raymond eut l'art, durant les quelques semaines qui séparèrent ces premières rencontres et le retour de Poyanne, de se conduire avec un tact impeccable. Il eût été renseigné avec une exactitude absolue sur l'isolement momentané de Mme de Tillières, qu'il n'eût pas déployé plus de finesse délicate. Et ce n'était pas, chez lui, ce tact et cette finesse, le résultat d'un calcul. Non, il s'abandonnait tout simplement à la sincérité de ses propres émotions. Là était pour Juliette le véritable péril : le jeune homme devait agir avec elle, naturellement et sous l'impulsion de sa sensibilité actuelle, comme il eût fait par la plus rusée diplomatie. A travers une vie si déprimante, il était resté assez fin de nature, assez artiste en sensations pour se laisser aller avec délices à l'attrait de rapports très nouveaux pour lui, et sans une seule de ces violences d'amour-propre qui, brusquant les attaques, donnent l'éveil à la défiance des femmes. Comme il se le disait, le soir de l'Opéra, dans ce langage expressif et brutal qu'il cessa bientôt d'employer en se parlant de Juliette, il était « pincé. » Or, quand un viveur professionnel et qui a beaucoup abusé de la galanterie, devient véritablement amoureux d'une femme honnête ou qu'il croit telle, il a des retours soudains d'adolescence, comme une ivresse de rajeunissement qui fait de lui un personnage nouveau et d'un singulier intérêt pour cette femme à laquelle il procure la plus douce des flatteries. Peut-être n'y a-t-il pas de phénomène qui montre mieux combien l'amour greffe en nous, suivant l'admirable formule du philosophe antique, un animal nouveau sur l'animal d'habitudes, si bien qu'aimer c'est à la lettre devenir un autre et, au moins pour un temps, se conduire au rebours de son passé, de son caractère, de ses idées et de son être entier.

C'est par la tête que commence ce rajeunissement qui repose, comme toutes les conversions durables ou momentanées, sur une loi générale de l'intelligence. Nous avons tous l'imagination de nos mœurs. S'occuper d'une femme, pour un débauché, c'est donc voir avec un détail, précis comme les gravures d'un livre de libertinage, la manière dont elle se donnera, et la sorte de plaisir qu'il goûtera auprès d'elle. Et c'était bien ce coup d'œil de connaisseur en impureté, dont Casal avait, dès le premier soir, enveloppé Mme de Tillières, la déshabillant de sa toilette de soirée et la toisant comme une fille. Dès leur seconde entrevue, il éprouva une impossibilité de la brutaliser ainsi dans sa pensée, — impossibilité qui grandit encore à mesure que les occasions de la rencontrer se multipliaient. Car il trouva bientôt le moyen de la voir sans cesse, tantôt chez Mme de Candale, tantôt au théâtre, tantôt rue Matignon. C'était là surtout, dans le tête-à-tête du petit salon aux teintes effacées, qu'il devait sentir mieux le mélange de passionné désir et d'absolu respect que lui imposa Juliette presque tout de suite. Elle eut, dès la troisième visite, et durant celles qui suivirent, dans le bonjour gracieux et réservé tout ensemble dont elle l'accueillait, dans le geste par lequel elle prenait quelque ouvrage en le faisant s'asseoir, dans le son de sa voix aux premières phrases, comme une façon d'abolir la familiarité acquise lors de la causerie précédente, et la moitié de cette nouvelle conversation se passait ainsi à reconquérir le terrain perdu. Puis, lorsqu'elle se détendait dans un demi-abandon, elle gardait des yeux à la fois impénétrables et inaccessibles, une chasteté d'attitude qui ne permettait pas la plus légère audace de paroles, et, surtout, elle donnait cette impression d'un être si vivement sensible qu'un rien le froisse, défense plus sûre qu'aucune autre sur un homme vraiment épris. C'est la fleur aux pétales trop fragiles devant laquelle hésitent les doigts qui voudraient la cueillir, et Casal, vaincu par cette influence, prit vite l'habitude de s'en aller de ses visites sans avoir rien fait que de jouir du frémissement intérieur dont le pénétrait cette présence, quitte à se raisonner sur le trottoir de cette solitaire rue Matignon.

— « Et moi, » songeait-il, « qui me suis tant moqué lorsque je voyais un camarade tombé par une femme!... Mais il faut avouer que celle-ci ne ressemble à aucune autre... » Puis, comme il avait de l'esprit avec lui-même, malgré son émotion : — « C'est aussi ce qu'ils disaient tous, » ajoutait-il. Et, après un éclair de doute : — « Non, cette fois je ne me trompe pas, je m'y connais, elle est unique... »

Il s'abîmait alors dans l'occupation habituelle aux amoureux, depuis le commencement du monde, et qui consiste à se démontrer par le menu les raisons que l'on a de préférer son amie à toutes les autres. C'était là, semble-t-il, une occupation bien fade pour un homme, blasé, comme celui-là, sur tous les plaisirs. Mais ce qui ajouta aussitôt à la griserie de ce roman intérieur un piquant singulier, c'est que précisément il s'accomplissait pour Raymond dans des conditions d'existence aussi peu favorables que possible à des sentiments de cet ordre. Comme il continuait de voir ses amis et de vaquer à ses occupations d'homme de club et de sport, il éprouva presque tout de suite à un extrême degré cette impression d'une vie dédoublée, qui correspond si bien, chez les civilisés, à la multiplicité de la personne et qui donne à toute liaison cachée, fût-elle innocente, une poésie de mystère. D'ailleurs le détail d'une des journées, prise au hasard, et qui peut être donnée comme le type de la vie du jeune homme pendant ces quelques semaines, montrera, mieux que ne feraient toutes les analyses, les complexités de cette passion, à laquelle il ne fallut que ce temps-là pour grandir et se développer dans le décor des habitudes les plus contraires à toute passion.

... Un mois est déjà passé depuis qu'à l'Opéra, Casal a si timidement demandé la permission d'une visite. Il est dix heures du matin. Le jeune homme s'habille dans le cabinet de toilette de son hôtel de la rue de Lisbonne. Sur une petite table placée devant la fameuse bibliothèque de bottes, se trouve un écrin ouvert qui montre un collier de perles destiné à servir de cadeau de rupture à Christine Anroux. Elle lui est devenue, cette pauvre actrice, tout à fait insupportable, au point qu'il s'est décidé à en finir avec elle, d'une manière définitive, lui qui disait : « Je n'ai jamais rompu avec aucune femme. Je les garde toutes. » Sur un fauteuil à bascule, se balance Herbert Bohun, venu pour monter à cheval avec lui. Demeuré athlétique malgré ses excès, avec un visage délabré et des épaules de boxeur, l'Anglais bat le tapis de la pointe de sa badine et par exception il parle, ce qui ne lui arrive guère, d'habitude, avant midi. Il raconte, en style télégraphique, sa soirée de la veille :

— « Excellent dîner, hier, chez Machault... Je n'aurais pas donné ma soif pour vingt livres, en me mettant à table... Château-Margaux blanc, très recommandable; un 69 de Latour, ensuite, excellent; du champagne, trop doux; puis du porto rouge, supérieur... Chez Phillips ensuite. T'y ai attendu... Voilà ma guigne. Pas pu me finir de la nuit, même avec son whisky... »

Tandis que ce terrible maniaque d'alcool, célèbre pour avoir dit aux Indes, en tombant dans une rue, lors d'un tremblement de terre : « Je ne me croyais pas si plein que ça..., » déplore en ces termes son étrange déception de la nuit, Raymond, assis à sa toilette, sourit à sa pensée. Il se revoit à cette même heure où Herbert l'attendait chez Phillips, dans le salon de la rue de Tilsitt, causant avec Gabrielle et Juliette. De quoi? Il ne se rappelle que la toilette de Mme de Tillières, sa robe de dentelle noire sur de la moire rose, la même que celle du premier soir. Et comme Herbert insiste :

— « Voilà six jours que tu me manques!... quelque nouvelle bourgeoise, hein?... »

— « Ma foi non, » dit Casal. « Je me suis couché à onze heures, j'étais fatigué. »

— « Ça te réussit, » reprend l'autre. « Teint excellent, œil frais, bonnes conditions. Tu es prêt? »

Le fait est que, depuis des années, Casal n'avait pas été aussi joli garçon qu'à ce moment-là, et aussi jamais la sensation de la vie physique n'avait été plus forte en lui. Les femmes de haute galanterie qui se promenaient dans l'avenue du Bois, par ce matin de printemps, se dirent l'une à l'autre en le voyant passer à cheval avec lord Herbert :

— « Il est étonnant, ce Casal, toujours vingt-cinq ans! »

Dans ce rajeunissement des libertins par un amour romanesque, un second principe, et le plus puissant, quoique en apparence si contraire à ce romanesque même, réside en effet dans la soudaine interruption de leurs constants excès. Une sorte de convalescence anormale se produit alors dans leur physiologie. L'épuisante fatigue de la fête quotidienne se remplace par une économie de forces qui renouvelle toutes les énergies de l'homme, et, — telle est l'ironie de la nature, — ce renouveau est perçu le plus souvent par celui chez lequel il s'accomplit, sous la forme d'une joie sentimentale! Jamais Casal n'avait éprouvé plus de plaisir à monter, non pas le paisible Boscard, mais Téméraire, — par Roméo et Fichue-Rosse, — le plus vif de ses chevaux, et quand les deux amis reviennent déjeuner rue de Lisbonne, c'est encore Casal qui mange de bon appétit, tandis que l'ivrogne goûte à peine aux plats exquis préparés par le cuisinier artiste que Raymond a hérité de son père. Il y a pourtant une autre cause plus noble à la gaîté du jeune homme que la poussée brutale de la force et de la santé. Dans la causerie de la veille il a surpris une allusion faite par Mme de Tillières à une course projetée dans un magasin de la rue de la Paix, et il s'est promis à lui-même de guetter le coupé qu'il connaît déjà si bien. La joie de faire ainsi des actions d'écolier est le signe le plus indiscutable de la passion chez tout homme qui a passé trente-cinq ans, surtout quand cet homme est dressé au positivisme réfléchi que la grande débauche suppose, comme les affaires et la politique. Voilà donc Raymond se promenant entre la place Vendôme et l'avenue de l'Opéra, comme un provincial en mal d'élégance et fouillant du regard toutes les boutiques les unes après les autres. Son cœur bat plus vite, il vient de reconnaître Juliette à travers une vitrine. Et il entre, et il prend la physionomie confuse d'un collégien surpris en fraude, pour la saluer! Mais comme elle n'a point paru fâchée, il la reconduit à sa voiture avec un bonheur d'enfant qui le suivra tout le reste de l'après-midi. Tout à l'heure, quand il tirera au cercle de la place Vendôme, les artistes en escrime pourront admirer son jeu, les hygiénistes critiquer son abus des exercices, et les autres habitués, couchés sur les divans rouges, dans leur costume de salle, prolonger leurs habituelles discussions sur la méthode française et la méthode italienne; il ne songera, lui, qu'à une tête blonde s'inclinant pour un adieu à une fenêtre de voiture, et le soir il y songera encore chez Mme d'Arcole, où il s'attardera dans l'espérance de revoir la même tête blonde apparaître et ces yeux — si doux qu'ils l'affolent, si réservés et si pénétrants qu'ils l'arrêtent toujours sur le bord d'un aveu! Mais Juliette n'arrive pas, et, au lieu d'aller se consoler chez Phillips ou au club, Raymond rentre seul rue de Lisbonne, en se raisonnant :

— « Je suis tout de même un peu trop naïf... De deux choses l'une : ou c'est une coquette ou elle a un sentiment pour moi. Dans les deux cas, il faudrait agir. Je me dis cela tous les soirs, et puis le lendemain je me laisse prendre à ce joli regard. Je ne me reconnais plus. Mais quoi?... Jamais je n'ai rencontré quelqu'un qui de loin lui ressemble... Il n'y a pas à dire, quand elle est là, je redeviens petit, petit. Et elle?... si je lui déplaisais, est-ce qu'elle me recevrait, comme elle fait, des trois ou quatre fois par semaine?... Elle savait que je devais aller chez la duchesse, ce soir, on l'a invitée devant moi. Pourquoi n'est-elle pas venue?... Elle avait quelque chose de triste dans les yeux aujourd'hui, comme une souffrance. J'ai cependant fouillé dans sa vie. Il n'y a rien, absolument rien, pas une ombre d'ombre d'histoire... Qu'est-ce qui peut la faire se reprendre ainsi sans cesse, comme si elle luttait contre une pensée? Quelle pensée?... Mais c'est bien simple. Elle m'aime et elle ne veut pas m'aimer. Allons, ce sera pour demain. »

... Oui. Quelle pensée? Le jeune homme s'endort sur cette question à laquelle sa profonde connaissance des femmes lui permet de faire cette réponse, délicieusement apaisante pour son inquiétude. Il n'a pas tort d'interpréter ainsi les incertitudes qu'il devine dans les manières d'être de Mme de Tillières, mais il se trompe, en croyant, comme il fait, que les principes religieux, le désir de sauvegarder une situation mondaine, la défiance contre son caractère, à lui, le fidèle souvenir d'un mari perdu tragiquement, produisent ces va-et-vient dans le cœur de Juliette, ces abandons tour à tour et ces reprises. Cette pensée qui va sans cesse grandissant dans ce cœur qu'une pente insensible a déjà conduit hors du chemin tracé par sa volonté, c'est que le retour de Poyanne approche et approche à chaque heure, à chaque minute... Encore quinze jours, encore dix, encore cinq, et il sera là, et il faudra lui expliquer comment elle a laissé un nouveau venu entrer dans son intimité, — et quel nouveau venu! — sans en prononcer le nom une fois dans ses lettres, jusqu'à ce qu'enfin, après tant d'incertitudes, tant de remises à plus tard, tant d'innocentes et coupables faiblesses, il ne reste plus que deux jours, plus qu'un jour, plus que quelques heures...

— Ah! qu'elles sont dures à passer, ces dernières heures où l'attente de ce qu'elle appréhende se mêle d'une façon si cruelle au remords de ce qu'elle a permis — elle ne se rend plus compte elle-même comment. Ce serait si peu pour un autre, si peu même pour elle, à condition qu'elle eût parlé!... Demain, Henry entrera dans ce petit salon où Casal est encore venu aujourd'hui. Que lui dira-t-elle? Pourquoi a-t-elle prévu cette difficulté dès le premier soir, et pourquoi, la prévoyant, a-t-elle laissé arriver les choses à cette crise?... Si elle dit la vérité à l'absent, quelles phrases trouvera-t-elle pour lui détailler les nuances de sentiment par lesquelles elle a passé et qui l'ont conduite à faire une série d'actions qu'elle savait déplaisantes à Poyanne, — et à les faire en les taisant? Mais elle-même les connaît-elle, ces nuances? Ose-t-elle se regarder dans l'âme avec son habituelle sincérité? Non. Elle a trop peur d'y découvrir quelque chose qu'elle *sait* pourtant s'y cacher. Si elle continue de se taire, peut-elle espérer que son amant ne découvrira pas qu'elle reçoit Casal, — sinon comme d'Avançon, Miraut et quelques autres, du moins d'une façon presque régulière ? « Son amant... » Elle se répète ces deux mots comme si elle reprenait la conscience abolie depuis plusieurs semaines d'une situation qui est le secret dangereux et l'engagement définitif de sa vie. Et elle essaie de se ressaisir, de comprendre du moins sous quelle influence elle a laissé ainsi les journées succéder aux journées, l'une entraînant l'autre dans un tourbillon qui l'a conduite où elle en est maintenant. Elle a beau se démontrer que, pendant ces quelques semaines écoulées avec une rapidité qui lui semble aujourd'hui surnaturelle, Raymond n'a pas prononcé une parole qui n'eût pu être écoutée par Poyanne, — établir par les faits que ses relations avec le jeune homme se réduisent à d'innocentes visites, à d'officielles rencontres au théâtre ou chez Mme de Candale, — s'affirmer qu'elle n'a pas, fût-ce une minute, outrepassé ses droits de femme, indépendante après tout, — fixer son esprit sur cette idée qu'elle a voulu seulement exercer une action de bienfaisance en recevant un homme mal jugé, — ces paradoxes de conscience qui lui ont semblé si spécieux s'évanouissent devant la nécessité d'une explication pourtant bien simple. Pourquoi donc l'attente en est-elle si douloureuse à la pauvre femme, qu'elle passe au lit, en proie à la plus cruelle détresse morale, toute l'après-midi qui précède le retour de celui à qui elle s'est donnée pour toujours?... A peine si un rais de lumière glisse à travers les rideaux de cette chambre close. Elle est là, les yeux ouverts, les tempes battantes de migraine, qui regarde... Que regarde-t-elle? Et quelle tempête se déchaîne donc dans sa conscience troublée? Un coup frappé à la porte, faiblement mais si distinctement à cause du grand calme, la fait tressaillir, et elle voit entrer Gabrielle qui, ayant su par Mᵐᵉ de Nançay la nouvelle du retour d'Henry de Poyanne et la migraine de son amie, a voulu voir cette dernière. La petite comtesse s'assied auprès du lit. Elle prend dans ses mains les mains brûlantes de Juliette, et elle lui dit, avec cet instinct de curiosité qui se mélange à la pitié chez les meilleures des confidentes :

— « Alors, Poyanne revient demain? »

— « Oui, » répond Mᵐᵉ de Tillières d'une voix éteinte.

— « Mais, » reprend Mᵐᵉ de Candale en se rapprochant d'elle plus encore, « est-ce qu'il ne va pas être un peu jaloux de notre ami?.. »

— « Ah! tais-toi, » dit Juliette en serrant plus fortement la main qui tient la sienne, « ne m'y fais pas penser. »

— « Allons, » insiste la comtesse, « voilà ce qui te fait si mal, c'est de t'exalter de la sorte pour des scrupules d'enfant. Tu es bien libre de recevoir qui te plaît, peut-être... Et veux-tu qu'une fois je te parle comme à ma sœur? Il te plaît beaucoup, Raymond, et veux-tu que je te dise encore quelque chose et que tu sais bien?... »

— « Non, tais-toi, » redit Mme de Tillières en se redressant et regardant l'autre avec égarement. « Je ne veux pas t'entendre. »

— « Mais, » continue Gabrielle qui, devant ce trouble pour elle inexplicable, se décide à frapper un grand coup, « pourquoi ne l'épouserais-tu pas? »

— « L'épouser? » s'écria Juliette d'un accent déchiré, « mais c'est impossible, entends-tu, impossible. »

— « Et pourquoi? »

— « Parce que je ne suis pas libre, » dit la malheureuse en se laissant retomber sur ses oreillers; et voici qu'à travers ses sanglots, son cœur gonflé de peines inavouées se répand dans un aveu que Mme de Candale écoute en pleurant, elle aussi. La fidèle Sainte ne se dit pas ce que quatre-vingt-dix-neuf femmes sur cent se diraient à sa place en apprenant que leur meilleure amie a un amant et a su si bien le cacher: « J'ai été trop sotte. » Elle n'en veut pas à Juliette de l'illusion où elle est restée depuis des années sur le véritable rôle de Poyanne dans cette existence. La petite comtesse possède une trop grande manière de sentir pour s'abaisser à ces mesquineries-là. Elle comprend seulement avec épouvante quel jeu terrible elle a joué en jetant, comme elle a fait, Casal dans la vie de Mme de Tillières. Elle demeure terrassée de son œuvre, car elle n'a plus une minute d'hésitation maintenant. Elle voit distinctement ce que Juliette n'ose pas lire dans son propre cœur, un commencement d'amour passionné pour Raymond, et cela dans le même éclair de révélation qui vient de lui apprendre la liaison avec Henry. — « Ah ! pauvre ! pauvre ! » gémit-elle en couvrant son amie de baisers, puis avec angoisse :

— « Mais que vas-tu faire ? »

— « Ah ! » dit Mme de Tillières avec désespoir, « est-ce que je sais, maintenant ? »

VII

RESTES VIVANTS D'UN AMOUR MORT

CERTAINES parties de notre caractère sont si profondément spéciales, si intimement et naturellement nôtres, que la passion, cette magicienne et qui transforme tant de choses dans l'être humain, laisse ces parties-là intactes. Mme de Tillières, entraînée, emportée comme malgré elle sur le périlleux chemin d'un nouvel amour, durant ces semaines d'intimité croissante avec Raymond, n'en avait pas moins continué d'être, pour ce qui ne touchait pas à ce sentiment en train de grandir, la femme discrète et prudente de toujours, celle que les malveillants accusaient d'être un peu en dessous, et dont les admirateurs adoraient la réserve délicate. Elle avait trouvé le moyen, pendant ce mois et demi, et au jour la journée, que ni sa mère ni ses familiers ne rencontrassent trop souvent Casal. Un de ces amis pourtant était moins facile à tromper que les autres, ce d'Avançon qui, dès la première visite du jeune homme, avait éprouvé, en face de cet hôte inattendu, un inconscient mouvement de défiance. Sa sortie de cette fois-là, puis sa dénonciation sur la séance du jeu au club, avaient été reçues d'une manière qui contrastait trop avec l'habituelle docilité de Juliette pour ne pas l'étonner. Il avait donc ouvert les yeux et bientôt acquis la mortifiante conviction qu'une amitié se nouait entre Casal et Juliette, grâce à l'entremise de Mme de Candale. Il lui avait suffi de venir rue Matignon à l'improviste et d'y trouver Raymond, d'aller à l'Opéra ou au Théâtre-Français, et d'y voir le même Raymond causant avec Mme de Tillières, pour que sa défiance du début s'exaltât jusqu'à une jalousie aussi passionnée qu'elle était, en droit strict, peu justifiée. La jeune femme redoubla cette jalousie en s'en montrant irritée, et elle le lui dit, un jour qu'il recommençait ses diatribes contre la jeunesse moderne, d'une façon qui lui ôta l'envie de reprendre ce sujet de discussion. Le vieux Beau nourrissait à l'égard de Mme de Tillières un sentiment trop mêlé d'intérêt et de vanité pour le sacrifier à une pique d'amour-propre. Il avait d'abord pour elle une affection vraie, — car c'était un tendre, un fidèle cœur sous ses dehors de diplomate désabusé et malgré ses maladresses de Sigisbée honoraire; — puis il se servait de cette adroite amie pour garder un peu de paix dans son ménage, ayant dans Mme d'Avançon, qu'une maladie nerveuse retenait à l'appartement depuis des années, la plus acariâtre des compagnes; — enfin, il était fier de représenter la vie élégante auprès de cette créature si fine, au même titre que Poyanne représentait la politique, Miraut les arts, Accragne les bonnes œuvres, et le général de Jardes le souvenir de Tillières. S'il était assidu au whist de cinq heures, tantôt à l'Impérial, tantôt au Petit Cercle, s'il ne perdait pas une syllabe des racontars qui traînaient dans les salons ou dans les coulisses de l'Opéra, c'était surtout pour arriver chez son amie d'un air important et confidentiel, et il rapportait à la douce isolée un écho du Paris qui s'amuse. Il eût, certes, froncé le sourcil devant l'intrusion de tout nouveau venu dans le sanctuaire du petit salon Louis XVI. Mais rien ne pouvait lui être plus désagréable que d'y voir précisément un des héros de cette vie élégante; — sans compter qu'il ressentait depuis des années pour Casal l'antipathie instinctive professée par les chefs de file d'une génération contre les chefs de file de la génération suivante. Le monde du chic et du sport ne se distingue en cela ni de celui des arts, ni de celui de la littérature ou du barreau, de l'armée ou de la magistrature. Faut-il ajouter qu'un détail exaspérait dans le cas présent cet antagonisme ? A cette première visite de Casal, d'Avançon s'était un peu trop posé en maître et seigneur du paradis de la rue Matignon. Peut-être n'eût-il pas été fâché de laisser croire à des droits plus entiers que ceux dont il faisait étalage. Ces sortes de fanfaronnades entrent pour une forte part dans les rivalités entre amis des femmes, qui n'ont pas la passion pour excuse. Les attitudes prises dominent si étrangement le monde obscur et changeant de notre sensibilité vaniteuse! Le plus clair résultat de ces diverses influences fut qu'à la veille du retour de Poyanne, le diplomate avait déjà livré trois batailles contre Casal, non plus auprès de Mme de Tillières, mais dans l'immédiat entourage de la jeune femme. Il avait commencé par la mère, chez laquelle il allait régulièrement, et il avait tracé là, de l'ancien ami de Mme de Corcieux, un portrait si noir qu'il avait manqué son but, par excès de zèle, — oubliant lui-même le grand principe de M. de Talleyrand, son idole : tout ce qui est exagéré est insignifiant.

— « Soyez tranquille, » avait répondu Mme de Nançay, « s'il est tel que vous le dites, il ne viendra pas souvent chez Juliette. »

Et elle avait parlé à sa fille, avec une indulgente ironie, des inquiétudes de leur commun ami. Mme de Tillières s'était mise à rire, et une plaisanterie sur cette étrange jalousie, jointe à la parfaite tenue de Casal dans une ou deux rencontres, avait suffi pour que la vieille dame s'endormît dans son inaltérable confiance envers son enfant, d'autant plus que cette dernière avait ajouté, non sans une pointe de remords, en parlant de Raymond :

— « C'est un des intimes de Mme de Candale. »

D'Avançon, battu de ce côté, comme l'en convainquit une nouvelle conversation avec Mme de Nançay, s'était replié sur ceux des cinq habitués de la rue Matignon qui se trouvaient à Paris, Miraut et Accragne. Il savait à quel point Juliette était attachée à l'un et à l'autre. Si tous les deux venaient lui rapporter que l'opinion s'occupait déjà des assiduités auprès d'elle d'un viveur aussi scandaleux que Casal, sans doute elle forcerait le jeune homme d'espacer ses visites. Il y avait bien quelque indélicatesse dans le fait de mêler ainsi des amis, auxquels la présence de Casal chez Juliette pouvait rester inconnue, à la satisfaction de mesquines rancunes personnelles. Mais l'infortuné diplomate ne se rendait déjà plus compte qu'il n'obéissait dans cette circonstance qu'à des mobiles égoïstes. Reçu plus froidement rue Matignon depuis sa tentative auprès de la mère, il commençait de souffrir cruellement de cette situation nouvelle, et, s'il n'allait pas jusqu'à soupçonner Mme de Tillières de s'éprendre de Raymond, il n'avait pas si tort en apercevant un danger vague dans une intimité qui l'avait, au premier abord, simplement froissé. Il croyait donc de bonne foi servir les intérêts de sa meilleure amie, en arrivant, comme il fit une après-midi, dans l'atelier de Miraut, afin de donner l'éveil à ce dernier.

L'artiste habitait rue Viète un hôtel contigu à celui qu'occupait alors son camarade d'Italie, le regretté Nittis, et qui fut, en ces années-là, un joli rendez-vous d'amateurs rares et d'écrivains subtils. C'est sous l'influence de ce Napolitain aux yeux si épris des choses modernes que Miraut modifia sa facture et qu'il inaugura particulièrement ses portraits au pastel, traités avec le décor familier des habitudes autour de la personne. En ce moment il était surtout célèbre par ses admirables tableaux de fleurs. Comme beaucoup de peintres d'une touche de pinceau presque féminine, ce maître en délicatesses est une sorte d'athlète aux larges épaules, avec un profil à la François Ier. Ce phénomène de contraste entre la physiologie apparente de l'homme et son œuvre s'est remarqué en sens inverse, et sans que nous puissions l'expliquer davantage, chez Delacroix, par exemple, exécuteur chétif d'œuvres violentes, comme Puget jadis, et probablement Michel-Ange lui-même. Chez Miraut, tout le reste de la nature morale est à l'avenant. Cet Hercule a des douceurs de jeune fille dans le caractère, une timidité d'enfant, un naïf besoin de protection et de gâterie qui déconcerte comme la gentillesse de ces chiens énormes, aussi forts que des lions et plus domptés que des caniches. C'est grâce à la fréquence de semblables anomalies que s'est créée cette figure du bon géant qui traverse tant de légendes, et dont la plus populaire incarnation demeure le Porthos du joyeux et génial Dumas. Quand d'Avançon entra dans l'atelier, le peintre était debout à son chevalet, en train de copier une touffe d'œillets, blancs, safranés et rouges, — somptueusement vêtu de velours noir, suivant sa coutume, et clignant son œil brun pour y voir plus fin. C'était une magie que la ténuité du coup de pinceau donné à petites touches par cette main, vigoureuse à briser une pièce de cinq francs. Il fit grand accueil au diplomate, tout en continuant de peindre et de causer, avec cette facilité à s'occuper de deux choses à la fois, qui dévoile un côté mécanique, presque ouvrier, dans le talent des peintres. C'est bien aussi pourquoi ils demeurent presque tous si gais à travers la vie, tandis que l'écrivain, de plus en plus privé de mouvement, obligé à l'absorption continue de la pensée dans son travail, va toujours et toujours s'attristant. D'Avançon était trop un homme du monde, dans la mauvaise acception du terme, pour ne pas mépriser un peu cette sorte de nature, et il ne fréquentait guère rue Vièce. Il comptait que cette rareté même de ses visites donnerait plus d'importance à sa révélation sur l'amitié nouvelle de Casal et de Juliette. C'était calculer sans l'extrême finesse cachée dans la plupart des artistes, quand leur vanité n'entre pas en jeu. Tout en échevelant avec sa conscience habituelle les pétales de ses jolies fleurs, Miraut s'était demandé aussitôt quel intérêt amenait le diplomate chez lui. Il comprit de quoi il s'agissait au son de voix avec lequel l'autre l'interrogea tout d'un coup :

— « Etes-vous homme à rendre un vrai service à Mme de Tillières ? »

Et d'Avançon recommença le récit, nuancé pour la circonstance, que Mme de Nançay avait déjà subi. A mesure qu'il parlait, il pouvait voir la prunelle claire du peintre s'assombrir d'inquiétude. La seule idée de se permettre une observation vis-à-vis de Juliette faisait trembler la main du pauvre homme au point qu'il posa sa palette et ses pinceaux, pour répondre cette phrase, si simplement, mais si fortement logique :

— « Et pourquoi ne lui dites-vous pas cela vous-même ? »

— « Parce que je ne suis pas bien avec Casal, » répliqua d'Avançon, « et que, venant de moi, ce conseil n'aurait par conséquent aucune importance. »

— « Mais, » riposta le peintre, « c'est que moi, au contraire, je suis très bien avec lui, et, je vous le jure, vous vous trompez sur son compte. » Enchanté d'avoir imaginé cette échappatoire, il reprit ses outils et recommença de peindre en entonnant un éloge de Raymond, que le diplomate dut subir à son tour : — « Il a beaucoup d'esprit, savez-vous?... Il la divertira un peu, où voyez-vous le mal?... Tenez, je juge les gens du monde à un petit détail, moi qui ne suis qu'un brave et honnête peintre. Quand j'entends un de ces connaisseurs de salon causer tableaux, je sais à quoi m'en tenir. Je me dis : toi, mon garçon, tu tailles, tu tranches et tu n'y entends rien, tu n'es qu'un vaniteux. Toi, tu n'as pas la prétention de m'apprendre mon métier, tu as l'esprit bien fait... Ainsi vous, d'Avançon, vous me voyez peindre depuis une demi-heure, vous ne m'avez pas donné un conseil. Voilà le tact, mon cher ami. Hé bien! ce Casal en est rempli et il a du goût... »

— « Ce que c'est que l'orgueil des artistes, » grommelait le vieux Beau un quart d'heure plus tard en descendant l'avenue de Villiers. « Celui-là est vraiment un brave homme, comme il le dit lui-même, et qui aime Juliette de tout son cœur. Casal lui aura servi quelques compliments sur une de ses toiles, et le voilà pris. Mais allons chez Accragne. C'est un austère qu'on ne gagne pas avec des flatteries... »

Et, de son pied resté léger malgré l'âge, un pied mince et chaussé du plus fin soulier verni à guêtres blanches, — le soulier de ses journées sans menace de goutte, — il franchissait le seuil de la haute maison, au cinquième étage de laquelle habitait l'ancien préfet de l'Empire. Resté veuf et sans enfants, après dix années du plus heureux mariage et au moment même où tombait le régime auquel il avait consacré sa vie, Ludovic Accragne s'était emprisonné dans les œuvres de charité, comme un savant frappé au cœur s'emprisonne dans le travail. Il s'était renoncé lui-même, et il avait trouvé la paix dans cet oubli absolu de sa personne au profit d'une besogne de bienfaisance. Demeuré administrateur même dans la charité, par cette survivance du métier dans l'homme qui fait qu'un soldat vieillit en s'imposant une consigne et qu'un professeur retraité débite un cours à la table de famille, il acceptait vaillamment ce qui rebute les plus dévoués : le maniement de la paperasserie, la tenue minutieuse des courriers, la vérification des comptes. L'amitié pour Mme de Tillières, qu'il avait connue toute jeune dans sa dernière préfecture et retrouvée à Paris, si solitaire, était la seule fleur de cette existence redevenue heureuse par l'abdication. Il convient d'ajouter, pour éclairer d'un jour plus complet cette figure originale, que ce juste avait hérité de son père, ancien haut fonctionnaire de l'Université, un fonds de voltairianisme invincible, sur lequel Juliette et Mme de Nançay lui faisaient vainement la guerre. En se représentant les traits divers de cette nature, dans la cage de l'ascenseur qui le hissait le long de la haute maison, d'Avançon ruminait le moyen de l'aborder sans recevoir un de ces coups de boutoir que Ludovic Accragne lui prodiguait volontiers, à cause de ses élégances surannées.

— « Bah ! » se dit-il, « j'emploierai le procédé qui m'a réussi à Florence en 66 avec Rogister... »

Il faut l'avouer, au risque de diminuer le mérite de cette unique négociation dont l'ex-diplomate était si fier, ce procédé avait consisté tout simplement à flatter la manie de ce comte Otto von Rogister, numismate érudit et ministre fort médiocre. D'Avançon s'était lié avec lui en visitant sa collection et lui cédant à titre gracieux une assez belle médaille qu'il se trouvait posséder. Cette amitié entre l'envoyé Prussien et le Français avait abouti à un de ces succès médiocres et inutiles, mais qui font la gloire des chancelleries : — la connaissance avant l'heure d'une importante nouvelle, connaissance qui n'avait d'ailleurs changé quoi que ce fût aux affaires en cours. Rogister avait été cassé aux gages pour son indiscrétion, mais il était parti de Florence si enchanté de sa pièce à fleur de coin, qu'il avait négligé d'en vouloir à son perfide adversaire, et depuis lors, ce dernier se croyait de la force d'un Rothan ou d'un Saint-Vallier, les deux collègues de sa génération les plus fameux au quai d'Orsay. On a vu à quelles maladresses cette naïve infatuation conduisait cet homme. Son très réel esprit et son très bon cœur étaient gâtés par le souvenir de cette réussite déjà lointaine, mais toujours présente à son orgueil. Qui mesurera les ravages qu'un succès isolé produit sur toute une destinée? Si d'Avançon ne s'était pas cru un génie supérieur pour l'intrigue adroite, il n'aurait pas conçu cet étrange projet de liguer les différents amis de Juliette contre Casal, et il ne se serait pas acharné comme il le fit, dans le sens le plus cruellement maladroit, exaspéré dans son amour-propre par son quadruple échec auprès de Juliette elle-même, de Mme de Nançay, de Miraut et d'Accragne.

Il aborda pourtant le grand homme de bien, comme il convenait pour le séduire, en le questionnant avec détail sur cette œuvre de l'hospitalité de nuit, qui restera l'honneur de la charité mondaine à notre époque. L'ancien préfet rayonnait. Il déployait pour son interlocuteur complaisant des projets d'hospices et feuilletait devant lui des budgets rangés dans des cartons verts, qui donnaient à ce cabinet le plus morne aspect bureaucratique. M. Ludovic Accragne était lui-même un personnage aussi rêche que son nom, avec un grand long corps tout en os, des mains et des pieds énormes et une tête chauve qui eût été d'une laideur presque repoussante si ce visage ravagé, dont les yeux bordés de rouge clignotaient derrière des lunettes bleues, n'eût été éclairé par un sourire d'une bonté angélique. Cette bonté se révélait aussi par la voix, — une de ces voix si chaudes et si douces qu'elles deviennent pour le souvenir la seule physionomie de celui qui parle avec cet accent-là, et cette voix se fit presque frémissante pour répondre lorsque d'Avançon eut prononcé solennellement sa phrase :

— « Maintenant, mon cher ami, laissez-moi vous entretenir d'un vrai service à rendre à Mme de Tillières. »

— « Lequel? » dit Accragne, aux lèvres duquel revint son bon sourire, aussitôt que l'autre eut nommé Casal. — « Je sais ce que c'est, » continua-t-il. « Notre chère Mme de Tillières l'a intéressé à notre œuvre... Il nous a déjà souscrit dix nouveaux lits... Que voulez-vous? Il faut coqueter un peu pour l'amour des pauvres... Vous, clérical, vous ne pouvez pas vous en indigner.

L'Église a bien inventé le Purgatoire pour nourrir le culte... »

— « Il ne me manquait plus que cela, » se disait d'Avançon en reprenant l'ascenseur après avoir dû essuyer cette fois, non plus l'éloge de Casal, mais quelques plaisanteries plus ou moins heureusement inspirées du *Dictionnaire philosophique,* « et il ne voit pas que si ce garçon donne son argent à cette œuvre que le diable emporte, au lieu de le jeter sur le tapis vert, ce n'est pas naturel!... C'est encore heureux que de Jardes soit absent, j'aurais sans doute appris que Casal se dévoue à quelque entreprise patriotique, la poudre sans fumée ou la direction des ballons! Mais, patience. Poyanne va revenir, et, si je n'aime pas ses idées à celui-là, du moins il a du bon sens... »

C'est ainsi que le drame de cœur qui se préparait depuis plusieurs semaines, grâce au silence de Mme de Tillières et à ses complications de sentiment, allait se trouver du coup amené à une crise aiguë par l'impardonnable maladresse d'un ami qui se croyait, qui était très dévoué. Mais comment aurait-il soupçonné que sa démarche auprès de Poyanne constituait pour Juliette le plus grand danger et préparait à Poyanne lui-même les plus cruelles douleurs? De telles aventures représentent la rançon, parfois affreuse, des bonheurs défendus. Elles ne sont qu'un cas entre mille de cette loi, évidente pour quiconque étudie la vie humaine avec suite et sans parti pris, à savoir que la plupart du temps nos fautes se punissent par leur propre succès. Il y a, dans ce que nous appelons le jeu naturel des événements, comme une profonde justice qui nous laisse mener notre existence au gré de nos mauvais désirs; puis la simple logique de ces désirs réalisés nous en châtie inévitablement. Juliette de Tillières et Henry de Poyanne s'étaient appliqués, des années durant, à tromper de leur mieux leur entourage le plus immédiat, sur le caractère de leur liaison. Ils y avaient réussi. Quoi d'étonnant qu'une des personnes de cet entourage, dupée comme les autres, vînt agir dans le sens de ses convictions et faire à ces amants, dont il ne soupçonnait pas les vrais rapports, un mal irréparable? Le pire était que ce terrible d'Avançon, racontant pour la quatrième fois ses doléances sur l'intrusion de Casal rue Matignon, devait nécessairement outrer l'expression de sa pensée. Il avait dit à Mme de Nançay : « On pourrait un jour parler de Juliette à propos de ces visites...; » à Miraut : « J'ai peur que l'on n'en parle...; » à Ludovic Accragne : « Je crois que l'on en parle... » Il devait dire à Poyanne : « Je sais que l'on en parle... » Et il ne donna même pas à Mme de Tillières le temps de le prévenir, tant la haine contre

Raymond s'était exaltée dans ce cœur d'homme de cinquante ans, oisif et jaloux. Poyanne était arrivé par un train de cinq heures du matin. A onze heures, d'Avançon, qui avait eu soin de s'informer de ce retour, lui débitait sa philippique :

— « Il n'y a que vous, mon cher ami, » conclut-il, « qui puissiez prévenir cette pauvre femme du tort qu'elle fait à sa réputation... J'aurais voulu lui parler moi-même... Mais, vous vous rappelez, elle est toujours à me taquiner sur mon antipathie envers les jeunes gens, comme si j'avais cette antipathie pour des hommes tels que vous, mon cher Henry !... En revanche, ces viveurs d'aujourd'hui me font horreur, c'est vrai. Ce n'est pas que je blâme la fête chez la jeunesse. Mes amis et moi, nous nous sommes beaucoup amusés, mais nous savions nous amuser... Nous n'aurions jamais imaginé de nous réunir comme ces messieurs, sans femmes, vous entendez, sans femmes, pour nous gorger de nourriture et nous griser à rouler sous la table !... C'est bon pour les Anglais, ces mœurs-là... Mais tout leur vient de Londres, aujourd'hui, leurs vices comme leur toilette... Croiriez-vous qu'ils prétendent ne pouvoir être chaussés que par un certain Domas, Somas, Tamas..., je ne sais plus, qui envoie un ambassadeur comme un roi, chaque printemps, passer la mer et visiter les chaussures de ces jeunes snobs ? »

Le vieux Beau eût pu continuer longtemps à flétrir l'anglomanie de la jeunesse moderne. Le comte de Poyanne ne l'écoutait plus. A peine si l'autre, insistant : — « Vous parlerez à Mme de Tillières? » il répondit : — « Je tâcherai de trouver un joint. » Il venait de recevoir en plein cœur un de ces coups de couteau comme tant d'imprudentes mains nous en donnent, qui ne savent pas à quelle place follement sensible elles nous frappent; et nous ne pouvons même pas saigner, sinon en dedans, d'un sang qui nous étouffe, et tout seuls. Quand d'Avançon fut parti, fier de sa diplomatie comme tout un congrès, il ne se doutait guère qu'il laissait derrière lui un homme au désespoir. Le coupable dénonciateur aurait eu moins d'allégresse à traverser la Seine, puis les Champs-Élysées, pour rentrer chez lui, et à rencontrer Casal vers les hauteurs du rond-point, qui revenait du Bois sur le paisible Boscard. Le jeune homme causait en riant avec son compagnon qui n'était autre que lord Herbert.

— « Amuse-toi, mon ami, amuse-toi. Ça n'empêche pas, » songea d'Avançon après l'avoir suivi des yeux quelque temps, avec un peu d'envie pour cette fière tournure, « que nous allons te tailler des croupières... Poyanne va ouvrir le feu. Juliette ne peut pas deviner que je l'ai vu dès ce matin. Je la connais. Elle est si prudente. Elle était née pour être la femme d'un diplomate. Sa première idée, quand elle saura qu'on parle d'elle, sera de s'arranger pour que Casal vienne moins souvent. L'animal se fâche, insiste, commet quelque grosse sottise, et nous en voilà débarrassés. Si ce moyen-là échoue, nous en trouverons un autre. J'en avais trois pour rouler Rogister... Ce qui me fait plaisir, c'est de ne pas m'être trompé sur Poyanne. Je savais bien qu'il verrait, lui, les choses comme elles sont... »

Tandis que ce bourreau sans le savoir se prononçait ce petit monologue de fatuité professionnelle et croyait faire honneur à la Carrière par sa dextérité, sa malheureuse victime, ce Poyanne, au bon sens duquel il rendait cet hommage de connaisseur, allait et venait, en proie au plus subit, au plus violent accès de douleur. La vaste pièce où le comte marchait ainsi, pour tromper par le mouvement l'excès de son agitation intérieure, était un cabinet de travail que des livres garnissaient du haut en bas des quatre murs. Les hautes fenêtres ouvraient sur la verdure du paisible jardin du square et sur la masse grise de l'église Sainte-Clotilde. Que de fois, depuis ces deux années, le grand orateur était resté à se promener de même indéfiniment, à cette même place, le cœur traversé par la cruelle idée qu'il n'était plus aimé, jamais pourtant avec une douleur comparable à celle de ce matin de son retour. Elle n'était pourtant pas bien grosse, cette révélation apportée par le diplomate : Mme de Tillières recevait quelquefois un ami nouveau dont elle ne lui avait jamais parlé dans ses lettres. Rien de plus. Mais, pour celui qui aime, les faits ne sont rien. Leur signification sentimentale est tout, et pour comprendre le terrible contre-coup que celui-ci devait avoir dans le cœur du comte, il est nécessaire d'expliquer dans quelle situation morale il se trouvait au lendemain de sa campagne dans son collège.

Depuis quelques mois, cet homme si ferme, et qui avait traversé sans y sombrer de si durs orages, éprouvait une impression de lassitude qu'il expliquait par une suite de contrariétés presque simultanées, ne voulant pas admettre le terme superstitieux de pressentiment. En réalité, il se trouvait dans une de ces périodes de la vie où tout nous manque à la fois, comme à d'autres tout nous réussit, sans qu'il soit besoin d'invoquer le grand mot de hasard. Ce que l'on nomme le bonheur, dans le sens populaire de chance et de veine, résulte d'un rapport exact entre nos forces et les circonstances, presque indépendant de notre volonté. Pour emprunter un exemple très significatif à une très glorieuse histoire, les qualités de Bonaparte correspondaient si précisément au milieu issu de la Révolution, qu'à cette période toutes ses entreprises devaient lui réussir, et lui ont réussi. Dès Eylau, et malgré le triomphe, il est visible qu'il n'y a plus harmonie entière entre ce génie et les conditions nouvelles de l'Europe. Chaque homme traverse ainsi une époque où il est, dans sa vie privée et publique, ce que les Anglais appellent énergiquement : *the right man in the right place*, celui qui convient à la place qui lui convient. Même ses défauts s'adaptent alors à des nécessités de position, comme la frénésie imaginative de l'Empereur à la France de 1800 tout entière à reconstruire. Plus tard, et dans la période de malheur, même les qualités de cet homme tournent à sa ruine ; ainsi l'excessive énergie de Napoléon dans une Europe affamée de repos et parmi des soldats épuisés de guerre. Dans la mesure où les destinées modestes et régulières peuvent se comparer à une fortune grandiose, sans cesse jouée et rejouée parmi d'innombrables dangers, telle avait été l'histoire politique et sentimentale d'Henry de Poyanne. Lorsque, au lendemain de la guerre, les électeurs du Doubs l'envoyaient au Parlement, et qu'il rencontrait, presque aussitôt, Mme de Tillières, il devait et réussir à la Chambre et plaire à la jeune femme pour toutes les raisons qui l'avaient rendu obscur et malheureux jusque-là. M. Thiers, auquel nul ne saurait refuser, à défaut des fortes vues d'ensemble, un sens très aiguisé des adaptations, disait de sa voix flûtée, à propos du premier discours du comte :

— « Quel dommage que ce jeune homme n'ait pas débuté à la Chambre des pairs en 1821 ! »

Les meilleures qualités de Poyanne eussent en effet trouvé leur plein essor dans l'atmosphère si noble et si haute de la Restauration. Mais n'était-ce pas d'une Restauration que rêvait obscurément la France d'alors, éclairée, pour quelques instants trop courts et par le péril, sur ses profonds intérêts nationaux ? Il s'agissait, on se le rappelle, dans cette heure douloureuse, de travailler à une besogne de patriotisme. Or le désintéressement du comte, sa généreuse éloquence, la largeur et la fermeté à la fois de ses principes, le souvenir vivant de sa bravoure personnelle lui avaient acquis du coup une extraordinaire autorité morale. En même temps son effort pour se reconstruire une existence utile sur les débris de son foyer brisé lui donnait cette poésie mélancolique du caractère, irrésistible sur une femme, plus romanesque encore qu'amoureuse, et plus tendre que passionnée. On le sentait si frémissant de blessures cachées, si vibrant de douleurs contenues ! Dix années plus tard, où en était-il de ce double triomphe ? En politique, et après l'entreprise avortée du 16 mai, à laquelle il avait refusé son concours, la jugeant irréalisable, qu'était devenue la popularité du brillant orateur de Bordeaux et de Versailles ? Au Parlement, ce refus et ses doctrines de socialisme chrétien, de plus en plus affirmées, l'isolaient dans son propre parti, et les électeurs de son département commençaient à se lasser d'un député dont les succès oratoires ne procuraient ni un chemin de fer local, ni un bureau de tabac. Préoccupé uniquement de ses idées, poursuivant son rêve d'un rétablissement de la province pour refaire la vie française, et de la corporation pour protéger avec efficacité la vie ouvrière, Poyanne n'avait pas étudié cette lente métamorphose de ses commettants, et il venait de s'y heurter soudain au cours de sa campagne pour les deux sièges devenus libres à son Conseil général. C'était même cette constatation, plus encore que le règlement de quelques intérêts privés, qui l'avait décidé à prolonger son séjour. Il avait voulu, par conscience, se rendre compte du chemin parcouru depuis quelques années par ses adversaires, et dans les réunions auxquelles il avait assisté, dans les causeries auxquelles il avait pris part, quel crève-cœur pour lui de devoir s'avouer que la popularité allait à un de ses collègues de la Chambre, médecin sans clients, mais faiseur habile, qui commençait d'appliquer les procédés mécaniques d'élection auxquels doit nécessairement aboutir ce honteux esclavage de l'intelligence par le nombre : le suffrage universel. Tout peuple qui renie ses chefs naturels, ceux avec lesquels il a grandi, souffert et triomphé à travers les siècles, se voue à la tyrannie des charlatans. Si étrange que ce fait puisse paraître aux politiciens avisés d'aujourd'hui, le comte n'avait pas cessé de croire à la générosité de l'instinct populaire, et l'avilissement moral de son collège l'avait frappé au plus vif de son être intime, comme eût fait la nouvelle subite d'une trahison de sa chère Juliette.

Peut-être, sous l'influence de cette cruelle désillusion, avait-il lu les lettres de cette dernière, durant ce triste voyage, terminé par un double insuccès final, avec un cœur plus sensible. Il avait senti, à travers cette correspondance, que là aussi un changement s'accomplissait et que cette âme sur laquelle il avait appuyé tout son avenir de tendresse pouvait lui manquer. Elles arrivaient bien exactement, ces lettres. C'était toujours la même écriture élégante et souple, dont la seule vue, sur la longue enveloppe bleuâtre, lui mettait des larmes aux yeux. C'était le même journal quotidien d'une vie de femme isolée et douce, attentive et affectionnée. Qu'y manquait-il donc, et pourquoi, au lieu d'y trouver l'élan de jadis, y reconnaissait-il à chaque ligne, — en se le reprochant, — des traces d'effort, comme de devoir? Il n'osait pas s'en plaindre dans ses réponses, et, comme on l'a vu, il écrivait, lui, des pages de bonne humeur, les billets d'un homme d'action qui s'égaie à travers sa tâche, quitte à rester, une fois l'enveloppe fermée, indéfiniment, le coude sur sa table et la tête dans sa main, à se regarder dans le cœur, et il y trouvait la même inexplicable contraction de timidité souffrante qui l'avait empêché, la veille de son départ, de demander à sa maîtresse un véritable adieu. Comme à cette heure de la séparation, il étouffait de paroles à dire qu'il ne pouvait pas dire, de plaintes à répandre qui lui retombaient sur l'âme en un poids de silencieuse mélancolie. Et comme alors aussi, cet être si noble, si étranger aux bassesses d'égoïsme qui se dissimulent si souvent dans les rancunes d'amour, cherchait en lui-même la cause qui expliquât ce changement de ses relations avec Mme de Tillières. Il s'accusait de ne pas l'aimer pour elle. Il se reprochait de devenir despotique et déplaisant. Il se formulait des projets d'une conduite à l'égard de Juliette, si doucement enveloppante et tendre, que son amie redeviendrait celle d'autrefois. Il appliquait toute la force de sa passion à se démontrer les qualités qui la lui avaient rendue si chère. Sa tristesse se fondait alors en adorations inexprimées, et c'était justement la minute où, recevant sa lettre de la veille, cette femme idolâtrée disait, elle : « Comme il a changé... » et tâchait de justifier le coupable silence qu'elle prolongeait de semaine en semaine.

Quand une âme est ainsi remplie jusqu'au bord par des éléments confus de douleur, le moindre accident détermine en elle des révolutions instantanées, analogues à celles que provoque le passage d'un courant d'électricité dans un vase où se heurtent, sans se mélanger, des amas de substances chimiques. Des combinaisons nouvelles se produisent, si rapides, qu'elles semblent miraculeuses. Avant cet entretien avec d'Avançon, et le matin même, tandis que le train de l'Est le ramenait vers la ville où il devait retrouver Mme de Tillières, Henry de Poyanne se sentait incapable d'engager avec elle une causerie vraie, où il lui racontât les secrètes agonies de son cœur. Il prévoyait des mois et des mois encore de ce silence dont il étouffait depuis si longtemps. Le cruel diplomate n'avait pas encore tourné l'angle de la rue Saint-Dominique, et non seulement cette explication avec Juliette paraissait possible au comte, mais il la sentait inévitable. Il en avait besoin comme de respirer, comme de marcher, comme de manger, tant la révélation qu'il venait d'entendre donnait une forme à la fois précise et insupportable à ses doutes sur les sentiments actuels de sa maîtresse... A la première minute qui suivit cet entretien inattendu, ce fut en lui un assaut d'images sans raisonnement, et d'une intensité très douloureuse, comme il arrive lorsqu'une main maladroite nous a touchés soudain à une place secrètement morbide. Au lieu d'apercevoir ces deux simples faits : la présence de Casal chez Juliette et le silence de cette dernière, à l'état de renseignements abstraits, qu'il s'agissait d'interpréter, une évocation exacte comme une photographie lui montra cet intérieur de la rue Matignon, associé au souvenir de ses plus douces tendresses, le petit salon bleu et blanc avec sa figure pour lui vivante, le bureau près de la porte-fenêtre, les branches des arbres du jardin par derrière le vitrage, toutes ces choses d'une si rare intimité, et, dans ce cadre de délicatesse aimée, cet hôte détestable, ce Casal qu'il avait appris à si mal juger chez cette pauvre Pauline de Corcieux. Le rapprochement de cet endroit et de cet homme lui infligea une sensation torturante qu'augmenta encore l'image de Juliette assise, comme autrefois, dans son fauteuil favori, à l'angle de la cheminée, causant avec le visiteur, puis, le soir, accoudée à son bureau, pour lui écrire, à lui, Poyanne, et se taisant sur cette odieuse visite. Car elle ne pouvait pas douter que cette visite ne fût odieuse à son amant. La scène qui avait précédé le départ pour Besançon se représenta soudain à la pensée de cet homme inquiet. Il s'entendit prononcer ses phrases de ce soir-là, et le regard de Juliette reparut dans sa mémoire. Dieu juste! Était-il possible qu'il s'y cachât déjà un mensonge? Et dans le tourbillonnement de ces visions de souffrance, le comte se sentit si misérable que, les larmes lui venant aux yeux, les sanglots lui montant à la gorge, il se jeta sur le divan de son cabinet de travail, et ce soldat si courageux, cet orateur si mâle, ce croyant si sincère, se prit à gémir comme un enfant:

— « Ah! comment a-t-elle pu? » répétait-il à travers ses larmes... Tout d'un coup, et comme il prononçait ces mots à voix haute, un sursaut de souvenir vint lui glacer le cœur. Il se rappela les avoir dits, — oui, les mêmes mots, exactement les mêmes, — treize années auparavant, le jour où il avait appris la trahison de sa femme. L'analogie des deux crises s'imposa aussitôt avec une telle force, que cet excès de souffrance aiguë provoqua une réaction. Il y a, dans l'ordre moral, des poussées soudaines d'énergie qui sont une forme de l'instinct de conservation, aussi spontanée que tel mouvement physique à l'heure de l'extrême danger, le geste, par exemple, avec lequel un homme en train de se noyer s'accroche à une épave. Nos sentiments ne meurent pas en nous sans avoir lutté pour l'existence avec tout ce qu'ils contiennent de sève intérieure. L'amour passionné pour Juliette vivait trop profondément dans le cœur du comte pour ne pas se débattre dans son agonie, et cet amour se révolta contre un jugement qui assimilait l'épouse infâme à la maîtresse, objet depuis tant d'années d'une si dévote ferveur. Poyanne se releva du divan; il passa les mains sur son visage, et il dit, à voix haute encore et d'un accent farouche :

— « Non, non, cela, ce n'est pas vrai. »

L'idée qu'il chassait ainsi loin de sa pensée presque sauvagement, c'était l'hypothèse, soudain entrevue dans un frisson d'horreur, que Juliette fût la maîtresse de Casal. Il lui suffit d'évoquer, dans l'éclair d'une seconde, cette vision de souillure pour que son âme se rejetât aussitôt en arrière, avec cette ardeur de négation devant les fautes de la femme, heureux privilège des hommes très chastes et très fidèles. Ce n'est pas d'avoir été trahis, c'est d'avoir trahi qui nous rend si prompts à soupçonner. La croyance du comte dans l'honneur de Mme de Tillières était absolue, parce que sa conduite à lui-même avait été irréprochable vis-à-vis d'elle, et qu'il la jugeait, involontairement, d'après lui. Cette foi profonde, il la retrouva intacte, malgré sa douleur, et il se tendit tout entier à ne pas admettre l'injurieuse, l'avilissante idée qui avait traversé son noble esprit. L'horloge intérieure de nos facultés est montée de telle sorte que le branle donné à une pièce se transmet aussitôt à toute la machine, et c'est ainsi que ce mouvement de sensibilité blessée réveilla, dans cet homme qui s'abandonnait, la force de vouloir :

— « Voyons, » se dit-il, « il faut raisonner. » Et il se remit à marcher de long en large, mais, cette fois, en se contraignant à une analyse lucide, comme s'il se fût agi d'une de ces discussions parlementaires où il excellait. Chez le civilisé d'aujourd'hui, le métier reprend ses droits dans toutes les heures de crise, sitôt la première secousse subie et amortie. Un homme de lettres alors pense en homme de lettres, un acteur pense en acteur, et un *debater* comme l'était Henry de Poyanne, pense en *debater,* avec la rigueur d'une logique qui s'applique aux infiniment petits de la vie du cœur, comme elle faisait d'habitude aux données d'un problème de politique, et presque dans les mêmes termes.

— « Oui, raisonnons, » se disait le comte, « et d'abord circonscrivons la question... Ainsi elle aurait vu ce Casal souvent, très souvent. D'Avançon m'a laissé entendre quotidiennement. N'exagère-t-il pas ? Que vaut son témoignage ? C'est un esprit judicieux, mais bien passionné... Soit. Cette passion même, dans l'espèce, est un argument pour sa thèse. S'il est venu ici dès ce matin, c'est qu'il a guetté mon arrivée ; donc il fallait qu'il fût très tourmenté... Admettons le fait et creusons-le : Juliette a vu Casal souvent depuis mon départ, lui qu'elle ne connaissait pas, il y a quelques semaines, — elle qui ouvre si difficilement sa porte, et cela, quand elle savait mon opinion sur cet homme... Il ne peut y avoir à cette conduite que deux raisons : ou bien il lui plaît... Pourquoi pas ? Il plaisait tant à cette pauvre Pauline... Ou bien elle s'ennuie, et elle reçoit qui la distrait. Après celui-ci, un autre, puis un autre. C'est un commencement de transformation de sa vie... Soit !... Voyons-y clair dans ces deux raisons... »

Telles étaient les phrases, suivies de vingt autres pareilles, par lesquelles cette intelligence, redevenue maîtresse d'elle-même, avait le courage de rédiger, si l'on peut dire, le dossier de la situation. Le cœur saignait, quoique le malheureux homme en eût, car l'une et l'autre de ces deux raisons sous-entendait toutes les angoisses supportées depuis tant de jours. Que Juliette se fût laissé prendre à quelque comédie de sentiment jouée par Casal ou qu'elle accueillît ce garçon par simple goût de se distraire, c'était le signe, dans les deux cas, d'une lassitude intime et profonde pour ce qui concernait sa liaison avec Henry. Et elle le comprenait si bien elle-même qu'elle s'était tue de ces visites. Cette explication de son silence parut évidente au comte.

— « Elle a eu pitié de moi, » — songea-t-il ; et

cette idée lui fut un martyre dans son martyre, comme pour tous ceux qui, sentant gronder en eux la passion, ont rencontré cette pitié-là. Un instinct les avertit que la haine, la perfidie, les égarements mêmes des abandons cruels, laissent encore, pour un amant, place à une espérance, — et la pitié, non. Une femme qui a voulu vous tuer tombera peut-être dans vos bras après vous avoir blessé d'un coup de couteau; celle qui a été séduite par un rival insidieux vous reviendra folle de remords, et celle aussi qui aura cédé, loin de vous, à l'attrait du libertinage. Mais la maîtresse qui plaint dans son amant une souffrance d'amour qu'elle ne partage plus, l'amie désenchantée qui voudrait vous guérir doucement, comme elle s'est elle-même guérie, de la délicieuse fièvre de trop sentir, n'attendez plus que jamais celle-là se reprenne à vous aimer comme vous l'aimez. Fuyez cette affreuse bonté qui ne vous permet même pas de vous repaître de votre peine. Suppliez-la d'être cruelle, de vous chasser, de vous brutaliser jusqu'à la mort. Elle vous serait moins dure qu'en vous ménageant, avec cette câlinerie meurtrière dont chaque délicatesse vous prouve ce que vous avez perdu en perdant l'amour de cette créature si tendre. Les profondes amertumes de cette charité cruelle, Henry de Poyanne les goûta soudain en imagination, et elles lui firent si mal qu'il se dit : —

« Tout plutôt que cela, fût-ce même une rupture. »
A partir de cette minute il n'hésita plus, et, en arrivant rue Matignon, à deux heures, sa volonté de tout savoir était aussi entière que l'avait pu être celle d'entrer dans l'armée à l'époque de la guerre. Qu'allait-il apprendre ? Un frisson de mort le saisissait à la pensée que cette bouche tant aimée lui dirait peut-être : — « C'est vrai, je ne vous aime plus... » — Mais, à un certain degré de doute, la certitude, si horrible soit-elle, paraît préférable à cette nuit du cœur où l'on ignore tout de l'être que l'on adore, et la confidence de d'Avançon venait de porter du coup cet homme déjà malade à ce degré-là. Dans les quatre heures qui s'étaient écoulées entre les discours du diplomate et cette entrée dans le petit salon Louis XVI, il avait pu mesurer l'étendue de la plaie ouverte dans son âme. Et qu'elle était blessée aussi, l'âme de la femme à laquelle il allait montrer sa misère ; et pourquoi avait-il, à force de silence, laissé venir les choses au point où les explications ne font plus que montrer les fautes irréparables du passé ?

Au moment où la porte s'ouvrait devant Henry, Mme de Tillières était assise sur une des deux profondes bergères, qui sait ? les mêmes peut-être dont la soie aujourd'hui joliment passée avait entendu les phrases de rupture échangées entre l'aïeule d'il y a cent ans et le cruel Alexandre de Tilly. Il n'y avait certes aucun rapport entre le noble Poyanne et le cynique séducteur des célèbres *Mémoires*. Mais, à coup sûr, si désespérée que fût alors la misérable amante de cet émule de Valmont, elle ne l'était pas plus que son arrière-petite-fille de 1881. Quoique le soleil du mois de mai remplît de sa gaie lumière et le ciel bleu aperçu par les portes-fenêtres et les grands arbres déjà verts du jardin, Juliette avait fait allumer du feu. Enveloppée d'une longue robe flottante et toute blanche, avec sa pâleur lassée, avec ses yeux battus d'insomnie, avec sa bouche contractée, on la devinait grelottante de ce froid intérieur qu'aucun printemps ne réchauffe. Le comte lui prit la main pour y mettre un baiser; il sentit que cette petite main moite d'émotion tremblait dans la sienne. A retrouver ainsi, vaincue et brisée, celle qu'il venait interroger, quoiqu'il en eût, un peu comme un juge, cet homme si misérable oublia pour une minute ses propres peines. De voir consumés, tirés, comme fondus, les traits de ce visage trop aimé, lui serra le cœur. Un détail de physionomie acheva de le bouleverser en lui révélant le trouble de sa maîtresse: les yeux bleus de Juliette avaient leur regard noir des minutes où l'iris agrandi démesurément envahissait jusqu'au bord de la prunelle. Quel motif secret de souffrance torturait jusqu'au fond de l'âme cet être trop sensible ? Cette question, Poyanne se la posa involontairement, et il lui fut impossible de ne pas rattacher aussitôt cette visible souffrance aux sentiments d'un ordre inconnu que la dénonciation de d'Avançon lui avait montrés dans son amie de dix années. Quoique bien rapides, ces pensées altérèrent son visage, à son tour, et Mme de Tillières, qui, dès l'entrée, l'avait deviné, elle aussi, rongé d'inquiétude, comprit qu'il venait lui demander une explication. Mais sur quoi ? Arrivé du matin, il ne pouvait pas avoir entendu parler des visites de Casal. D'ailleurs elle s'était fixée, dans son insomnie de la dernière nuit, à cette volonté définitive : elle les lui apprendrait, ces visites, dès cette première entrevue. Mais il fallait pour cela qu'il fût dans une situation d'esprit ouverte et facile, et il arrivait si évidemment tendu, si contracté. Sans doute la faute en était aux lettres reçues à Besançon. A peine si elle avait trouvé en elle, depuis ces huit jours, l'énergie de tracer quelques lignes sur ce même papier dont autrefois elle couvrait des pages et des pages... Tandis que ces idées se remuaient dans leur pensée à l'un et à l'autre, ils commençaient de se parler et ils échangeaient ces paroles de banalité qui ressemblent, dans les duels de conversation, aux petites passades par lesquelles les escrimeurs amusent leurs épées avant de s'engager à fond. Poyanne s'était assis, et, après quelques demandes affectueuses, tous les deux prononçaient, coupées par des silences, des phrases comme celles-ci :

— « Je suis content, » disait-il, « que la santé de Mme de Nançay ne vous ait donné aucun souci... Mais avec ce beau temps... »

— « Oui, » répondit-elle, « pour une fois nous avons eu un vrai mois d'avril. »

— « Et le ménage de Mme de Candale ? »

— « Je vous remercie, il va beaucoup mieux. Elle s'est tant intéressée à votre campagne!... »

— « Où j'ai complètement échoué. »

— « Vous compenserez cela par un triomphe à la Chambre. »

Mon Dieu! que la vieille mère et la jeune comtesse, que le printemps et le Parlement étaient loin de leur commune préoccupation! Et que c'est une chose amère, quand elle n'est pas délicieuse, que ces entrevues après une longue absence, entre deux êtres qui ne peuvent ni éviter de s'expliquer ni le supporter; et ils reculent, reculent encore l'instant où il leur faudra recevoir et enfoncer dans le cœur saignant l'un de l'autre la pointe aiguë de la vérité! Puis cette attente même devient intolérable et l'on se décide à parler, comme fit Juliette avec un frémissement de tout son être. Elle prit la main de Poyanne. Simplement, mais avec un sourire forcé et un regard presque suppliant, elle lui dit:

— « Vous êtes triste, Henry, je le vois. Vous m'en voulez de ce que je vous ai écrit, ces derniers jours, d'une manière bien hâtive... Mais si vous saviez comme j'ai été souffrante, comme je le suis encore, vous me pardonneriez... Vous n'augmenteriez pas mon malaise par la vue du vôtre... Faut-il vous répéter que je n'ai jamais pu, que je ne peux pas vous supporter malheureux ?... »

Elle était sincère dans ce geste, dans cette phrase, dans le regard qui l'accompagna, — si profondément sincère et remuée ! — Depuis la demi-heure déjà que durait ce cruel tête-à-tête, où cependant pas une parole de reproche n'avait été prononcée par Poyanne, elle sentait cet homme souffrir, et cette sensation, qui jadis avait été le principe premier de son amour, vivait en elle à une profondeur qu'elle ne soupçonnait pas. Toutes les cordes de charité romanesque, autrefois touchées par les mélancoliques confidences du comte, se reprirent à vibrer dans son cœur. Ce fut un réveil de ses sentiments, inattendu, irréfléchi, irrésistible. Si Henry de Poyanne avait été de force à combiner avec précision les différents effets de cette entrevue, capitale pour l'avenir de sa liaison, il n'eût pas employé d'autre méthode : — montrer sa douleur. Il y avait tant de mois, au contraire, qu'il se croyait habile en se masquant d'une demi-indifférence. A présent qu'il ne raisonnait plus, il allait redevenir, pour Juliette, l'être supérieur et malheureux qu'elle avait plaint avec assez de passion pour en devenir amoureuse, grâce à ce lien mystérieux qui unit la miséricorde à la tendresse et la sympathie consolatrice aux troubles de la volupté. La passion était morte et mort l'amour. Son rêve de bonheur s'élançait maintenant vers un autre, mais le magnétisme de pitié qui l'avait enchaînée à Poyanne existait toujours. Elle le subit sans même essayer de s'en défendre. A cette seconde elle était réellement incapable, comme elle venait de le dire dans une ingénuité sans calcul, de supporter les peines de cet homme qui pourtant ne pouvait plus, ne devait plus suffire à la rendre heureuse. Quant à lui, et dans ses tristes méditations, c'était justement cette pitié qu'il avait appréhendée avec le plus d'horreur Aussi son visage se crispa-t-il davantage encore. Il repoussa la main de Mme de Tillières, et il répondit :

— « Ah ! Juliette, ne me faites pas tort... Je n'ai jamais mesuré vos lettres à leurs pages. Je les ai aimées tant que j'ai cru qu'elles étaient pour vous un besoin du cœur et non un devoir... »

— « Ingrat, » interrompit la jeune femme sur un ton de coquetterie tendre, « qui pouvez penser que je me passerais de vous écrire ! »

— « Hé bien, oui, » reprit Poyanne avec un

visible effort sur lui-même, « j'aime mieux vous parler franchement. Oui, vos lettres m'ont fait du mal. Non point parce qu'elles étaient hâtives ou courtes, mais j'y sentais, ce que je sais à présent, que vous ne m'y parliez pas à cœur ouvert... Vous me les envoyiez comme un journal de votre vie, et vous ne m'y disiez pas que vous étiez en train de nouer une nouvelle amitié que j'ai apprise déjà depuis les quelques heures que je suis à Paris. On s'en préoccupe tant autour de vous !... Voilà ce qui m'a blessé profondément, pourquoi vous le cacher ?... »

Leurs yeux s'étaient croisés pendant que le comte formulait ainsi, avec une netteté implacable, l'accusation au-devant de laquelle Mme de Tillières comptait bien aller, mais à son heure. Elle plissa le front à son tour et un flot de sang empourpra son visage. Poyanne venait, dans ces quelques mots, de se poser devant elle, non plus seulement en malheureux, mais en juge, et aussitôt l'orgueil s'était mélangé à la sympathie dans ce cœur de femme, tendre mais fier. Elle répondit avec une certaine hauteur :

— « Moi non plus, Henry, je n'ai jamais entendu me cacher de vous... Il y a des choses que j'ai mieux aimé vous dire de vive voix que de vous les écrire... Je sais trop combien les malentendus sont faciles par lettres... Interrogez et vous jugerez... »

— « Amie ! » soupira de nouveau le comte avec une mélancolie où ne passait plus aucun souffle de reproche, « comme vous me comprenez peu ! Moi, vous interroger ! Moi, vous juger !... Quelles paroles de vous à moi, Juliette ! Je vous en supplie, ne voyez pas en moi un jaloux. Je ne le suis pas. Je n'ai pas le droit de l'être. Je vous estime trop pour vous soupçonner. Me suis-je jamais permis, depuis que je vous aime, de surveiller vos relations ? Que vous receviez telle ou telle personne, je pourrai avoir peur que vous n'ayez un jour à le regretter, mais me défier de vous à cause de cela, — jamais. Seulement, que vous vous mettiez à votre table pour m'écrire, et puis que vous pesiez chacune des phrases de votre lettre au lieu de vous laisser aller, tout simplement ; que vous me traitiez comme quelqu'un qu'il faut ménager ; que vous ayez peur de moi, enfin, et que j'en aie la sensation, voilà ce qui me perce le cœur, et des phrases comme celles que vous venez de prononcer, aussi, sur des malentendus possibles entre nous... Voyez-vous, ce n'est pas de la chose en elle-même que je souffre, c'est de ce que je devine, de ce que je vois par derrière. Je vois que vos sentiments ont changé. Je vois, — ah ! laissez-moi parler, » insista-t-il sur un geste de Mme de Tillières, « il y a si longtemps que cette idée m'obsède, — je vois que l'intimité est finie entre nous, cette existence cœur à cœur dont je m'étais fait une si chère habitude. Je vois que je vous aime toujours comme autrefois, et que, vous, vous ne m'aimez plus. Ce petit fait de cette amitié nouvelle et de ce silence, c'est un signe entre vingt, entre trente... Si j'ai pris cette occasion de vous parler comme je vous parle, comprenez que ce n'est pas que j'y attache plus d'importance qu'à tant d'autres. Il n'y a pour moi d'important que votre cœur... Juliette, si vraiment je ne suis plus pour vous ce que j'ai été, je vous en conjure, ayez le courage de me le dire. J'ai bien celui de vous le demander... M'aimez-vous encore ? Je peux tout entendre à cette minute... Vous dites que vous ne savez pas me supporter malheureux... C'est ce doute terrible qui est entré en moi dont je souffre tant... Faites-le cesser... Même de vous perdre serait moins cruel que de ne plus savoir ce que vous voulez, ce que vous sentez... »

Elle l'écoutait parler d'une voix de plus en plus brisée et sourde, qui révélait, bien plus encore que les mots, la peine intérieure. Elle voyait, tendue vers elle dans une expression d'angoisse infinie, cette physionomie tourmentée, toute pauvre et chétive dans la vie habituelle, mais transfigurée à cet instant par le charme de la grande douleur. Elle comprenait, ce dont elle avait douté depuis des mois, — en se complaisant peut-être dans ce doute, — que Poyanne disait vrai, que cet amour pour elle tenait en lui aux racines les plus profondes, les plus saignantes du cœur, et elle eut comme l'impression physique, insoutenable, qu'en lui répondant qu'elle ne l'aimait plus, elle le déchirerait réellement, ce cœur douloureux. Le sursaut d'orgueil qu'elle venait d'avoir devant une question accusatrice, comment le garder devant la douceur vaincue de ce désespoir, qui lui mettait une arme aux mains et qui lui disait : Frappe ?... Mais non. Elle ne pouvait pas frapper. Elle ne pouvait pas articuler une phrase qui l'eût rendue libre, en achevant de briser cet homme qui l'avait aimée, qui l'aimait. Elle s'était donnée à lui pour qu'il fût heureux, et elle le retrouvait si misérable, si blessé devant elle et par elle ! L'inconscient désir d'une existence renouvelée qui l'avait conduite à ses dangereuses relations avec Casal, — ses révoltes secrètes contre la chaîne de sa liaison, — sa volonté de maintenir son indépendance au jour de l'explication, — sa lassitude et son besoin de liberté, — tout le travail accompli en elle depuis ces dernières semaines, qu'était-ce en regard de cette agonie qui lui prit, qui lui terrassa soudain toute l'âme ? Et voici que des larmes lui montèrent aux yeux, irraisonnées, et qu'elle se leva, et, tombant à genoux devant son ami, elle lui mit les bras au cou, comme elle aurait fait à un enfant malade, sans réfléchir, sans raisonner ; et tremblant, éperdu de saisissement, cet homme, qui passait tout d'un coup de l'extrême anxiété à une joie inespérée, ne pouvait que balbutier :

— « Tu pleures ? Tu m'aimes encore ? Non. Ce n'est pas possible !... Tu m'aimes ? Tu m'aimes ?... »

— « Tu ne le sens donc pas ? » répondit Juliette à travers ses larmes. « Vois-tu, je ne veux plus que tu aies jamais, jamais, jamais, un seul instant comme celui-ci... Pourquoi n'as-tu pas parlé plus tôt ? Pourquoi m'écrivais-tu, toi aussi, des lettres glacées ?... Mais c'est fini... Ne sois plus triste. Avant ce moment je ne savais pas ce que tu étais pour moi. Je t'appartiens pour la vie... Je te jure que je ne verrai plus la personne qui t'a porté ombrage... Tais-toi. Je te le jure... Tu ne m'en parleras plus jamais... Tu me croiras, si je te dis que je ne le voyais pas pour moi, mais à cause d'une amie qu'il aime... Mais qu'il n'en soit plus question jamais, tu m'entends, jamais... Je veux que tu sois heureux, que tu ne te défies point de toi, de moi, de notre amour ; que notre vie recommence comme autrefois. Quand nous verrons-nous chez nous ?... Demain... Veux-tu ? Souris-moi, regarde-moi avec tes yeux qui me donnent ta joie... Tu es mon cher, mon si cher ami !... »

C'était à son tour, à lui, de l'écouter, et elle pouvait maintenant voir ce visage s'illuminer d'une extase souffrante, mais si douce pour elle qui à cette minute n'avait dans le cœur que cette tendresse. Elle mentait, — mais était-ce mentir ? — en disant qu'elle l'aimait, — et à cet instant elle était aussi frémissante que si elle l'eût aimé ! Pourtant, elle savait bien qu'en laissant entendre, comme elle le faisait, que Casal n'était reçu rue Matignon que pour une autre, elle commettait une action indigne d'elle. Oui, elle le savait, — ou elle aurait dû le savoir, — et aussi qu'en offrant, en implorant ce rendez-vous dans leur petit appartement de Passy, elle manquait à toute sa dignité de femme. Que lui importait, pourvu qu'elle ne subît plus cet affreux contre-coup de cette douleur ? Et lui, prouvant encore à quelle profondeur il avait été atteint, il demandait :

— « Jure-moi que tu me parles vraiment ainsi par amour. »

— « Je te le jure, » répondit-elle.

— « Vois-tu, » reprenait-il, « sans cet amour, je ne sais pas ce que je deviendrais. Tu me dis que j'aurais dû te parler plus tôt... Mais c'est si dur de n'être pas deviné quand on aime ! Comprends bien que tu es libre. Tu m'aurais répondu tout à l'heure que tu ne voulais plus être à moi, va, je ne t'aurais pas fait un reproche ; je crois que j'en serais mort comme on meurt de ne plus respirer l'air... Mais tu as raison. C'est fini...

Tiens, je crois que pour éprouver la joie qui me remplit le cœur aujourd'hui, je consentirais à bien d'autres peines... Comme je suis heureux! Comme je suis heureux! »

— « C'est bien vrai ? » interrogea-t-elle presque avec égarement.

— « Ah! bien vrai, » répéta-t-il en serrant contre lui cette tête chérie, et sans remarquer comme ces yeux, qui venaient de le regarder avec tant d'exaltation, s'assombrissaient soudain d'une vision que la pauvre femme voulut pourtant chasser de toute son énergie, car elle rendit son baiser à son amant avec une passion qui aurait suffi pour enlever à Henry jusqu'à son dernier doute, s'il en avait conservé. Cet homme était trop jeune, malgré l'âge et malgré les déceptions, trop entièrement loyal et simple, pour soupçonner que ce mouvement de passion avait pour cause un horrible remords, tout d'un coup éprouvé par sa maîtresse. Elle venait de sentir qu'en se rejetant, par une sorte de frénésie de charité, dans les bras de Poyanne, elle ne pouvait pas oublier l'autre.

VIII

DUALISME

Quand Henry de Poyanne fut parti, sur cette promesse donnée d'un rendez-vous pour le lendemain matin dans le petit appartement de Passy, Mme de Tillières éprouva d'abord une étrange impression de calme, — ce calme brisé qui suit les explications décisives. Il dura juste le temps de reprendre conscience de son cœur troublé. Elle s'habilla comme à l'ordinaire, pour les courses de son après-midi. Puis, lorsqu'elle fut dans sa voiture, et après avoir jeté l'adresse de la couturière chez laquelle on l'attendait, elle se sentit si triste à nouveau qu'il lui fut odieux de penser seulement à cette corvée d'un essayage, et que de vaquer aux menus achats projetés lui parut au-dessus de ses forces. Avant même que le cheval eût tourné l'angle de la rue du faubourg Saint-Honoré, elle avait déjà changé l'itinéraire et dit à son cocher :

— « Allez d'abord au Bois, comme vous savez..., jusqu'à la Muette. »

Il lui arrivait sans cesse, au printemps, et lorsque le ciel était, comme ce jour-là, parfaitement bleu et clair, de gagner ainsi, afin de se promener solitairement, la portion du bois de Boulogne comprise entre le second lac, le champ de courses d'Auteuil et la Seine. Elle choisissait, pour y arriver, un chemin détourné qui lui évitait les rencontres et dont ses gens avaient l'habitude : la contre-allée de l'avenue de l'Impératrice d'abord, puis celle qui longe les fortifications. Là se trouvent, avec des échappées de vue sur les coteaux lointains de Meudon, les allées les plus abandonnées de la coquette forêt parisienne. Vers les trois heures, le lacis des routes réservées aux cavaliers est absolument désert; à peine si quelque personnage excentrique y passe de temps à autre, poussant sa monture sur la terre encore foulée du matin. De vieilles gens, des bourgeois de la banlieue, des collégiens en récréation animent d'une vie provinciale les larges avenues ou les sentiers plus étroits. Mme de Tillières aimait à marcher dans ces derniers, suivie de sa voiture qu'elle pouvait toujours apercevoir dans l'intervalle des arbres, et, là, isolée tout ensemble et protégée, elle se livrait silencieusement à ces sensations de vraie nature si rares à Paris. Elle regardait les feuilles déployer à la pointe des branches leur doux tissu d'un vert tendre, presque transparent, ici, un chêne isolé tordre ses bras sur une pelouse, là, un marronnier secouer ses girandoles de fleurs. D'autres fleurs à ses pieds s'ouvraient dans le gazon, véroniques bleuâtres ou pâquerettes blanches aux pétales rosés. L'azur là-haut se teintait d'une vapeur finement grise, et elle écoutait les oiseaux chanter, comme autrefois, quand elle errait, enfant déjà songeuse, dans les taillis du parc sauvage de Nançay. A de certaines places, des massifs de pins d'Écosse dressaient leur ramure d'un vert plus sombre, où le vent éveillait cette lente cantilène qui, les yeux fermés, nous ferait croire à l'approche de la mer. Parfois la jeune femme s'asseyait sur le coin d'un banc inoccupé. Des sifflets de locomotive arrivaient du fond de l'espace et le vague grondement du bruit des voitures lui attestait que la vie implacable continuait autour d'elle, qui l'oubliait, qui s'oubliait... Une rêverie l'envahissait, l'enveloppait, indéterminée, confuse et bienfaisante, où sa pensée se confondait avec le charme du printemps épars autour d'elle ; et cette place, à une demi-heure de l'Arc, lui faisait une oasis de paix et de fraîcheur, aussi retirée que la vallée la plus farouche de son cher pays de l'Indre.

La paix et la rêverie, — voilà bien ce que Juliette venait d'habitude chercher et trouver dans ses promenades, et elle s'en revenait plus sérieuse encore, plus résignée à cette acceptation du sort que conseille l'âme végétale avec sa beauté sans conscience, sans ambitions et sans désirs... Quelle pensée habite la plante? D'être dans la forme permise, à la place imposée, et rien de plus. Il n'est pas besoin de philosophie pour l'écouter, pour le comprendre, cet apaisant conseil des arbres et des fleurs. Il suffit de ne pas fermer son cœur à l'harmonie des choses et de les sentir, sans les raisonner; mais il est aussi des heures où cette nature, au lieu de nous prodiguer les enseignements de sa soumission, semble nous convier à la révolte par l'ironie d'une sérénité étalée avec trop de complaisance autour de nos troubles intimes. Elles ne nous disent pas simplement, ces feuilles baignées de lumière, ces chansons des oiseaux, ces corolles des fleurs : « Accepte le sort ! » Elles disent : « Abandonne-toi à l'instinct. Notre félicité fut à ce prix... » Et quand le devoir nous ordonne, au contraire, de dompter, d'étouffer cet instinct du libre bonheur, le ciel de mai, les joyeuses verdures, la clarté du jour, tout avive en nous le supplice de la passion combattue. Si Mme de Tillières, au sortir de son entretien avec Poyanne, avait espéré que cette promenade baignerait ses nerfs de tranquillité, comme elle s'était trompée! Le long des chemins ombragés des feuillages nouveaux, elle aperçut devant elle, au lieu des rêves pacifiés qui l'enveloppaient d'habitude, cette inévitable, cette cruelle idée : après cet entretien, elle devait absolument, irrémédiablement fermer sa porte à Casal. Elle le devait parce qu'elle l'avait promis, sans que Poyanne relevât sa promesse, il est vrai. Mais ne pas la relever, c'était l'accepter. Elle le devait, parce que les deux hommes, si elle n'agissait pas ainsi, se rencontreraient tôt ou tard chez elle, et la seule imagination du regard échangé entre eux à cette rencontre la faisait défaillir. Elle le devait enfin, parce qu'elle était la maîtresse de Poyanne, et qui voulait lui rester fidèle. Et voir Casal, elle ne pouvait plus s'y tromper à présent, c'était une déloyauté : — puisqu'elle l'aimait!.

Oui, elle l'aimait. Cette évidence, contre laquelle son malheureux esprit tourmenté luttait en vain depuis des jours, s'imposait à elle par la douleur presque folle que lui infligeait en ce moment la seule pensée de cette séparation nécessaire... Elle l'aimait! Comment cet amour n'avait-il pas été assez fort tout à l'heure pour lui inspirer le courage de se rendre libre en acceptant l'offre de Poyanne et en prononçant le « je ne vous aime plus » qu'il lui demandait ? Mais c'est qu'elle n'aurait pas pu dire sincèrement cette phrase de la rupture, puisque la sensation de la souffrance de cet amant, déjà trahi dans son cœur, était si puissante sur elle — puissante jusqu'à paralyser son amour nouveau et son élan vers le bonheur ! Quel désordre insensé de sa sensibilité la faisait à cet instant vivre à la fois par ces deux hommes ? Tout le courant de son être intime la portait vers l'un, mais il lui fallait, pour aller vers lui, marcher sur l'autre, et cela, elle ne le pouvait pas. Elle venait de subir, avec une force terrifiante, et qui lui avait permis de se comprendre enfin tout entière, la dictature de douleur exercée sur elle par celui à qui elle appartenait de par son libre choix depuis des années, — et cette dictature, jamais, non, jamais, elle ne la secouerait. Elle revoyait les yeux d'Henry, elle entendait sa voix. La pitié la brisait de nouveau à ce souvenir. Était-ce même la pitié ? Quand on plaint seulement quelqu'un, on demeure calme, ou du moins on a sa vie à soi à côté de cette souffrance qui vous demeure extérieure, au lieu que Juliette, au contact de cette agonie d'âme qu'elle avait vue dans le regard, sur le visage, sous les paroles de son amant, avait senti un mortel malaise s'insinuer dans l'être de son être, dans le cœur de son cœur.

L'énergie de l'existence personnelle s'était subitement tarie en elle, et pourtant elle aimait Raymond !... Elle le revoyait, lui aussi, avec ses prunelles claires, avec son sourire, avec sa noble physionomie, avec le charme qui émanait de son moindre geste, et dont elle s'était enivrée, sans s'en douter, minute par minute, depuis des semaines, au point que rompre avec lui pour toujours, c'était entrer dans le noir et le froid du tombeau. Elle l'aimait, de quel étrange, de quel maladif amour, et qui n'était pas capable d'abolir entièrement l'ancienne affection ? C'était de l'amour cependant. Si elle en avait douté, le trouble qui la possédait par cette après-midi de printemps l'en aurait trop avertie. A cette heure, elle se sentait de la tendresse plein l'âme, des larmes plein les yeux, un désir fou d'avoir Raymond là auprès d'elle, et qu'elle pût le regarder, s'appuyer à son bras, et que cela fût permis... La langueur tiède de l'atmosphère, l'arome que les fleurs invisibles répandaient dans la brise, la douceur du ciel de la divine saison, tout remuait chez elle ce songe du bonheur qui nous rend quelquefois si ravis, quelquefois si tristes par ces journées d'un azur clément, et elle évoquait tantôt Casal pour s'abandonner à ce songe, tantôt Poyanne pour y résister, désespérée du dualisme inexplicable, presque monstrueux, qui la déchirait. Elle s'attachait avec toute sa force à cette résolution de la fidélité quand même au premier amour, qui, chez les femmes d'une certaine race, est comme l'honneur et l'absolution de la faute. Contrairement à l'aphorisme du moraliste, il n'est pas rare qu'une femme n'ait eu dans toute sa vie qu'un amant. Il est rare qu'en en ayant eu deux, elle n'en ait pas plusieurs autres encore. C'est dans le passage de la passion unique à la seconde faiblesse que se fane, pour ne plus renaître, cette fleur de sa propre estime dont une créature fière a besoin comme de l'air qu'elle respire, comme du pain qui la nourrit.

— « Non, » se répétait Mme de Tillières, « je suis la femme d'Henry. Je me suis donnée à lui pour toute la vie. Même si j'étais indifférente à ses douleurs, je lui devrais, je me devrais de lui rester fidèle. Je ne suis pas responsable de mes sentiments. Je le suis de mes actes. Je veux être forte et je le serai... Je le veux..., » insistait-elle ; et elle tendait toute son énergie à dominer l'excessive détresse qui lui noyait soudain toute l'âme quand elle se reprenait à se dire, trouvant une dernière douceur à employer mentalement un prénom que sa bouche n'avait jamais prononcé :

— « Je ne verrai plus Raymond ! »

Après deux heures de cette promenade où elle essayait de tromper, par un mouvement physique, l'anxiété qui la dévorait, Juliette finit par remonter dans sa voiture, ayant du moins fixé sa pensée flottante sur une résolution positive. Elle ne s'était pas senti la force de dire elle-même à Casal qu'elle ne voulait plus, qu'elle ne pouvait plus le recevoir. Le consigner à la porte sans explication était un procédé inqualifiable et qu'il n'avait d'ailleurs pas mérité. Elle avait donc imaginé de demander à Gabrielle de Candale qu'elle voulût bien prier le jeune homme de ne plus venir rue Matignon, sous le simple prétexte que de mauvais propos de monde rapportés à Mme de Nançay avaient créé des difficultés entre Juliette et sa mère. Elle n'aperçut les inconvénients de cette ruse qu'après l'avoir exposée à son amie, chez laquelle elle se fit conduire au retour du Bois, et qui lui répondit, en secouant sa blonde tête :

— « Tu sais que je ferai ce que tu voudras, mais croira-t-il à cette raison ? »

— « Qu'il y croie ou non, » reprit Juliette, « il comprendra que je ne veux plus le recevoir et il est trop galant homme pour essayer de s'imposer. »

— « Il t'aime, » répondit Gabrielle.

— « Ne me dis pas cela, » interrompit nerveusement Mme de Tillières, « tu ne dois pas me le dire... »

— « Mais, ma douce, c'est pour te montrer qu'il peut vouloir une explication... »

— « Hé bien ! » reprit Juliette d'une voix sourde, « je serai toujours à temps de lui répéter ce qu'il saura déjà par toi... »

— « Es-tu sûre d'en avoir le courage ? » demanda la comtesse.

— « Ah ! » fit Juliette en cachant son visage dans ses mains, « tu vois que tu ne crois plus en moi, depuis que je t'ai tout avoué... Tu vois comme tu as cessé de m'estimer. »

— « Moi, » s'écria Mme de Candale en embrassant son amie, « je ne crois plus en toi ! J'ai cessé de t'estimer ! Mais je n'ai jamais compris combien je t'aime, avant cette journée d'hier... Si tu savais comme j'ai pensé à toi toute cette nuit, comme j'ai tremblé à l'idée de cette entrevue avec Poyanne, comme je t'attendais avec anxiété ?... Ne plus t'estimer ! Et de quoi ? De ce que ma fatale imprudence n'a pas deviné l'engagement secret qui te rendait si rebelle quand je te donnais ce nouvel ami ?... Car c'est moi qui te l'ai donné... Mais c'est vrai, à présent, j'ai peur... » Et elle ajoutait, voyant dans les yeux de Juliette une détresse infinie : « Non, ne m'écoute pas, je suis folle. Je te promets d'être adroite et de t'éviter cette visite... Il ne soupçonnera pas l'intimité à laquelle tu le sacrifies. Il ne sera donc pas jaloux. Il n'a pas la moindre idée de tes sentiments pour lui. Il n'osera pas enfreindre ta défense... Et, la semaine prochaine ou l'autre, nous partirons toutes deux pour Nançay ou pour Candale, veux-tu ? Je te soignerai comme une sœur. Je te gâterai. Je te guérirai. Mais, je t'en supplie, ne répète pas que je t'aime moins !... »

— « Que tu me fais du bien de me parler ainsi ! » Et, appuyant sa tête sur l'épaule de son amie, elle ajouta : « C'est la seule place au monde où je ne souffre pas. J'ai tant besoin que tu me dises que je ne suis pas un monstre... »

Ce soupir, échappé du plus profond d'une âme en proie aux plus obscurs, aux plus douloureux des troubles moraux, ceux dont nous avons honte, à la minute où nous en mourons, devait pour toujours rester dans le souvenir de Mme de Candale. Jamais plus elle ne laisserait tomber, fût-ce par étourderie, une seule phrase comme celle que son anxiété lui avait arrachée tout à l'heure, où Juliette pût deviner une défiance de son caractère. Mais la chère comtesse eut beau prodiguer les tendres consolations de sa sympathie à sa pauvre amie, elle avait trop montré d'un mot que cette dernière n'était plus absolument la même femme pour elle. Rien que dans la façon de prononcer le nom de Poyanne, dans l'effort visible que lui coûtaient ces deux syllabes, la pure et fière Gabrielle avait mis, à son insu, de quoi percer un cœur endolori auquel tout maintenant devait être blessure. Ses adorables gâteries furent impuissantes à détruire cette impression entièrement, de même qu'en multipliant les assurances sur l'issue heureuse de son ambassade auprès de Casal, elle n'arriva pas à supprimer l'effet de son premier cri : « Mais croira-t-il à cette raison ?... »

Au lieu de quitter la rue de Tilsitt, tranquillisée du moins sur l'exécution pratique du plan qu'elle avait combiné, Mme de Tillières rentra chez elle, plus remuée encore, et plus misérable ; et il lui fallut bien constater qu'une coupable espérance s'était déjà glissée dans son esprit malade, qui l'épouvanta comme un crime. Certes, elle avait été très sincère dans son projet de ne plus jamais recevoir Raymond, — très sincère dans sa démarche auprès de Gabrielle. Et pourtant, elle ne pouvait s'empêcher de souhaiter que la première idée de son amie fût réalisée et que le jeune homme tentât d'avoir avec elle un entretien définitif et direct. Par un détour étrange et qui lui donnait un remords affreux, elle éprouvait un besoin irrésistible, à l'heure de la séparation, d'être bien sûre qu'elle était aimée de lui. Inconséquence si naturelle à un cœur qui ne s'accepte pas tout entier ! N'en arrive-t-il pas ainsi chaque fois que nous quittons pour des motifs étrangers à l'amour : orgueil, intérêt ou noblesse, un être idolâtré ? Quel amant a pu sacrifier une maîtresse chérie, même à quelque impérieux devoir, et lui pardonner, si elle s'est consolée trop vite ? La vanité n'entre pas seule en jeu dans ce singulier sentiment. La passion s'y montre dans la franchise de son invincible égoïsme, et Juliette ne pouvait pas comprendre cela, qu'après sa visite chez Mme de Candale, elle se trouvait justement moins forte contre la passion, par suite d'un phénomène moral qui allait dorénavant dominer le cruel va-et-vient de son âme désemparée, et l'affoler de contradictions constantes. Partagée, comme elle était, entre deux sentiments incompatibles, il était inévitable qu'elle s'abandonnât toujours en imagination à celui des deux qu'elle immolait dans l'ordre des faits, d'autant plus qu'un des deux, celui qui l'attachait à Poyanne, était tout négatif et incapable de lui donner jamais aucune joie. Avec quels remords elle le constata, dans cette nuit qui suivit et dans la matinée du lendemain ! Elle n'avait pu supporter que cet homme souffrît pour elle. Pour lui épargner cette souffrance, elle avait résolu de tout lui dévouer d'elle-même, son corps et son âme, et maintenant qu'elle le voyait moins anxieux, elle n'avait plus de pensée que pour l'autre ! Etait-elle donc un monstre, comme elle l'avait crié à son amie dans une angoisse suprême ?

Ah ! cette matinée du lendemain, où, pour la première fois depuis si longtemps, elle se rendit au petit appartement de Passy pour s'y retrouver avec son amant, quel frisson d'inexprimable effroi elle devait en garder pour des jours et des jours! Qu'elle devait se revoir de fois arrivant devant la maison, entrant dans le logis paré de fleurs par le comte, comme s'il eût été un amoureux de vingt-cinq ans, — et le reste! C'était pourtant un drame bien banal que celui dont ces murs mystérieux furent le théâtre, et il se reproduit chaque soir dans des centaines d'alcôves conjugales où des femmes, ayant un amour caché au cœur, s'abandonnent par devoir à des maris que souvent elles haïssent d'une haine mortelle. Mais la plupart du temps, l'intérêt qui les pousse à ces abandons est si fort qu'il noie, chez elles, et cette haine et le dégoût et jusqu'à la tristesse. Il s'agit de faire accepter à ce mari une grossesse illégitime, d'endormir des soupçons jaloux, ou simplement de régler une note de modiste trop chargée. Que leur importe de prêter leur personne à des plaisirs qu'elles ne partagent point, lorsqu'elles ont la perspective, à côté, de bonheurs défendus, mais qui leur font d'avance oublier cette corvée des sens, hideuse quand elle n'est pas enivrante! Il en est pourtant, parmi ces femmes, qui, tout en aimant hors du mariage, ont voulu demeurer fidèles à la foi jurée, et qui n'ont pas cédé à cet amour. Elles ont mis leur orgueil à cacher leur cœur, même à celui qui l'a troublé. Et elles continuent d'être des épouses soumises avec ce dévorant cancer de la passion en train de ronger le plus profond de leur être. Celles-là, du moins, ces martyres de l'honneur et de l'amour, s'il s'en rencontre qui lisent ce récit d'une longue et cruelle tragédie intime, comprendront vraiment l'assaut de mélancolie dont Juliette fut la victime avant, pendant et après ce rendez-vous. Elle l'avait offert la première cependant, et elle en partit sans avoir même pu donner le change à celui qu'elle voulait rendre heureux, — à quel prix! Car le comte lui dit, au moment de se séparer, cette phrase qui entra dans ce cœur de femme tourmentée comme une lame aiguë :

— « Répète-moi qu'en venant ici, tu es venue pour toi et non pour moi. »

— « Pour moi, pour toi ? » dit-elle avec un sourire frémissant, « est-ce que je distingue ton bonheur du mien ? Quelle idée as-tu encore ? »

— « Ah! » fit-il, « c'est que ton regard est si triste! Je connais trop bien tes yeux. »

— « Ce sont les yeux d'une amie un peu malade! » reprit-elle en haussant ses fines épaules, avec cette grâce vaincue des êtres trop souffrants et qui ne peuvent plus lutter; « mais ce n'est rien. Quand vous reverrai-je ? Demain ? Voulez-vous venir à deux heures, rue Matignon ? »

— « Voilà qui est convenu, » dit Poyanne en l'attirant contre lui par un geste caressant, « vous avez raison. C'est moi qui suis un inquiet, un maniaque, un insensé... Si vous ne m'aimiez pas, seriez-vous ici ? Pardonnez-moi... »

— « Lui pardonner ? » songeait Juliette dans la voiture qui la ramenait chez elle quelques minutes plus tard. « Pauvre ami et si délicat ! Il faut que lui du moins ne doute jamais plus de moi. Je lui dois cela. Ma vie est à lui, tout entière. Devant ma conscience, je l'ai épousé... Comme j'ai de la peine à lui cacher ce que j'éprouve !... C'est qu'il m'aime... Comme il m'aime !... » Puis elle revenait malgré elle vers une autre image. Elle se rappelait Casal : « Lui aussi, il m'aime, ou croit m'aimer. Il croit... Dans quinze jours, il aura oublié ces quelques semaines d'une si douce intimité. Il reprendra sa vie de plaisir. Quand on prononcera mon nom devant lui, il se dira : Ah ! oui, cette petite Mme de Tillières, à qui j'ai commencé de faire la cour... Et puis sa mère m'a empêché de continuer... Allons, c'est fini, fini... Et mon beau rêve de prendre sur lui une bienfaisante influence, de le tirer de ses désordres, de le faire valoir tout ce qu'il vaut, d'empêcher qu'il ne tombe plus bas !... Du moins je lui aurai prouvé qu'il existe d'honnêtes femmes et qui ne se laissent pas dire ce qu'elles ne doivent pas entendre. Il a été si simple, si parfait avec moi !... D'honnêtes femmes ? mon Dieu, s'il savait... » Elle se sentit rougir sous son voile et dans son coin de fiacre clandestin à cette seule idée : « Non, je ne pourrais pas lui expliquer. Et pourtant, si Henry avait été libre, il n'y aurait pas un mot à prononcer contre moi, et ce que je fais me le prouve à moi-même !... Cela doit suffire... »

Elle se répétait ces phrases, une fois rentrée, et d'autres pareilles. Elle n'arrivait pas à vaincre l'espèce d'obsession qui maintenant la contraignait de penser à Casal dans un éclair de vision intense comme la réalité même. Ce ne sont pas les mêmes côtés de notre âme qui raisonnent et qui sentent, et Juliette eut beau se démontrer que, ses relations avec le jeune homme étant rompues pour toujours, elle devait l'oublier, toute sa force d'imagination ne fut plus occupée, à l'approche du moment où elle le savait appelé rue de Tilsitt, qu'à se représenter ses faits et gestes... « Midi. Il doit revenir du Bois et trouver la lettre de Gabrielle, s'il ne l'a pas eue ce matin. Il se demande ce qu'elle peut avoir à lui dire. Il croit peut-être qu'il s'agit de régler la partie de bateau arrêtée l'autre semaine, sur le yacht de son ami lord Herbert... » A l'évocation de ce projet évanoui, tout un décor d'eau bleue, de ciel clair, de collines vertes, se peignait dans la rêverie de Mme de Tillières, et les heures de lente et douce causerie dans cet uniforme mouvement du mince vapeur qui glisse avec le courant du fleuve.

— « A quoi penses-tu ? » lui demanda sa mère, assise en face d'elle, à la table du déjeuner. « Est-ce que tu as un chagrin ? »

— « Ma chère maman, quelle idée ! » répondit-elle en tressaillant, comme si les yeux clairs de la vieille femme lisaient jusqu'au fond de son cœur. Et vainement elle se força au sourire, à la conversation, à la gâterie envers cette mère trop perspicace et qui secoua sa tête blanchie tout en observant en silence combien le pauvre visage de sa chère fille avait changé. Il était comme réduit à présent, comme consumé. Quel malaise mystérieux avait battu ces paupières où se devinait l'insomnie, pâli ces joues où semblaient rester des traces de larmes ? Juliette nourrissait-elle en secret un sentiment malheureux ? Car de soupçonner son enfant d'une faute ou d'un remords, la noble, la pieuse Mme de Nançay en était incapable comme elle eût été incapable de se consoler si elle avait deviné la vérité; et cette confiance absolue de la mère était aussi une douleur pour Juliette, même à ce moment où tant de plaies saignaient en elle, et tout en se le reprochant, elle aspirait à la solitude. Car là, du moins, il lui était permis de s'abandonner au tourbillonnement de ses pensées. Ce matin surtout, ce lui fut un soulagement infini de redescendre dans son petit salon, et là, de nouveau, les yeux fixés sur la pendule, elle se reprit à ce dévorant calcul des minutes et des secondes par lequel nous nous associons de loin au moindre geste de ceux que nous aimons, faute de pouvoir être auprès d'eux, à vivre leur vie, à tout éprouver de leurs sensations :

— « Une heure et demie... Il est rue de Tilsitt, Gabrielle le reçoit en haut, dans cette pièce qui doit lui rappeler, à lui, tant d'heures si douces. Elles ne reviendront plus... Elle lui parle... Mon Dieu! pourvu qu'il ne s'imagine pas que j'ai eu peur de lui parler moi-même?... Non. Il croira que c'est simplement un signe d'indifférence. Hélas!... Mais le croira-t-il? Allons, qu'est-ce que cela me fait?... Il écoute. Qui sait? Tout n'était sans doute qu'un jeu pour lui, et ce que lui dit Gabrielle lui est bien égal. Mais non. Il m'aimait, et s'il ne me l'a jamais dit, c'était par respect... Quelle délicatesse dans ce cœur — malgré sa vie!... Que va-t-il devenir, maintenant?... Ah! que c'est dur!... »

Puis, après une de ces méditations inconscientes où tout notre être s'en va de nous dans celui d'un autre, et d'où nous nous réveillons comme d'un sommeil morbide, brusquement :

— « Deux heures et quart, » reprit-elle, « c'est fini. Pourvu que Gabrielle n'ait pas eu d'autres visites et qu'elle puisse sortir aussitôt pour venir tout me raconter... Mais on sonne... On va ouvrir... Ce ne peut être qu'elle... »

Mme de Tillières avait en effet pris la précaution de condamner sa porte pour tout le monde, excepté pour Mme de Candale. Ce lui fut donc une surprise, presque à s'évanouir, lorsque le valet de pied introduisit la personne dont elle avait perçu le coup de sonnette, à travers les murs, avec cette acuité maladive des sens propre aux périodes d'extrême tension nerveuse. Elle avait devant elle Casal lui-même. Elle s'était levée pour s'élancer au-devant de Gabrielle. Le saisissement que lui infligea la présence inattendue du jeune homme fut si violent qu'elle dut se rasseoir. Ses jambes se dérobaient sous elle. Malgré l'habitude qu'elle avait de se dominer et quel que fût son intérêt dans ce moment à dissimuler son trouble, elle se sentit pâlir, puis rougir, et sa voix s'arrêta dans sa gorge serrée. Ce lui fut une profonde douceur, dans cette émotion, de voir que Casal n'était pas lui-même moins ému qu'elle. Lui aussi, la démarche qu'il venait d'oser lui enlevait sa présence d'esprit pour ce début d'entretien. Visiblement, à cette entrée dans ce petit salon, il n'était ni le séducteur de sa propre légende, ni le viveur habitué aux adresses de la rouerie masculine, ni le fat gâté par ses retentissants et faciles succès, ni rien qu'un amoureux avec les spontanéités de la passion sincère. Si Juliette s'était jamais imaginé qu'il jouât la comédie avec elle, l'attitude qu'il gardait à cette seconde l'eût détrompée. Ce qu'il y a en effet de particulier dans l'amour vrai, et les femmes le savent d'instinct, c'est qu'il souffre de son triomphe, si ce triomphe coûte une douleur à celle qui en est la victime, et, au lieu d'avoir dans ses prunelles un éclair d'orgueil devant le bouleversement de la jeune femme, si favorable à une déclaration, ce Parisien rompu à toutes les expériences galantes laissait paraître lui-même le trouble d'un jeune homme qui a peur de sa propre audace — et qui craint de déplaire ou de blesser, plus encore qu'il n'espère réussir...

— « Pardonnez-moi, madame, » fit-il après un silence, « si je me suis permis de forcer votre porte en me servant du nom de Mme de Candale... J'arrive de chez elle et j'ai tenu à vous parler aussitôt... Peut-être ce que j'ai à vous dire est-il de nature, sinon à justifier, à expliquer du moins mon indiscrétion... Mais si vous désirez que je me retire et remettre cet entretien à tel moment qui vous conviendra, je suis prêt à vous obéir... »

Il parlait d'une voix soumise, presque avec timidité. Mme de Tillières, elle, avait eu le temps de se reprendre et la force de le regarder. Soit que cette attitude non jouée lui touchât le cœur, soit qu'elle voulût ne point paraître redouter cette conversation, soit enfin qu'elle cédât à cet attrait de la présence qui se montre au principe de toutes les faiblesses, quand on aime, elle n'agit pas comme elle aurait dû agir pour demeurer dans la logique de son parti pris. Il était si simple de répondre : « Gabrielle vous a dit tout ce que je vous dirais moi-même, » et d'ajouter un mot qui blâmât la visite de Casal de manière à en rendre le renouvellement impossible! Au lieu de cela, elle s'écoutait elle-même répliquer au jeune homme par cette petite phrase, si banale dans ses termes, si grosse de dangers à cet instant :

— « Mon Dieu, monsieur, j'avoue qu'après ce qu'a dû vous dire Mme de Candale, je ne vous attendais pas. Mais je n'ai aucune raison pour refuser de vous écouter et de vous répondre, s'il s'agit, comme je le pense, justement de la commission, un peu délicate, dont j'avais chargé Gabrielle... »

— « Oui, madame, » reprit le jeune homme en s'asseyant, et avec un accent devenu plus ferme. « Vous l'avez deviné, il s'agit de cela, et d'abord, permettez-moi de vous répéter la réponse que j'ai faite tout à l'heure à la comtesse. Vous n'avez, dois-je y insister? aucune résistance à craindre de ma part dès l'instant que vous exprimez un désir comme celui qu'elle m'a transmis... Je comprends les scrupules auxquels vous obéissez, et, si durs qu'ils puissent être pour moi, je les approuve. Je tiens à vous le répéter et à vous donner ma parole que cette visite sera la dernière, si vous persévérez dans votre décision après m'avoir entendu... Je n'aurais qu'un reproche à vous faire, si la faute n'en était évidemment à moi qui n'ai pas su vous faire apprécier le degré de mon respect, de mon culte pour vous. J'aurais aimé que vous me parliez vous-même, au lieu d'employer un tiers, même Mme de Candale. Vous m'auriez épargné mon indiscrétion de tout à l'heure, car je vous aurais dit aussitôt ce que je voulais vous dire depuis bien des jours déjà... »

— « Hé bien ! » reprit Juliette avec un sourire, « j'ai eu tort. » Elle voyait déjà, comme s'ils eussent été écrits sur les lèvres de Casal, les mots qu'il se préparait à prononcer; elle en avait à l'avance un frémissement dans tout son être; et, par un dernier effort, elle essayait de maintenir la causerie sur ce ton de demi-légèreté mondaine qui constitue, pour les femmes, la plus habile défense : « Oui, j'ai eu tort, mais, vous le voyez, j'étais, je suis encore bien souffrante... Cet entretien était pénible pour vous, et, pourquoi ne pas vous l'avouer ? pénible pour moi. Il y a des choses toujours dures à dire, surtout quand elles s'adressent à un homme qui ne les a pas méritées... Mais vous connaissez ma mère, vous lui avez été présenté ici. Vous savez combien elle est peu de ce temps, et vous devinez ce que deviennent pour elle les moindres rapports de la malveillance... Je n'ai pas le droit d'entrer en lutte avec elle. Vous comprenez cela aussi... Ne voyez donc là aucun grief personnel, et, dans six mois, dans un an, je vous recevrai de nouveau comme aujourd'hui, avec beaucoup, beaucoup d'estime et une très vraie sympathie. »

— « Tout cela est irréfutable, » répondit Raymond en inclinant la tête, « et encore une fois j'ai accepté cet arrêt... Seulement, voici ce que je tiens à y ajouter... En me parlant comme vous venez de le faire, vous vous êtes adressée au Casal officiel, au monsieur qui vous a été présenté voici deux mois, qui est en relation de visite avec vous, comme avec Mme de Candale, avec Mme d'Arcole et vingt autres... Tiendriez-vous exactement le même discours, si celui que vous traitez ainsi en simple connaissance venait vous dire : Depuis que je vous connais, madame, ma vie a changé absolument. Elle n'avait aucun but, elle en a un. Je me croyais fini, usé de cœur, incapable d'un sentiment profond. J'en éprouve un. J'acceptais de vieillir, comme tant de mes camarades, entre le club et le champ de courses, sans autre intérêt que de tuer les jours après les jours, à travers ce que l'on est convenu d'appeler le plaisir. Je vois aujourd'hui devant moi le plus sérieux, le plus haut, le plus passionné des intérêts... Je vous affirme que j'aurais mis des semaines et des semaines à vous parler de la sorte, si les choses n'en étaient pas arrivées à cette crise aiguë. Entre ce que j'étais, le soir où je me suis assis auprès de vous à la table de Mme de Candale, et ce que je suis maintenant, il y a un amour comme je n'en avais jamais ni senti ni imaginé, un amour fait de respect et de dévouement, autant que de passion, et voilà ce que j'ai voulu que vous sachiez, pour avoir le droit d'ajouter ceci : lorsque, dans six mois, vous me permettrez de revenir, si je vous apporte, après cette séparation, le même cœur rempli du même amour et si je viens vous demander d'accepter mon nom et de devenir ma femme, me répondrez-vous certainement: Non ? »

Dès la minute où le jeune homme avait commencé de parler, Mme de Tillières s'était bien attendue à ce qu'il lui dît : « Je vous aime ! » Et, comme on a vu, elle s'était préparée à recevoir cette déclaration un peu en badinant, quitte à s'indigner si Raymond s'exprimait en termes trop vifs. Elle avait espéré redevenir assez maîtresse d'elle-même pour se gouverner et ne lui laisser plus rien deviner de ses angoisses. Elle ne soupçonnait pas qu'il dût trouver au service de sa passion des paroles d'une si caressante délicatesse, ni surtout qu'il eût pu concevoir ce projet de mariage, si étrangement opposé à tout ce qu'elle connaissait de son

caractère et de son passé. Une pareille offre, énoncée en ces termes et par cet homme, constituait une preuve plus forte que toutes les protestations, en faveur du sentiment que Mme de Tillières avait su lui inspirer. Contre un aveu brûlant et qui révélât un désir de sa personne, elle eût, certes, trouvé l'énergie d'une révolte immédiate et qui l'eût sauvée. Contre des reproches et des exigences d'explication, n'eût-elle pas eu l'arme du léger persiflage et sa tenue officielle de femme du monde? Au contraire, une douceur infinie s'était insinuée dans son cœur malade à mesure que le discours de celui qu'elle aimait le lui révélait si tendre, si semblable à ce qu'elle n'avait même pas osé désirer. Elle sentit sa volonté se dissoudre en une défaillance déjà coupable, que traversa soudain, avec la rapidité d'un éclair illuminant un vaste paysage, le souvenir de Poyanne et de la matinée.
— Elle portait encore la robe de sa visite à Passy!
— Elle comprit, à la terreur que lui donna la double sensation de son attendrissement actuel et de ce rendez-vous si récent, qu'elle était perdue, si elle ne dressait pas une barrière infranchissable entre elle et celui qui possédait le pouvoir de la remuer de la sorte. Pourquoi ne se produisit-il pas alors en elle un mouvement d'entière franchise? Pourquoi n'avoua-t-elle pas à Casal qu'elle n'était pas libre? Que de malheurs eussent été

épargnés et à elle-même et à d'autres! Mais ces confessions-là, et qui parfois arrêtent à jamais l'espérance d'un homme, si épris soit-il, par la sublimité de leur loyal courage, les femmes ne les font guère qu'à ceux dont elles ne se soucient pas. A ceux qu'elles veulent décourager, mais sans cesser d'en être aimées, elles préfèrent cacher à tout prix leurs fautes. — Et, tout exceptionnelle qu'elle fût par tant de côtés de sa nature, Juliette obéit dans cette circonstance à la commune loi! — Elles excellent alors à inventer quelqu'une de ces imaginations romanesques qui les protègent en les auréolant; et celle-ci eut la force de répondre:

— « Vous voyez que je vous ai écouté jusqu'au bout, quoique j'eusse le droit et le devoir de vous arrêter dès les premiers mots... Je vous répondrai bien nettement. J'ai juré dans une circonstance solennelle que, si j'avais le malheur de devenir veuve, je ne me remarierais jamais... Ce serment, je l'ai prêté et je le tiendrai... »

Elle devait plus tard éprouver souvent le remords de ce mensonge qui sous-entendait le souvenir de son mari, car à qui pouvait-elle avoir fait un pareil serment et dans quelle circonstance, sinon à Roger de Tillières et lors du départ pour la campagne de 1870? Et cela n'était pas dans la manière de sa délicatesse habituelle de mêler un tel souvenir à un tel entretien. Mais elle n'avait pas le choix parmi les moyens : il s'agissait avant tout pour elle de ne pas mettre Casal sur la piste de sa liaison avec Poyanne. C'était le plus redoutable des dangers dans la situation si fausse où elle s'était engagée. Sur le moment, d'ailleurs, elle n'eut pas le temps d'avoir ce remords, car elle put voir, tandis qu'elle parlait, la physionomie de celui dont elle brisait ainsi toute l'espérance se décomposer. Le jeune homme était venu rue Matignon avec la certitude, grandie chaque jour depuis ces deux mois, qu'il était aimé. Il n'avait pas douté du prétexte de rupture transmis par Mme de Candale, et il avait été lui-même d'une entière bonne foi en disant à Mme de Tillières ce qu'il lui avait dit. Toute la conduite de Juliette à son égard lui paraissait dominée par ces deux faits : le premier, qu'elle s'intéressait à lui avec passion ; le second, qu'elle combattait cette passion à cause de la défiance éveillée en elle par d'Avançon, dès le lendemain de leur rencontre, — défiance sans doute augmentée par de méchants propos. Il n'avait pas supposé qu'elle répondrait nettement à sa demande, mais il s'attendait à une phrase qui, dans sa crise de sentimentalisme exalté, lui suffirait pour supporter l'absence et l'exil : « Revenez dans six mois et alors seulement je vous parlerai... » Il avait déjà escompté l'occupation de ces six mois qu'il se proposait de passer de nouveau sur mer avec

Herbert Bohun. Il était si sûr de rentrer avec le même amour au cœur, les mêmes paroles aux lèvres, et si sûr aussi qu'avec sa nature Juliette n'aurait pas changé d'ici là! Par un phénomène fréquent chez les grands mépriseurs de femmes lorsqu'ils se laissent prendre au charme d'une d'entre elles, il mettait Mme de Tillières très à part de tout ce que lui avait appris son expérience, et il croyait d'elle, par instinct, ce qu'il niait le plus habituellement des autres. Aussi n'éprouva-t-il pas un doute d'une seconde devant la révélation inattendue du romanesque et mystérieux engagement qui ruinait du coup l'échafaudage d'illusions construit dans son rêve. Comme il se fût moqué autrefois d'un camarade qui eût admis ainsi sans hésiter une histoire de cette simplicité d'invention! Mais, après tout, croire à cette histoire n'était pas pour lui plus extraordinaire que ce rêve de mariage. Il disait vrai. Cette idée d'épouser Mme de Tillières avait germé en lui depuis des jours et des jours. Elle était née de la conviction que cette femme n'avait jamais eu, n'aurait jamais, ne pouvait pas avoir d'amant; puis, de cette autre conviction que lui, Raymond, n'avait non plus jamais éprouvé, n'éprouverait jamais ce qu'il éprouvait auprès d'elle. Pourtant, et malgré la vivacité des sentiments qu'il portait à Juliette, il conservait, de tant d'intrigues, ce tact particulier qui fait qu'un homme comprend à quelle minute il doit insister ou bien avoir l'air de céder. Il eut la finesse d'apercevoir combien Mme de Tillières était troublée, mais aussi que ce trouble se changerait vite en révolte s'il essayait de lutter contre elle. S'il se dérobait, au contraire, il se ménageait un retour possible; et il avait la chance de renouer la conversation sur un autre terrain, au cas où, dans sa phrase d'adieu, elle relèverait, elle, un mot quelconque. Ce ne fut pas, il convient de lui rendre cet hommage, un calcul aussi lucide. Il était lui-même trop bouleversé pour raisonner avec cette précision. Mais les hommes très habitués aux aventures et qui ont beaucoup réfléchi sur l'amour ressemblent à ces soldats bien exercés, qui font la manœuvre savamment même sous le feu de l'ennemi.

— « Alors, madame, » dit-il en se levant, « puisqu'il en est ainsi, il ne me reste plus qu'à prendre congé de vous pour toujours. Je sais ce qui me reste à faire... »

Elle s'était levée aussi. Ses malheureux nerfs étaient si émus et sa pensée si tendue qu'elle entrevit derrière les paroles du jeune homme une résolution funeste, et involontairement :

— « Quoi ? » s'écria-t-elle. « Vous ne partirez pas d'ici sans m'avoir juré... »

— « Que je ne me tuerai pas, » répondit Casal avec une nuance d'ironie. « Vous venez d'en avoir la pensée... Non, n'ayez pas peur d'avoir ma mort sur la conscience... J'ai voulu simplement dire qu'il ne me reste plus qu'à reprendre mon existence d'autrefois. Elle ne m'amusait guère, elle m'amusera moins encore, mais elle m'aidera à vous oublier... Permettez-moi pourtant un dernier conseil, » ajouta-t-il, en la fixant avec des yeux devenus durs. « Ne jouez plus jamais avec un cœur d'homme, même si l'on vous a dit beaucoup de mal de cet homme; cela n'est pas loyal d'abord, et puis vous risqueriez de tomber sur quelqu'un qui aurait l'idée de se venger le jour où il s'en apercevrait... Je vous l'affirme, tout le monde ne me vaut pas, quoi que pensent de moi vos amis. »

— « Moi! » dit-elle, « j'ai joué avec vous!... » Et elle répéta, d'une voix plus basse : « J'ai joué avec vous! Ah! vous ne le croyez pas... Vous ne pouvez pas le croire... »

Elle s'était approchée de lui en prononçant ces mots. Voyant ce mouvement, il lui prit la main, qu'elle ne retira pas. Elle était brûlante de fièvre, cette petite main qu'il serra d'une pression lente. Il attira Juliette vers lui, sans qu'elle se défendît. Elle était à bout de ses forces, et, au moment de se séparer de lui pour toujours, son courage la trahissait. Il lui parlait maintenant d'une voix pénétrante et passionnée :

— « Hé bien! non, » osait-il lui murmurer,

« non, vous ne vous êtes pas jouée de moi; oui, vous avez été sincère depuis le premier jour jusqu'à celui d'aujourd'hui; non, vous n'avez pas été, vous n'êtes pas une coquette. Et puisque vous n'avez pas joué avec moi, savez-vous ce que cela signifie?... Ah! laissez-moi vous le dire, orgueilleuse que vous êtes et qui voulez lutter contre l'évidence, c'est que vous avez deviné mon sentiment, c'est qu'il vous touchait, que vous le partagez, c'est que vous m'aimez... Ne me répondez pas. Vous m'aimez. Je l'ai senti si souvent depuis ces dernières semaines, et tout à l'heure encore en entrant. A cette seconde je le sens de nouveau si vivement après en avoir douté... Pardonnez-le-moi... Et puis taisez-vous... Laissez-moi vous le répéter, nous nous aimons. Je comprends bien à qui et dans quel moment vous avez juré de ne pas vous marier, mais que peuvent contre la passion des promesses d'enfant, que l'on n'a le droit ni de donner ni d'exiger, puisque l'on n'a pas le droit de jurer que l'on ne vivra plus, que l'on ne respirera plus, que l'on fermera son âme pour jamais à la lumière, au ciel, à l'amour. »

Ces phrases, dans le goût de celles que tous les amants ont soupirées dans des heures pareilles et qui ne sont banales que parce qu'elles traduisent quelque chose d'immortellement vrai, l'élan instinctif vers le bonheur, — Raymond les disait, le visage tout près de celui de Juliette. Il l'attira plus près encore, et il sentit la tête de la jeune femme s'abandonner sur son épaule. Il se pencha pour lui prendre un baiser. Il en fut empêché par la peur... Elle avait fermé les yeux et elle était blanche comme une morte. L'excès de l'émotion venait de la faire s'évanouir. Il la souleva entre ses bras, et il la porta sur la chaise longue, épouvanté de sa pâleur et cherchant des sels. Cinq minutes s'écoulèrent ainsi pour lui dans une horrible angoisse. Enfin, elle rouvrit les paupières, elle passa les mains sur son front, et, voyant Casal à ses genoux, la mémoire lui revint, foudroyante. La conscience de sa situation la saisit avec une violence presque folle, et s'éloignant de lui avec terreur :

— « Allez-vous-en, » dit-elle, « allez-vous-en. J'ai votre parole de m'obéir... Ah! vous me tuez... »

Il voulut parler, lui reprendre les mains; elle répéta :

— « J'ai votre parole, allez-vous-en. »

Il n'avait même pas eu le temps de répondre, qu'elle avait pressé sur le timbre de la sonnette électrique qui traînait sur la table, parmi les bibelots. Devant ce geste, le jeune homme dut se relever. Un domestique entra :

— « Excusez-moi, monsieur, » dit Mme de

Tillières, « si je suis trop souffrante et forcée de vous quitter... François, quand vous aurez reconduit M. Casal, vous ferez descendre ma femme de chambre. Je me sens bien mal... »

IX

CASAL JALOUX

ON s'est souvent moqué des hommes qui prétendent avoir l'expérience des femmes, en montrant qu'un jour se rencontre dans leur vie inévitablement où cette expérience ne leur sert de rien. Elle n'empêche pas en effet que l'illusion symbolisée dans la légende païenne par le classique bandeau de l'Amour ne s'interpose tôt ou tard entre les plus désabusés et la réalité, aussitôt que le cœur est pris, et l'on voit Don Juan se conduire avec autant de naïveté que Fortunio, et un Casal demander en mariage avec une timidité folle une femme qui est depuis des années la maîtresse d'un autre. Peut-être faut-il reconnaître dans ce phénomène singulier une preuve de plus à l'appui de la thèse qui assimile l'amour à une suggestion. L'hypnotiseur met un livre dans la main du sujet endormi. Il lui dit: « Respirez cette rose, » et l'hypnotisé approche le volume de son visage, sur lequel se trahit la félicité d'un promeneur qui a cueilli une belle fleur et qui en savoure avec gourmandise le caressant arome... La femme que nous aimons nous raconte les plus romanesques, les plus étranges histoires; et, de sa bouche idolâtrée, nous acceptons comme vrais, presque avec religion, des récits qui, venant de n'importe quelle autre, nous feraient hausser les épaules. L'analogie est même d'autant plus frappante que cet état d'illusion se dissipe le plus souvent en une seconde, comme le sommeil hypnotique. Un souffle sur les paupières, et voilà le dormeur réveillé. Un événement presque insignifiant, mais qui touche à la place juste, et voilà le crédule amoureux en réaction contre sa confiance, avec une force de scepticisme proportionnée à cette confiance même. Pas une minute, durant la scène où il s'était enfin décidé à se déclarer, Casal n'avait mis en doute la véracité de Mme de Tillières. Il avait cru à l'observation faite par la mère. Il avait cru au mystérieux serment de ne jamais se remarier. Juliette eût imaginé de lui servir bien d'autres prétextes et plus invraisemblables, afin de prévenir tout conflit entre Poyanne et lui, que cet ancien amant de Mme de Corcieux, de Christine Anroux et de cinquante autres, n'aurait même pas eu l'ombre de l'ombre d'une défiance. Le magnétisme émané de la jeune femme le dominait à ce point que ni dans l'après-midi qui suivit cette scène, ni le lendemain, ni le surlendemain, il ne put, lui si ferme d'ordinaire et si lucide, s'arrêter à un projet. Il avait retiré de cette visite la double évidence que Juliette l'aimait et qu'elle ne voulait plus le recevoir, et il ne pensait pas à se servir de la première de ces deux certitudes pour tenter la lutte contre une résolution devant laquelle il s'inclinait — comme un collégien en vacances devant les prétendus remords d'une tante qui lui a savamment tourné la tête. Enfin il aimait, lui aussi, et pour la première fois. Le réveil devait être encore plus terrible.

Il y avait donc trois jours que le jeune homme s'était retrouvé sur le pavé de la rue Matignon, après avoir tenu Juliette évanouie entre ses bras, sans même appuyer sur ses lèvres pâlies par la fièvre le baiser pour lequel il s'était penché sur elle, — trois jours qui avaient passé pour lui, dans la dévorante anxiété des désirs contradictoires, à esquisser des brouillons de lettres aussitôt raturées, et à les déchirer en se raisonnant :

— « Si j'essaie de m'imposer à elle, qu'arrivera-t-il ? Qu'elle me jugera mal, et voilà tout... »

Il existe comme un code tacite du gentleman, et qui domine, dans une certaine classe sociale, toutes les relations d'homme et de femme. Ce code impose ses prescriptions à l'amoureux qui n'a rien obtenu et qui, par conséquent, semblerait-il, n'a aucun devoir, comme à l'amant qui paraît avoir tous les droits. De même que le second, fût-il indignement trahi, doit se taire et ne pas se venger, le premier doit, s'il est éconduit, ne pas troubler de ses importunités la vie de celle qui ne veut plus le recevoir. Si injuste que soit, au regard de la passion, ce règlement conventionnel établi tout entier au profit de la femme, un homme s'y soumet toujours lorsqu'il tient d'abord à l'estime de celle qu'il aime ; et, quelque douleur que lui infligeât cette absolue mesure, vraisemblablement Casal aurait continué, pendant des semaines, de souffrir ainsi à l'écart et sans pouvoir agir, si un petit fait n'était survenu, qui produisit sur lui cette brusque impression du souffle capable de briser le charme du magnétisme lorsqu'il passe sur les yeux de l'hypnotisé. — Oh ! un très petit fait et très simple et presque insignifiant, mais y a-t-il quelque chose d'insignifiant pour un cœur que le regret consume ? — Il pouvait être deux heures de l'après-midi, et Raymond, qui avait accepté à déjeuner avec Mosé, au Café Anglais, — un déjeuner offert à un prince étranger de passage à Paris, — s'en revenait seul à pied. Il s'était rendu à l'invitation de l'insidieux personnage, pour n'être pas seul avec ses pensées, et il s'était en allé, sous un prétexte quelconque, afin de les retrouver, ces maudites pensées. Les amants malheureux sont ainsi. Ils fuient leur peine et l'oubli de leur peine avec une égale impuissance à se supporter malades ou guéris. Le jeune homme, — ô décadence d'un prince des viveurs transformé en soupirant éconduit ! — suivait le trottoir de la rue de la Paix, et pourquoi ? pour fouiller du regard tour à tour les voitures et les boutiques avec l'inavouée, l'enfantine espérance d'apercevoir au passage la femme à laquelle il songeait uniquement... Son cœur bat plus vite, il vient de reconnaître le cheval bai brun, le cocher et le valet de pied de Juliette, ce même valet de pied qui l'a reconduit lors de sa dernière visite. Le coupé débouche de la rue des Capucines. Un embarras de voitures permet à Casal de se hâter et d'arriver sur le trottoir, de manière que Mme de Tillières ne puisse pas esquiver son salut. Qui sait ? De le voir guettant ainsi sur cet angle du trottoir la touchera peut-être, et, pour lui, de la regarder, ne fût-ce qu'une demi-minute, sera encore un bonheur, et voici qu'à l'étroite fenêtre, au lieu du profil délicat de Juliette, de ses beaux yeux d'un bleu sombre et tendre, de sa pâle et fine joue, il reconnaît le visage ridé, les prunelles sévères, les cheveux blancs de Mme de Nançay, de cette mère soupçonneuse qui lui a fermé la porte du petit salon de la rue Matignon. La vieille dame le reconnaît aussi, et il la voit avec stupeur répondre à son salut, maintenant inévitable, par la plus gracieuse inclinaison de tête, un sourire amical de ces yeux graves et de cette bouche si volontiers triste. Un Parisien ne se trompe pas à l'éloquence de ces riens où une femme jeune ou âgée sait empreindre toute sa sympathie ou son antipathie, toute son indifférence ou toute sa rancune, — mille nuances. Les quelques fois où Casal avait rencontré Mme de Nançay, il lui avait plu infiniment, soit qu'elle eût été sensible à l'empressement discret du jeune homme, soit qu'une divination instinctive lui eût fait deviner la jolie qualité de l'affection vouée par Raymond à Mme de Tillières, soit enfin que, renseignée par Mme de Candale, et en dépit des racontars de d'Avançon, elle eût vu en lui pour sa fille un mari possible. Mais pour Raymond qui en était resté au récit de la prévention contre lui de cette mère inquiète, la visible bienveillance de ce salut échangé au passage devait être inexplicable. Le contraste était trop fort entre ce que lui avaient dit Mme de Candale d'abord, puis Juliette, pour qu'un homme de son bon sens ne s'en étonnât point :

— « Voilà qui est bien étrange, » songea-t-il,

« et pourquoi me salue-t-elle avec cette amabilité, après avoir exigé, comme elle l'a fait, que l'on me consignât à la porte de la rue Matignon?... Si c'est de l'hypocrisie, elle est bien inutile... Je n'ai cependant pas été la dupe d'une fantasmagorie : — elle était là tout à l'heure, encore plus avenante de physionomie qu'il y a quinze jours lorsque je l'ai rencontrée chez Mme de Tillières pour la dernière fois... Ça n'a pas de sens... »

Il passait la porte du cercle des Mirlitons au moment où il se prononçait en esprit cette phrase qu'il accompagna malgré lui d'un hochement d'épaules. Il monta droit à la salle d'armes, décidé, — car, même dans son désarroi moral actuel, il suivait ses anciens principes d'entraînement continuel, — à se briser l'âme en brisant en lui la bête à force d'exercices. Mais il eut beau se livrer avec fureur à son sport préféré, et boutonner ses adversaires, les uns après les autres, aussi durement que s'ils eussent été ses rivaux auprès de Juliette, il ne put échapper aux réflexions qu'enveloppait sa surprise de tout à l'heure. Il y a dans le dévidement logique des idées une force qui travaille en nous, à notre insu, et nous demeurons confondus, parfois, de nous retrouver, sans nous être doutés du chemin parcouru, à une telle distance du point de départ. Le « ça n'a pas de sens » d'avant la séance d'escrime s'était résolu, quand Raymond franchit de nouveau la porte du cercle pour rentrer rue de Lisbonne, dans le petit monologue suivant:

— « Il n'y a pas à dire : mon bel ami... Mme de Nançay n'a rien contre moi, absolument rien. Voilà qui est évident d'après ce salut. D'ailleurs, où avais-je l'esprit pour admettre qu'une mère prudente, et qui sait la vie, demande à sa fille de ne plus recevoir du tout un monsieur compromettant ? Comme si un pareil changement d'habitudes ne compromettait pas davantage une jeune femme, aux yeux des amis qui viennent dans la maison, et aux yeux de ses gens ?... Mais alors cette discussion avec la vieille dame n'aurait été qu'un prétexte ?... Mme de Tillières aurait imaginé ce moyen de ne plus me voir ?... Cette habileté-là ne lui ressemble pas, elle si droite, si simple, si vraie, à moins que ?... »

Il hésita quelques minutes devant l'hypothèse nouvelle qui surgissait devant lui. Elle lui était horriblement douloureuse, parce qu'elle impliquait que Juliette lui avait menti, et quand une femme vous a menti sur un point, il n'y a pas de raison pour qu'elle ne vous ait pas menti sur d'autres. Dans la magnifique et définitive étude que Shakespeare nous a donnée de la jalousie en composant *Othello*, cet analyste incomparable n'a pas négligé de marquer cette influence de l'analogic sur le soupçon. La première goutte du virus est inoculée dans le cœur du Maure par cette phrase de Brabantio : « Elle a trompé son père. Elle pourrait bien te tromper..., » et Yago insiste : « Elle a trompé son père, en vous épousant... » Tous les hommes qui aiment savent cela : que la première défiance marque le passage d'une frontière impossible à repasser. Aussi une sorte d'instinct presque animal les pousse-t-il souvent à ne pas vouloir constater le premier mensonge. Ils préfèrent ignorer, avec le vague, l'inexprimé sentiment au fond du cœur, qu'il y a quelque chose à savoir. Casal, lui, possédait un esprit trop viril pour ne pas préférer la vérité la plus amère à l'illusion la plus douce, et il continua son raisonnement :

— « A moins que ?... Hé bien ! Pourquoi pas ? A moins qu'elle ne m'ait roulé — tout simplement... De plus forts que moi ont été mis dedans par des femmes qui n'avaient ni ces yeux, ni ce sourire, ni cette voix, ni ces manières... D'ailleurs, c'est tout naturel qu'elle m'ait menti, puisqu'elle voulait ne plus me revoir et que je ne lui fournissais aucun motif... Mais pourquoi ne plus me recevoir ? A cause de ce serment ? Un serment fait à son mari avant le départ pour la guerre ?... Ça n'a pas beaucoup de sens non plus, cette histoire-là. Quand j'ai commencé de lui faire la cour, elle s'en est parfaitement aperçue. Je ne pouvais vouloir d'elle que deux choses :

ou devenir son amant ou l'épouser... Son amant ? Non, elle ne l'a pas cru, elle m'aurait fermé sa porte tout de suite, puisqu'elle est décidée à ne pas être ma maîtresse. Son procédé actuel prouve du moins cela d'une façon irréfutable. Elle devait donc prévoir que je lui demanderais sa main, un jour ou l'autre. Le serment existait déjà, — s'il existe, — et elle me laissait aller... S'il existe ?... Et s'il n'existe pas, si c'est un prétexte comme la discussion avec la mère ? Alors qu'y a-t-il au fond de cette soudaine rupture ?... Voyons, monsieur Casal, vous aurait-on fait poser comme un simple tompin ? »

Cette reprise d'un terme du vocabulaire le plus trivial, dans une phrase de ce discours intérieur et à propos de Juliette, marquait la rentrée en scène du Casal d'avant les visites à la rue Matignon, — de ce Casal qui se demandait, en quittant l'hôtel de Candale : « Avec qui peut bien être cette petite femme ? » — et c'était aussi la disparition, pour toujours sans doute, du Raymond sentimental, qui, depuis plusieurs semaines, chantait la romance à Madame avec des innocences de Chérubin attendri! Le petit souffle avait passé sur les yeux de l'hypnotisé. Cette crise de premier désenchantement fut si dure qu'il lui fallut, le soir, s'abolir à coup d'alcool pour se supporter, et, à minuit, lord Herbert et lui étaient à peine capables de penser ou de parler, tant ils avaient « chargé, » — comme disait l'Anglais dans ses métaphores de yachtman. Il n'y avait pas de meilleur compagnon que Bohun pour des parties de ce genre, étant de ces ivrognes taciturnes qui s'intoxiquent méthodiquement et continuent à se tenir raides, comme des soldats en parade. Casal ne risquait pas de verser avec lui dans la confidence. Dans ces moments-là, l'Anglais n'écoutait ni ne répondait. Quelle vision regardait-il avec ses yeux bleus de fils des rois de la mer ? Comment était-il arrivé à systématiser sa passion pour le whisky, au point de pouvoir compter les nuits de tout cet hiver, où il était rentré lucide ? La seule personne qu'il aimât au monde était Casal, — pourquoi encore ? Était-il vraisemblable que ce goût de l'ivresse et cette amitié tinssent à la même cause ? Herbert avait, dans sa jeunesse, été l'amant d'une femme qui le trompait avec tout Paris et dont Casal, en effet, n'avait pas voulu à cause de son camarade. Ce dernier le savait-il ? Jamais il ne s'était expliqué là-dessus. Il est certain d'autre part qu'à travers les apparentes stupeurs de son ivresse il gardait assez de lucidité pour deviner tout ce qui se passait dans la tête de son unique ami. Car, au moment de le quitter, il lui serra la main en lui disant, d'une façon très particulière, le mot du poète de son pays : « *She was false as water...* » Et ce « fausse comme l'eau » représentait dans sa bouche une injure fort énergique, étant donné l'opinion qu'il professait sur ce liquide. — Il se vantait de n'en jamais consommer que pour son *tub*. — Il est certain aussi que le conseil de défiance formulé de la sorte par son compagnon d'orgie répondait trop bien aux idées douloureuses qui continuaient de hanter Raymond, car il eut besoin d'un suprême effort de volonté pour ne pas se laisser aller à cet attendrissement de la boisson, qui a déterminé tant d'irréparables aveux.

— « Herbert a raison, » songeait-il le lendemain matin, à cheval, poussant Téméraire dans les allées les plus désertes du Bois, sous un ciel gris et qui achevait de torturer ses nerfs déjà irrités par l'alcool de la veille : « Les meilleures ne valent rien... Celle-là pourtant, une hypocrite!... Hé oui, puisqu'elle m'a vraisemblablement menti sur deux points... Derrière cette rupture il y a autre chose... Mais quoi?... »

Il ne voulait pas faire la réponse ni se prononcer nettement à lui-même le mot qui lui dévorait le cœur. Il entrevoyait que l'influence d'un autre homme expliquait seule la soudaine énergie de Juliette à son égard, et il ne supportait pas de l'entrevoir. Cette tempête intérieure eut pour résultat, d'abord, que le pauvre Téméraire fut ramené à l'écurie, couvert d'écume et brisé par une course forcée, — pour le plus grand désespoir du groom préposé à son entretien, — et puis, que Casal lui-même se dirigeait de nouveau, à deux heures, vers la rue Matignon. Pourquoi? Il savait d'avance que Mme de Tillières l'aurait, suivant toutes les probabilités, consigné définitivement à sa porte, mais il éprouvait l'impérieux besoin de s'en assurer. Il calculait aussi qu'il y avait une chance contre mille pour qu'elle n'eût pas osé donner cet ordre. Dans ce cas-là, il la verrait, et, cette fois, il lui arracherait l'aveu du vrai motif qui avait si subitement déterminé cette volte-face dans leurs relations. Il reconnut, avec une émotion mêlée de la plus cuisante anxiété, le coin de cette rue, le long mur du jardin qui la borde sur un côté, la face de la maison. Il entra sans parler au concierge, et marcha tout droit vers le perron protégé par la petite guérite vitrée. La force du désir était si vive en lui, — et nous sommes toujours si près de croire à ce que nous désirons fortement, — que ce lui fut une déception lorsque le valet de pied lui répondit, avec une physionomie inscrutable :

— « Madame la marquise n'est pas chez elle... »

— « Je devais m'y attendre, » se dit Casal, « et ce n'est pas fier d'être venu me faire dire cela... »

Il s'en allait sur cette pensée, du pas mélancolique d'un homme qui n'a aucun but devant lui, lorsque, en fouillant la rue de cet œil aiguisé qui fonctionne quasi mécaniquement chez les chasseurs, les pêcheurs et les escrimeurs, tous gens dressés à une observation continuelle du détail des choses autour d'eux et devant eux, il aperçut, marchant en sens inverse, sur l'autre trottoir, quelqu'un qu'il ne reconnut pas bien d'abord, et avec lequel il échangea un coup de chapeau presque hésitant.

— « Parbleu, » se souvint-il tout d'un coup, « c'est le comte Henry de Poyanne... C'est juste... Il est lié avec Mme de Tillières... Je me rappelle avoir entendu Mme de Candale ou Juliette, je ne sais plus, dire qu'il revenait ces jours-ci... Il va peut-être chez elle... Je verrai bien s'il est reçu... S'il l'est, je ne pourrai plus douter que la porte me soit fermée... »

Il se retourna pour suivre des yeux celui dans lequel il ne soupçonnait pas encore un rival, et il vit que Poyanne, arrêté sur le seuil de la maison de Mme de Tillières, s'était, lui aussi, retourné, pour le suivre également des yeux. Les deux hommes demeurèrent quelques secondes, immobiles, à se dévisager. Puis le comte poussa le battant de la porte et ne reparut plus.

— « Allons, » pensa Casal, « ça y est... Elle le reçoit et elle ne me reçoit pas... Mais pourquoi diable a-t-il fait ainsi attention à moi ? Au temps où nous nous voyions chez Pauline de Corcieux, à peine si nous nous adressions la parole et si j'avais l'air d'exister pour lui, tandis que maintenant... Mme de Tillières lui aurait-elle raconté qu'elle m'a consigné ? Dans quels termes sont-ils ? C'est le seul de ses amis que je n'aie pas vu avec elle... Nous en avons parlé. Dans quelles circonstances ?... »

Il se souvint alors tout d'un coup, et avec une exactitude extrême, d'une petite scène qui, sur le moment, avait passé pour lui inaperçue; — mais cette rencontre à cette porte la fit ressusciter soudain dans le champ de sa vision intérieure, comme si elle eût daté de la veille. C'était chez Mme de Candale. Juliette se montrait gaie et rieuse. La comtesse avait par hasard prononcé le nom du grand orateur monarchiste, et Casal s'était mis à le plaisanter. Avec son tact habituel, il avait tout de suite senti qu'il faisait fausse route, car les deux amies n'avaient pas relevé un seul de ses mots et les sourcils de Mme de Tillières s'étaient subitement froncés. Puis la causerie avait changé et la jeune femme ne s'y était plus mêlée que distraitement. Casal se rappela encore ce détail. Quel rapport pouvait bien rattacher ses préoccupations d'aujourd'hui à son impression d'alors? Il ne s'en rendait pas compte, mais l'image de cet homme debout sur la porte de Juliette et qui l'accompagnait, lui, l'évincé, de son regard, lui resta présente toute l'après-midi qu'il passa au jeu de paume des Tuileries. Là, ayant rencontré le jeune marquis de La Môle, député de la droite comme le comte Henry, il lui demanda :

— « Tu connais Poyanne, toi, Norbert ? »

— « Beaucoup. Pourquoi cela ? »

— « Parce que je dois dîner avec lui un de ces jours. Quel homme est-ce ? »

— « Du talent, mais..., » et le jeune marquis fit avec sa raquette le geste d'un barbier qui vous rase le visage..., « dans les grands prix... »

— « Et sous le rapport des femmes ?... »

— « Un prédestiné... Tu sais que la sienne l'a lâché et qu'elle vit à Florence avec un des Bonnivet, m'a-t-on dit... Quant à lui, nous ne lui connaissons pas de maîtresse... Pourtant, » ajouta-t-il en riant, « j'ai bien cru autrefois que Mme de Candale en tenait pour lui... Elle était là, dans la tribune, toutes les fois qu'il devait parler, avec une de ses amies que l'on voit quelquefois dans sa baignoire, à l'Opéra, une blonde, un peu fade, d'assez beaux yeux. Tu ne saisis pas ?... »

— « Pas du tout, » répondit Raymond qui venait de reconnaître Mme de Tillières à ce signalement rapide. « Mais, » ajouta-t-il, « c'est justement chez Mme de Candale que nous devons où devions dîner. Il était absent, et tout a été remis... »

— « Il est revenu il y a quatre ou cinq jours, » reprit La Môle, « nous sommes de la commission de l'armée ensemble... Il est allé dans le Doubs faire une campagne qui n'a pas réussi... »

Ce bout de dialogue entre ces deux artistes dans l'art de couper la balle fut interrompu par la reprise d'une partie où Raymond commit fautes sur fautes. Il venait d'apercevoir nettement une piste nouvelle de douloureux soupçons, et il sentait qu'il allait lui être impossible de ne pas s'y engager aussitôt. Il se produit dans tout homme chez qui s'éveille la défiance un phénomène d'hyperacuité des sens analogue à cet instinct du sauvage en guerre à qui n'échappe ni le froissement d'une herbe, ni le bris d'une branche, ni un fil accroché à un buisson, ni un caillou déplacé par un pied hâtif. Que celui-ci avait marché vite, conduit ainsi de petits signes en petits signes sur le fatal chemin! La rencontre avec Mme de Nançay l'avait fait douter du prétexte imaginé par Juliette. Ce doute sur ce premier point l'avait amené au doute sur le mystérieux serment, et il en était à suspecter tout le caractère de celle en qui, depuis deux mois, il avait tant cru, lorsque le regard échangé avec Poyanne avait appelé son attention sur cet ami mystérieux de Mme de Tillières. D'apprendre que le comte n'avait aucune maîtresse connue, que les discours du célèbre orateur étaient assidûment suivis par Juliette, enfin que le retour de ce personnage coïncidait absolument avec son exclusion à lui, — n'était-ce pas assez pour provoquer une autre crise d'imagination jalouse? Son expérience de Parisien, si longtemps endormie par l'ensorcellement de son nouvel amour, devait rendre cette crise plus intense encore. Il avait trop vécu pour ne pas savoir qu'avec les femmes tout est toujours possible, et pourtant Juliette lui était si chère que de concevoir qu'elle avait, elle, un amant, lui paraissait presque monstrueux, et il se raisonnait au soir de cette fatale conversation dans le jeu de paume, couché sur un des divans de son petit salon, s'empoisonnant de tabac, contre toutes ses habitudes, et incapable de supporter même la société d'Herbert Bohun:

— « Oui, il y a un homme derrière cette résolution... C'est trop net, trop carré, trop absolu... Pour que Juliette ne m'ait pas prié simplement d'espacer mes visites, il faut que quelqu'un soit intervenu qui ait dit: — Ou lui ou moi... Et ce quelqu'un serait Poyanne? Averti par qui? Mais par d'Avançon, cela va de soi. Encore l'autre jour, il me regardait d'une manière... Je le repincerai au demi-cercle, ce voyageur-là... Donc Poyanne débarque chez elle... Il la met au pied du mur. Mais de quel droit, s'il n'est pas son amant ? Et elle n'a pas d'amant. Non. Elle n'en a pas. Ou bien c'est une coquine comme je n'en ai pas rencontré... Allons donc ! » Et il se raidit contre sa propre douleur. « Et pourquoi ne serait-ce pas une allumeuse ? » Il éprouvait un atroce plaisir à salir son sentiment par ce terme odieux. « Ça l'aura amusée de me rouler, moi, Casal, de m'avoir là, par terre, sous ses petits pieds, à cause de tout ce qu'on lui avait dit de moi... Elle était inoccupée, ce printemps, j'ai fait un intérim ; l'autre, le vrai, est revenu... La vieille mère, la foi jurée, le vague fantôme du mari mort, on m'a tout servi, j'ai tout gobé, — et le tour est joué... Hé bien ! non, elle était sincère. Il a fallu la croix et la bannière pour forcer sa porte dans les commencements... Dans cette première visite, sa pâleur, puis sa rougeur, — sa manière d'être à l'Opéra, puis chez Mme de Candale, puis chez elle, tout a été si naturel de sa part, et si peu *fait*... Puis sa tristesse ces derniers temps ? Mais si elle est la maîtresse de Poyanne et si elle ne peut pas le quitter pour une raison quelconque, tout en m'aimant ? Cela encore est possible. — La maîtresse de Poyanne ? » Il répétait ces mots à haute voix, avec une amertume infinie, et, de même qu'il recommençait d'employer, en pensant à Juliette, des paroles brutales, il retrouva dans sa fièvre de défiance ce pouvoir de flétrir l'image qu'il se formait d'elle, abandonné dès le premier jour. Il se contraignit à se la figurer dans les détails d'un rendez-vous de galanterie, et cette vision exaltant son trouble intime jusqu'à la frénésie :

— « Cela ne peut pas durer ainsi, » conclut-il après des heures de pareilles allées et venues de sa pensée, « je veux savoir et je saurai… »

Que de maris, que d'amants tourmentés ainsi par les affres du doute, angoissantes comme celles de la mort, se sont prononcé la même phrase et se sont heurtés au même indéchiffrable problème! Savoir, tenir la preuve, quelle qu'elle soit; mais la preuve, après laquelle on comprend du moins l'être dont on souffre, — c'est pour le jaloux le rêve de l'eau pour le marcheur du désert, de la maison close pour le vagabond de la route, de la terre ferme pour le marin en détresse. Par un étrange illogisme de la passion, le malheureux qui soupçonne a pour suprême désir de connaître avec certitude la chose dont la simple imagination le désespère. C'est dans ces minutes-là que se commettent des infamies qui révèlent l'arrière-fond criminel de tout cœur exaspéré. Espionner, briser des cachets de lettres, forcer des serrures, le soupçon conçoit tout, il ose tout. La première idée de Casal fut qu'il mettrait à la poursuite de Mme de Tillières quelqu'un de ces limiers de police privée, dont l'existence presque avouée est une des hontes du Paris moderne. Puis le jeune homme éprouva comme un haut-le-cœur à la pensée de livrer le nom de celle qu'il aimait si profondément à travers ses défiances, aux infâmes exécuteurs de ces basses œuvres de jalousie. Il y avait en lui cette droiture native qui se retrouve aux heures tragiques de la vie, et que révoltent les abjections de certains compromis. Après avoir creusé dans tous les sens cette question des rapports de Poyanne et de Juliette, Raymond en vint à cette évidence que Mme de Candale, elle, savait la vérité. C'était aussi la seule personne avec laquelle il eût un champ libre d'action. Mais comment arracher à cette loyale amie un secret qu'elle devait garder avec plus d'énergie encore que s'il eût été le sien propre? Voici le procédé auquel il s'arrêta au sortir d'un de ces accès de méditation concentrée qui finissent, devant un problème infiniment compliqué, par vous faire mettre le doigt sur la solution simple, et c'est le plus souvent la juste. Mme de Candale aimait vraiment Mme de Tillières. En admettant qu'une liaison cachée existât entre son amie et Poyanne, elle devait se demander avec une certaine anxiété ce que Raymond pouvait en soupçonner. Dans ces conditions il était assuré de la bouleverser, s'il allait droit à elle, lui dire : « Je sais tout... » Puis il profiterait de ce bouleversement pour nommer quelqu'un dont il connaissait les relations avec Juliette comme certainement innocentes. La comtesse défendrait Mme de Tillières. Ce serait le moment alors de lui nommer Poyanne et de constater si cette seconde défense était exactement identique à la première. Toute maîtresse d'elle-même que fût la jeune femme, il y avait beaucoup de chances pour qu'elle fût déconcertée, et elle se laisserait aller à repousser plus vivement celle des deux accusations qui serait vraie. L'ingéniosité de ce plan parut si forte à Casal, qu'il résolut de l'exécuter le jour même, et, dès les deux heures, il entrait dans le salon de la rue de Tilsitt, où il avait goûté, entre Mme de Candale et son amie, de si douces heures de conversation. Ce souvenir lui fit mal, à revoir la figure connue de la pièce, la disposition des meubles, le buste du vieux maréchal, et, assise dans son fauteuil préféré, Gabrielle qui n'était pas seule. Alfred Mosé se trouvait là, et un détail prouvera le déraillement moral de Raymond : lui qui considérait avec justice le petit-fils du célèbre banquier comme le plus fin des hommes et le plus difficile à tromper, à peine put-il cacher son impatience de rencontrer un tiers entre lui et la comtesse. Heureusement, Mosé possédait, au service de sa conduite mondaine, un tact d'une finesse supérieure, et il ne resta que dix minutes après l'arrivée du nouveau visiteur, — juste assez de temps pour ne point paraître se douter qu'il était de trop. L'effort que fit Mme de Candale pour le retenir le trompa cependant, car il crut cet effort joué, au lieu que la pauvre femme, à qui les yeux de Raymond avaient causé une épouvante, appréhendait réellement de rester seule avec le nouveau venu.

— « Ah çà ! » se disait donc Alfred en descendant l'escalier, « y aurait-il quelque chose entre la jolie comtesse et Raymond ? »

Tandis que ce subtil observateur, aussi habile diplomate dans la manœuvre de ses propres intérêts que d'Avançon l'était peu, repassait en esprit les diverses observations qui pouvaient donner un corps à son hypothèse. Casal, lui, commençait déjà l'attaque, avec cette brusquerie qu'il jugeait, non sans raison, le meilleur procédé pour surprendre le secret dont la possession devait, lui semblait-il, tuer du coup son amour. Car il s'était bien juré, s'il acquérait la preuve d'une intrigue entre Poyanne et Juliette, de considérer cette dernière comme morte pour lui. Il y penserait sans plus d'émotion que s'il se fût agi d'une petite actrice ou d'une fille par laquelle il eût été roulé.

— « Savez-vous, » dit-il, lorsque la porte se fut refermée derrière la mince silhouette de Mosé, après une minute d'un de ces silences de tête-à-tête si gros d'orages, « savez-vous, madame, que vous n'avez pas été gentilles, Mme de Tillières et vous, de vous moquer de moi comme vous avez fait ?... »

Il avait pris, pour lancer cette phrase, son ton le plus détaché, celui d'un homme qui a été victime d'une mystification, qui l'a démasquée et qui s'apprête à la rendre au mystificateur. Mais il n'avait pu changer l'expression de ses prunelles claires, plus dures encore à cette minute qu'à son entrée, et ce fut avec une anxiété singulière que Gabrielle répondit :

— « Expliquez-vous. » Et elle ajouta : « Et puis n'ayez pas votre air persifleur. Quand il s'agit de mon amie et de moi, vous savez qu'il est très déplacé... »

A tout hasard, la brave et fière petite comtesse se préparait à se fâcher, afin de couper court à l'entretien, et tout net, s'il tournait du côté qu'elle appréhendait déjà. Casal soupçonnait quelque chose, voilà qui était évident, — mais quoi ?

— « Non, » reprit Raymond, « vous n'avez pas été gentilles. Pourquoi avez-vous imaginé de mêler Mme de Nançay à toute cette histoire, quand il était si simple à votre amie de me dire tout bravement, tout uniment : — Monsieur, vous êtes un galant homme, je m'en fie à votre honneur... Je ne suis pas libre. Vous me gênez en venant chez moi, vous bouleversez toute ma vie. Ne venez plus ? »

— « Vous continuez à parler par énigmes, » dit Mme de Candale en fronçant le sourcil et avisant sur la table un ouvrage commencé, « mais cela vaut peut-être mieux... Vous m'avez négligée depuis quelques jours, vous êtes retourné dans votre bande et j'ai bien peur qu'en venant ici aujourd'hui, vous ne vous soyez trompé d'adresse. »

— « Hé bien ! » répondit-il avec un accent de plus en plus âpre, « puisque vous voulez que je mette les points sur les i, madame, j'irai droit au fait... Je sais, entendez-vous bien ? je sais que Mme de Nançay n'est pour rien dans la résolution de Mme de Tillières... C'est un homme qui a exigé que je fusse consigné à la porte, parce qu'il en a le droit, — et cet homme, je connais son nom... »

S'il avait espéré surprendre une émotion quelconque sur le délicat visage de la comtesse, cette attente était bien trompée, car les petites mains, qui avaient pris le crochet, continuaient d'en faire courir la pointe dans la laine sans un tressaillement. La bouche demeurait immobile et empreinte d'une expression de demi-dégoût. Les yeux suivaient le travail des mains, et c'était la plus naturelle attitude du monde : celle d'une femme à laquelle un fâcheux débite un récit parfaitement insignifiant. Seules les épaules se soulevaient, avec ce joli geste qui ne daigne même pas s'indigner contre une accusation insensée. Mais, si fidèle amie que fût Mme de Candale et si prudente, elle était femme et curieuse, et elle commit la faute de laisser Raymond parler encore, pour en savoir davantage. Elle avait échappé au premier des deux pièges qu'il avait résolu de lui tendre. Accepter que le jeune homme continuât, c'était lui permettre de dresser le second.

— « Ah ! » insistait-il, « vous ne me répondez pas... Et vous avez raison. Vous comprenez que c'est un peu dur tout de même d'être sacrifié aux jalousies de qui ? d'un monsieur Félix Miraut, un cabotin de peinture qui se croit un grand seigneur de la Renaissance parce qu'il s'habille en velours pour copier trois brins de lilas et une rose, d'un industriel en couleurs qui se fait cent mille francs de rente à coup de visite... »

Il allait, allait, traçant du brave artiste une de ces caricatures atroces et faussement ressemblantes, comme l'envie excelle à en dessiner, d'après les traits visibles des hommes célèbres. Il lui suffit d'interpréter en mal quelques-uns des innocents enfantillages presque toujours inséparables du talent. Les ennemis de Miraut lui reprochaient en effet l'excentricité de ses costumes d'intérieur comme un cabotinage, et le goût du monde comme une marque de vilaine diplomatie. Il portait ces costumes, parce qu'il s'en amusait, et il allait dans les salons, parce qu'après sept heures, et fatigué de travail, cet artiste très raffiné aimait à reposer ses yeux sur un joli décor. En outrant, dans ce cas, la critique contre un homme encore assez jeune pour plaire et assez intimement lié avec Mme de Tillières pour être suspecté sans trop d'invraisemblance, Casal comptait bien tromper la finesse de son interlocutrice, d'autant plus qu'en parlant de Miraut, il pensait à l'autre, à son vrai rival ; et sa voix n'avait pas de peine à se faire railleuse et dure, sa physionomie à exprimer une souffrance dont la comtesse fut la dupe ; car, soudain rassurée sur la piste suivie par la défiance de Raymond, elle se prit à lui sourire indulgemment comme à un malade :

— « Mais vous êtes fou, mon pauvre ami, » répondait-elle, « fou à enfermer. Miraut jaloux de vous ! Miraut ayant des droits sur Mme de Tillières !... Voyez, je ne peux même pas me fâcher contre vous... Miraut ! Pourquoi pas d'Artelles ? Pourquoi pas Prosny ? Pourquoi pas d'Avançon ? Tenez, pendant que vous y êtes, vous devriez vous défier de d'Avançon... Je vous assure que les assiduités d'un homme aussi dangereux sont un beau sujet de méditation pour un connaisseur en caractères comme vous vous montrez en ce moment. »

— « Alors, si ce n'est pas Miraut..., » dit Casal avec une ironie qui fit soudain se refroncer les sourcils de Mme de Candale.

— « Si ce n'est pas Miraut ?.. » répéta-t-elle.

— « C'est peut-être bien l'ami qui est revenu précisément le jour où l'on m'a donné congé... M. de Poyanne, je crois. »

— « Écoutez, Casal, » répondit la jeune femme en haussant de nouveau les épaules, mais cette fois sans sourire, « je vous ai toujours défendu quand on vous attaquait, j'ai toujours dit que vous valiez mieux que votre réputation, qui est détestable. Tout à l'heure encore je n'ai pas voulu vous prendre au sérieux... Mais si vous l'êtes, sérieux, si vous soupçonnez vraiment d'une aussi vilaine façon une femme qui est ma meilleure amie, que vous avez connue par moi et chez moi, et si vous allez colportant vos calomnies comme vous venez le faire ici, c'est une abominable action, entendez-vous, et que je n'admettrai pas... Mme de Tillières a été avec vous d'une loyauté parfaite. Elle nourrissait des préventions qu'elle a dominées par égard pour moi. Elle vous a reçu et n'a eu avec vous aucune coquetterie. Des difficultés avec sa mère lui rendent vos rapports pénibles, presque impossibles... Elle vous en prévient loyalement, et voilà qu'au lieu de lui obéir, vous la calomniez, et que vous exercez votre imagination à salir les amitiés qui l'entourent... C'est une indignité, entendez-vous ? une indignité... »

— « Vous avez raison, madame, » dit Raymond, après un nouveau silence, « et je vous demande pardon... Je vous promets, » ajouta-t-il d'une voix sourde, « que je ne vous parlerai plus jamais de Mme de Tillières... »

— « Et que vous ne penserez plus d'elle ce que vous venez d'en dire ? » insista la comtesse.

— « Et que je ne le penserai plus..., » dit Casal ; et il eut la force de continuer l'entretien sur un autre ton, en abordant un autre sujet, mais cette fois, il n'arriva plus à tromper Gabrielle qui pourtant ne chercha pas à en savoir davantage. Elle se reprochait déjà de n'avoir pas suivi le seul procédé vraiment efficace pour dérouter une inquisition jalouse : le silence. Elle sentit, sans bien comprendre cependant la force de la ruse employée par le jeune homme, qu'elle avait trop parlé. Aussi, lorsque Casal eut pris congé d'elle, demeura-t-elle longtemps, longtemps, le front dans sa main, à se faire des reproches et à se demander si elle devait ou non prévenir Juliette. Un danger menaçait son amie. Elle le sentait, par le même instinct qui lui faisait apercevoir maintenant dans Raymond des abîmes de passion auxquels elle n'eût pas cru avant cette visite :

— « Oui, » conclut-elle, « j'irai rue Matignon,

et tout de suite, la mettre en garde... Après tout, que peut-il faire, sinon l'ennuyer d'une lettre ou d'une scène ? Mais comment a-t-il découvert la vérité ? »

Non. Casal ne l'avait pas entièrement découverte, cette vérité cruelle. — L'épreuve pourtant avait réussi et Mme de Candale, en défendant son amie d'une façon si légère à propos de Miraut, puis si vive à propos de l'autre, venait de préciser le champ de recherches où cette jalousie en éveil allait opérer : c'était bien du côté de Poyanne qu'il fallait poursuivre le secret de la vie de Mme de Tillières. Trop évidemment, la comtesse n'avait pas attaché une importance égale aux deux accusations. Pourquoi, sinon parce que la seconde touchait à quelque chose de vrai, et l'autre non ? Quand le jeune homme se retrouva face à face avec lui-même, au sortir de cette visite, il subit la crise de souffrance dont s'accompagne chaque progrès de la jalousie vers la certitude. Un fait nouveau était acquis et Raymond l'interpréta aussitôt, comme il arrive aux cœurs tourmentés, dans le sens de ses pires imaginations. « Plus de doute, » se disait-il en marchant du côté du Bois pour dompter son anxiété par une de ces promenades forcenées qui, dans ces heures-là, ne fatiguent même pas le corps, « non, plus de doute, Poyanne est son amant. »

Les visions affreuses qu'il avait essayé de fuir en hasardant son étrange démarche auprès de Mme de Candale lui revinrent, sans qu'il luttât contre elles, cette fois. Elles le hantaient, elles l'obsédaient de nouveau, le soir, assis à table avec son inséparable lord Herbert. Elles ne devaient pas le quitter durant les jours qui suivirent, et qu'il employa tour à tour à lutter contre sa peine à force d'excès, puis à prendre et reprendre encore les idées d'où naissait cette peine. Ne possédant pas les données qui lui eussent permis de reconstituer toute l'histoire de Juliette depuis dix années, il ne devinait en aucune manière le drame qui s'était joué dans cette âme, ce duel entre l'amour et la pitié, cette lutte entre la soif du bonheur personnel et un besoin de fidélité à des engagements pris. Cette créature si fine lui apparaissait comme une énigme de duplicité d'autant plus monstrueuse qu'il l'avait sentie plus charmante. S'était-il assez abandonné à sa merci ! L'avait-il assez sottement jugée noble, fière, délicate, pure ! et elle s'amusait à tromper avec lui le loisir que lui laissait l'absence d'un amant ! — « Oui, d'un amant, » insistait-il, apercevant, à mesure que les jours succédaient aux jours, s'efforçant d'apercevoir plus d'indiscutable signification dans l'attitude de Mme de Candale. Puis, à de certaines minutes, il était bien contraint de se dire :

— « Non, ce n'est pas encore une preuve absolue, la *preuve*... Mais l'a-t-on jamais, à moins d'avoir *vu* ?... »

Telles étaient les dispositions d'esprit où se trouvait cet homme malheureux en gagnant, une semaine environ après sa visite chez Mme de Candale, son fauteuil du Théâtre-Français, le dernier mardi de la saison. Malgré son malaise intime, étant de la race de ceux qui ne se rendent pas, il multipliait les occasions de ne pas rester seul, et, après avoir vaqué toute la journée à des occupations de sport, il s'entraînait le soir à des corvées de vie élégante, comme s'il n'eût pas porté dans son cœur la lancinante plaie du plus affreux soupçon. Et puis, en allant dans les endroits comme l'Opéra ou la Comédie qu'il détestait le plus jadis, et à cette époque de l'année, il recherchait, — sans se l'avouer, — la possibilité de revoir Mme de Tillières. Il ne l'avait pas rencontrée une seule fois depuis que, réveillée de son évanouissement, elle l'avait renvoyé de chez elle. En vain se tendait-il à ne pas écouter la voix qui plaidait dans son cœur pour la jeune femme. Elle éveille en nous un écho si tendre, cette voix qui défend notre amour contre nous-mêmes ! Et, malgré lui, Casal voyait dans la réclusion que supposait cette constante absence un signe que son trouble de la dernière entrevue n'avait pas été joué. Une de ces superstitions inexplicables et invincibles, comme en ont les amants, l'empêchait de croire qu'elle eût quitté Paris, quoiqu'il y eût bien des probabilités pour qu'elle eût pris ce sage parti. Mais non, tout ne pouvait pas être ainsi fini entre eux, sans une nouvelle et décisive explication, et, ce soir encore, il était là dans une stalle, n'écoutant pas la pièce et fouillant les loges de sa lorgnette, bien qu'il eût déjà constaté que la baignoire de Mme de Candale, où Mme de Tillières venait toujours, restait désespérément vide. Tout d'un coup, à trois rangées de fauteuils de lui, en avant, ses yeux rencontrèrent le visage, tourné de son côté, de quelqu'un qui le regardait lui-même, et il reconnut Henry de Poyanne. Comme dans la rue Matignon, et sur le seuil de la maison de Juliette, ce croisement de regards ne dura qu'une seconde, et aussitôt le comte parut uniquement occupé à suivre le dialogue et le jeu des acteurs. Raymond, lui, n'avait pas besoin de se détourner pour continuer à considérer son rival. Il lui suffisait de se pencher un peu, et il voyait les cheveux blonds par places et grisonnants à d'autres du célèbre orateur, son profil perdu, ses maigres épaules, la main sur laquelle cet homme appuyait son menton, sans doute pour se donner une contenance, et cette main fine serrait la lorgnette avec une nervosité qui révélait une émotion contenue. Du moins Casal se l'imagina ainsi. Lui-même était bouleversé. Il y a dans la présence du rival que nous soupçonnons de posséder ou d'avoir possédé la femme dont nous sommes épris, un principe de répulsion qui va chez certains êtres jusqu'à l'anéantissement et qui chez d'autres éveille de ces rages froides auxquelles un crime ne coûterait pas. De telles rencontres remuent dans notre nature amoureuse tout l'arrière-fond féroce du mâle qui tue plutôt que de partager. Les volontés les plus étranges en jaillissent qui nous étonnent, plus tard, comme si c'était un autre qui les avait conçues et exécutées. Ainsi et tandis qu'il contemplait avec l'avidité de la jalousie cet homme assis à quelques mètres de lui et l'objet de ses plus douloureuses rêveries depuis des heures et des heures, une singulière, une folle idée s'empara soudain de Casal. Il eut l'intuition qu'il la tenait, cette preuve tant désirée. Cette fois il allait pouvoir achever en évidence absolue les probabilités, encore douteuses malgré tout, de son entretien avec Mme de Candale. Il n'ignorait pas que Poyanne s'était battu en héros pendant la guerre. Il savait, d'autre part, le duel de Besançon, auquel le comte avait su contraindre l'amant de sa femme. Il avait donc devant lui quelqu'un de trop brave pour supporter le moindre affront :

— « Raisonnons, » se dit-il. « Si je l'aborde

dans l'entr'acte et que je lui fasse, de lui à moi, et sans témoins, une de ces demi-avanies qu'un homme de son caractère ne peut tolérer sans obéir pour cela à des raisons impérieuses, je saurai tout enfin... S'il est l'amant de Mme de Tillières et si c'est lui qui m'a réellement fait mettre dehors, à tout prix il voudra que le nom de cette femme ne soit prononcé ni entre nous, ni à propos de nous, et il s'arrangera pour éviter une rencontre. S'il n'y a rien entre eux, il m'arrêtera au premier mot, et puis je lui donnerai ou il me donnera un coup d'épée... On ne sait jamais... Ça m'amusera de me battre en ce moment, et ce risque vaut bien la chance d'avoir ma preuve... Car s'il file doux, c'est bien une preuve, cette fois, et indiscutable. »

Ce projet insensé n'eut pas plus tôt saisi cette âme frénétique que l'accomplissement en devint inévitable. A de certaines minutes, — et Casal en était à une de ces minutes-là, — il semble que l'amour ressuscite en nous le sauvage primitif pour lequel concevoir et agir ne font qu'un, et un peu du calme impassible du sauvage se mélange en effet à ces fureurs lucides d'un instant. Si tous les nerfs de Raymond étaient tendus comme pour un combat au couteau, personne ne s'en aperçut parmi les camarades qui lui serrèrent la main, lorsque, la toile tombée, il alla se poster à l'entrée du couloir, afin d'attendre Poyanne au passage, et il l'abordait avec les formes les plus courtoises :

— « Me ferez-vous l'honneur, monsieur, » lui dit-il, « de m'accorder un instant d'entretien ?... Ici, voulez-vous ? » Et il lui indiqua un angle dans ce couloir à l'écart des allants et venants : « Nous serons plus seuls... »

— « Je vous écoute, monsieur, » répondit le comte, visiblement stupéfait de cette entrée en matière. Il eut la sensation immédiate que son interlocuteur inattendu voulait lui parler de Juliette, puis il se dit : « C'est impossible. D'abord, il ne sait rien, et puis, malgré tout, il est trop *gentleman* pour cela. » Cependant l'autre reprenait, toujours à mi-voix, et du même ton que s'il se fût agi d'une petite confidence échangée entre deux indifférents du monde sur une histoire de cercle ou de salon :

— « C'est bien simple, monsieur, et je ne vous retiendrai pas longtemps ; je voulais uniquement vous demander si vous avez quelque raison particulière pour me dévisager comme vous venez de le faire tout à l'heure, à plusieurs reprises, avec une insistance qui, j'ai le regret de vous le dire, ne saurait en aucune manière me convenir. »

— « Il y a un malentendu entre nous, monsieur, » répliqua Poyanne. Il était devenu très pâle et faisait un visible effort pour garder la plus tranquille politesse devant un si étrange discours. « Car j'ignorais, voici cinq minutes, que vous fussiez dans la salle... »

— « Je suis désolé de devoir vous contredire, monsieur, » repartit Raymond. « Vous m'avez fixé, je vous le répète, à plusieurs reprises, et comme ce n'est pas la première fois que pareille chose arrive, j'ai voulu en avoir le cœur net et vous avertir que je suis prêt, au besoin, à vous défendre de me regarder ainsi... »

A mesure qu'il prononçait ces paroles d'une si gratuite et d'une si extraordinaire insolence, il pouvait suivre, sur le visage du comte, la lutte qui se livrait, dans le gentilhomme, la lutte entre la fierté outragée et l'absolue résolution de ne rien relever. Poyanne venait, en effet, d'apercevoir, avec la rapidité de raisonnement qui s'éveille en nous dans de semblables moments, cette vérité : « Casal sait que Mme de Tillières l'a renvoyé à cause de moi. Donc, il sait aussi mes relations avec elle. Un homme capable de cette inqualifiable algarade est aussi capable de la nommer si nous nous battons... Il faut à tout prix éviter cela... » Et il eut l'énergie de se dompter à nouveau et de répondre :

— « Encore une fois, monsieur, je vous affirme qu'il y a entre nous un malentendu. Je n'ai jamais eu aucun motif pour vous regarder d'une façon qui puisse vous gêner, et je n'ai pas l'intention de commencer après un entretien qui n'a par conséquent plus la moindre raison de se prolonger et que je vous prie de vouloir bien interrompre... »

— « En effet ! » dit Casal, « je vois que je n'ai pas à causer davantage avec un lâche... » Cette phrase d'insulte lui partit des lèvres malgré lui. Elle était absolument contraire à son plan de simple enquête. Mais c'est qu'à trouver le comte si troublé à la fois et si maître de ce trouble, si sensible et si délibérément disposé à éviter une querelle, il avait eu de nouveau, comme dans sa conversation avec Mme de Candale, une seconde d'évidence. Cette seconde suffit pour que la fureur de la jalousie lui arrachât le mot irréparable après lequel un homme de cœur, qu'il soit ou non l'amant d'une femme, ne recule plus. De si pâle, le visage du comte était devenu pourpre.

— « Monsieur, » dit-il, « je vous ai répondu comme j'ai fait tout à l'heure, parce que j'ai cru que vous vous trompiez de bonne foi... Je vois que vous me cherchez une mauvaise querelle et que vous désirez une affaire. Vous l'aurez... J'ignore pour quel motif vous voulez bien vous occuper de quelqu'un qui ne s'est jamais occupé de vous. Mais je n'admets pas que personne au monde me parle comme vous venez de me parler, et j'aurai l'honneur de vous envoyer deux de mes amis, à une seule condition, » ajouta-t-il impérieusement, « c'est que vous exigerez des vôtres ce que j'exigerai des miens, leur parole que cette affaire demeure absolument secrète... »

— « Cela allait de soi, monsieur, » dit Casal; et comme pour prouver à son interlocuteur la sincérité de cette promesse, il interpella Mosé qui passait, pour lui demander:

— « Voyons, Alfred, vous rappelez-vous exactement à quelle date on jouait ici la pièce de Feuillet, où Bressant était si étonnant? *L'Acrobate*, je crois, — le même sujet que ce chef-d'œuvre de *La Petite Marquise*, mais en romanesque. Nous discutions là-dessus, M. de Poyanne et moi. Il tient pour 1872 et moi pour 1873... »

X

AVANT LE DUEL

Le lendemain du jour où avait eu lieu dans les couloirs du Théâtre-Français cette scène impossible à prévoir et qui jetait brusquement la tragédie à travers le roman tout sentimental de la faible Juliette, elle était, elle, à suivre seule, vers les deux heures de l'après-midi, l'allée circulaire de son petit jardin. Les grappes rosées des acacias en fleur parfumaient l'air de leur arome sucré que la songeuse respirait longuement. Elle regardait les feuillages verdoyer sous la lumière du soleil d'été, le massif épanoui des roses rouges et blanches dressées sur leurs tiges, le frémissement du lierre sur la muraille, et le vol d'un oiseau qui de temps à autre se posait sur le gazon pour s'enfuir ensuite aux branches prochaines. Depuis sa conversation avec Casal, elle n'avait pas cessé de se sentir souffrante, et ç'avait été pour elle un comble de peine dans cette peine de ne pouvoir entièrement cacher à Poyanne la mélancolie où elle s'enfonçait, où elle se noyait un peu plus avant chaque jour. Et comment tromper tout à fait l'inquiète lucidité de cet homme? Il était si tendre que cela semblait aisé; mais, à un certain degré d'intensité, la tendresse devient si maladivement susceptible qu'elle équivaut à la plus perspicace défiance, et, dès le premier de leurs nouveaux rendez-vous, Poyanne n'avait-il pas soupçonné sa maîtresse d'être venue là pour lui et non pour elle, par pitié et non par amour? D'ailleurs, est-ce que cela s'imite, l'amour véritable, cet élan de tout l'être, ce ravissement intime qui fait que la présence adorée est réellement pour nous le terme du monde et du temps, la sensation suprême, celle au delà de quoi nous ne concevons rien, tant notre âme est remplie par elle jusqu'à la dernière limite de sa capacité. Non, la comédie de ces extases du cœur n'est pas possible à jouer. La voix d'une femme saura s'adoucir pour prononcer des phrases plus douces encore que cette voix, ses yeux apprendront à ressembler à ces phrases. Elle aura soif de persuader à son amant qu'elle est heureuse — pour qu'il soit heureux. Stérile mensonge! Si cet amant aime véritablement, il aura bientôt, par une douloureuse magie de divination, discerné sous l'accent ému l'arrière-fond caché d'effort, dans les prunelles la brisure du regard, et ce qu'il y a de cruellement factice dans cette volonté de tendresse. Hélas! Peut-il se plaindre d'un mensonge qui prouve encore tant d'affection à défaut d'un trouble plus passionné? Avons-nous le droit de reprocher à un être de ne pas sentir comme nous voudrions qu'il sentît, comme il croit quelquefois sentir? Et l'on se tait de cet étrange malaise, et l'on retombe, comme fit Henry de Poyanne dès le lendemain de ce rendez-vous de Passy, dans cette silencieuse et folle scrutation des moindres nuances où une parole, un geste, un jeu distrait de physionomie deviennent des preuves à l'appui de cette affreuse et fixe idée : « Je suis plaint, je ne suis plus aimé... » Pour le comte cette idée se doublait d'une autre plus affreuse encore et qu'il tentait vainement de chasser. Un nouvel entretien avec d'Avançon lui avait révélé que Casal était définitivement consigné à la porte. Le vieux diplomate ne s'y était pas trompé :

— « Je n'ai qu'à voir la tête qu'il me fait au petit club, » avait-il dit en se frottant les mains, « pour en être sûr. »

Ainsi, Mme de Tillières avait tenu sa promesse.

Elle ne recevait plus le jeune homme. Même sans confirmation d'aucune sorte et sans enquête nouvelle, Henry en était sûr. Sa rencontre avec Raymond, presque au seuil de la porte, le lui avait d'ailleurs prouvé. Il avait vu, d'une extrémité de la rue, Casal entrer puis ressortir aussitôt, et son imprudent regard pour accompagner le visiteur éconduit n'avait pas été exempt de cet orgueil masculin dont même les plus nobles amants subissent parfois la mauvaise ivresse. Mais si, après avoir exécuté Casal, Juliette ne le regrettait pas, pourquoi donnait-elle tous les signes d'une consomption intérieure, inexplicable sinon par la morsure cachée d'une douleur constante? Ils sont si amers à constater pour un amant épris, ces signes-là, même lorsqu'il connaît la cause du ravage qu'ils révèlent. Voir le visage de l'être qui vous est si cher pâlir et comme se fondre, ses paupières se lasser, ses joues se creuser, ses tempes jaunir, ses lèvres se décolorer, partout la preuve que la flamme de cette vie adorée tremble et vacille!... Dieu! si elle allait s'éteindre! Et quel frisson à la pensée que l'objet de tant d'amour est si fragile, que tout notre cœur est suspendu au souffle d'une créature mortelle! Le supplice de cette inquiétude s'exaspère parfois en des lancinations si aiguës que l'on souhaite de cesser d'aimer comme un malade crucifié par la névralgie souhaite de ne plus vivre. Que devenir lorsque cette torture de voir s'en aller heure par heure la femme que l'on aime s'augmente de cette autre :

— « Elle meurt peut-être de chagrin à cause d'un autre... »

C'est la grande forme de la jalousie, celle-là, et c'est la seule que connaissent les âmes nobles qui s'attachent, non pas, comme les esprits positifs et vulgaires, aux actions, mais aux sentiments. Elle a pour principe non plus la vision impure des caresses, mais la certitude que nous ne suffisons pas au bonheur de ce que nous aimons. Elle ne produit pas les crises des résolutions violentes, les flétrissantes enquêtes comme celles que poursuivait Casal à cette même période. Mais lentement, inévitablement elle épuise toutes les forces du cœur. Elle nous enveloppe d'une atmosphère irrespirable d'où nous sortirons, si nous en sortons, incapables d'espérance, impuissants à la joie, le cœur tari et comme usé. Beaucoup de jours ne s'étaient pas écoulés entre la matinée où d'Avançon était venu faire rue Matignon son dangereux métier de dénonciateur volontaire et la soirée du Théâtre-Français où Raymond avait abordé Poyanne, — et ce peu de temps avait suffi pour que ce dernier tombât dans une détresse intime encore plus déprimante que celle de son voyage à Besançon. Il était arrivé à cette hypothèse pour lui terrible et qu'il sentait vraie :

— « Elle aime Casal sans se l'avouer; et moi, si elle me garde, c'est par honneur, c'est peut-être par charité surtout. »

Ah! quand ces mots se prononçaient en lui, presque malgré lui, comme il retrouvait contre cette détestable aumône de pitié ses révoltes d'amant toujours amoureux! Et chaque matin il se promettait d'avoir une explication définitive — qu'il reculait de nouveau dès qu'il avait vu le pauvre visage amaigri de sa maîtresse. Il tremblait qu'un tel entretien ne lui fît mal, et il se taisait. Mais le regard de ses yeux, le pli de son front, ses silences mêmes révélaient assez sa rechute dans la tristesse de la défiance, et la jeune femme, de son côté, interprétait, elle aussi, ces signes d'une anxiété secrète avec ce qu'elle savait du caractère du comte, et elle se disait :

— « Il n'est même pas heureux... J'ai brisé pour lui un sentiment qui m'était déjà si cher! A quoi bon? A quoi bon avoir rejeté l'autre dans son indigne vie d'autrefois?... »

Elle était sûre, en effet, que Casal, à ce même moment, cherchait l'oubli dans la reprise de ses avilissantes débauches. Elle le voyait, en imagination, auprès d'une fille ou d'une autre Mme de Corcieux. Elle se sentait alors jalouse à son tour. Une femme qui ne s'est pas donnée à celui qu'elle aime professe parfois de ces jalousies aussi douloureuses qu'iniques pour celles avec qui cet homme l'oublie... A ces minutes-là, et sous l'impression de ces souffrances complexes, Juliette comprenait, avec une épouvante jamais calmée, la vérité de sa situation morale : elle avait bien pu simplifier sa vie dans les faits en sacrifiant loyalement son amour nouveau aux restes douloureux de son ancien amour, en renonçant à ce qui eût été son bonheur pour la satisfaction de la pitié la plus passionnée. Mais ce parti pris n'avait pas guéri son cœur malade, — son cœur qui palpitait, qui saignait à la fois par ces deux êtres, et elle ne pouvait même pas rendre heureux celui auquel sa volonté immolait l'autre!

Elle en était à cette station de son calvaire, quand ce dernier coup l'accabla : Gabrielle venant lui apprendre que Casal était sur la voie de la vérité. Le saisissement fut si fort que son énergie la trahit, — cette nerveuse énergie des femmes frêles qui suffisent des jours et des jours aux plus épuisantes émotions ; puis elles payent cette résistance par des maladies devant lesquelles la science reste désarmée, tant l'organisme a été ruiné jusqu'en son fond dernier par cette série d'emprunts de force. Elle passa quarante-huit heures au lit, comme tuée, incapable de bouger, de penser, de sentir, devant ce que cette découverte lui représentait d'inconnu et de redoutable. Elle était encore toute brisée de cette crise, par cette claire après-midi d'été, où elle se promenait dans le petit jardin, écoutant les oiseaux, regardant les fleurs, mais toujours, toujours obsédée de cette question qui maintenant la hantait à chaque heure du jour et de la nuit :

— « Raymond connaît ma liaison avec Henry. Que pense-t-il? Que va-t-il faire? »

Ce qu'il pensait? Cela, elle le devinait trop bien, et que, ne pouvant s'expliquer les nuances d'âme par lesquelles elle avait passé, il la méprisait certainement d'avoir été coquette avec lui alors qu'elle était la maîtresse d'un autre. Dans le délire de révolte que lui infligeait l'idée de ce mépris, elle allait jusqu'à concevoir les projets les plus dangereux, les plus étrangers à sa nature comme à ses principes : lui écrire pour se raconter tout entière, l'appeler à un nouveau rendez-vous... Et puis elle se disait : « Non, il ne me croira pas, et, si je le revois, je suis perdue... » Elle comprenait qu'après sa faiblesse au cours de leur dernière entrevue, se retrouver seule avec lui c'était se mettre à sa merci. Elle ne se sentait plus sûre d'elle-même. Et puis dans les yeux de cet homme autrefois remplis d'un tel culte, elle lirait l'outrage d'une horrible certitude. Quelle certitude? Comment avait-il acquis la preuve de son intrigue? Ce mystère par-dessus l'autre confondait sa raison, et c'est alors qu'elle se demandait : « Oui, que va-t-il faire?... » Et un frisson de peur la secouait qu'elle combattait en vain par des raisonnements fondés sur la délicatesse des procédés que Casal avait employés vis-à-vis d'elle. A cette époque-là il ne soupçonnait rien, et maintenant?... Maintenant elle était sur le bord des conflits tragiques et elle en ressentait la terreur anticipée, tandis qu'elle foulait dans sa marche monotone le gravier de l'étroite allée, et le soleil continuait de briller, les acacias de secouer leurs parfums, et le temps d'aller, rapprochant la seconde où elle expierait si cruellement la faiblesse de n'avoir ni osé ni su bien lire en elle-même. L'absorption de la promeneuse était si complète qu'elle ne voyait pas Mme de Candale qui, debout sur la porte du salon, la regardait avec une émotion singulière. Sans doute la petite comtesse arrivait porteuse d'une nouvelle bien sérieuse, car elle semblait reculer le moment de parler à son amie, qu'elle finit pourtant par appeler deux fois de son nom. Mme de Tillières releva la tête, elle aperçut Gabrielle, et elle ne se méprit pas une minute sur l'expression de cette physionomie qui lui était si familière.

— « Qu'y a-t-il ? » demanda-t-elle aussitôt qu'elle fut dans le petit salon. Mme de Candale l'avait prise par le bras et entraînée hors du jardin dans l'appartement, par peur des yeux de Mme de Nançay, qui pouvait être assise derrière la fenêtre du premier étage, à suivre, comme elle faisait souvent, d'un tendre regard, les allées et venues de sa fille chérie.

— « Il y a, » répondit la visiteuse, d'une voix étouffée, « qu'il se passe des choses très graves, si graves que je ne sais comment te les dire... Prends mes mains et vois comme je tremble... As-tu du courage ?... »

— « Oui, » fit Juliette, « mais parle, parle... »

— « C'est moi qui perds la tête, » reprit la comtesse. « Je devrais te calmer et je t'affole. Allons, assieds-toi. Comme tu es pâle !... Tu vas juger par toi-même si j'ai eu raison de venir tout de suite... Nous étions ce matin, à neuf heures, Louis et moi, à prendre le thé, quand on apporte une lettre. « C'est de M. Casal, » dit le domestique, « on attend la réponse. » — « De Casal, » fait Louis, « qu'est-ce qu'il peut bien me vouloir, lui qui n'écrit jamais ? » Il ouvre l'enveloppe et commence sa lecture. Je le suis des yeux, pendant ce temps-là... Je vois un étonnement passer sur son visage. Il répond : « Dites que je serai rue de Lisbonne dans une demi-heure. » Quand nous sommes seuls, je lui demande, comme toi tout à l'heure : « Qu'y a-t-il ? » — « Mais rien qui vous intéresse, une présentation au cercle. » Il avait, en me disant cela, son regard qui ment, celui qu'il prend pour me raconter sa journée quand il a eu un rendez-vous avec Mme Bernard. J'en ai trop souffert, de ce regard-là, pour ne pas le connaître. Je fus sur le point de t'écrire dès ce matin pour te raconter cela, à tout hasard. Mais c'était si peu de chose!... Quand nous nous sommes retrouvés à déjeuner, j'ai jugé aussitôt que Louis continuait d'être extrêmement préoccupé. Tout à coup il me demande: « Est-ce qu'Henry de Poyànne va toujours beaucoup chez Mme de Tillières? » — « Oui, » lui dis-je; « pourquoi cette question? » — « Pour rien, » fait-il, « pour savoir; » puis il retombe dans son silence. Je te l'ai répété souvent: il ne peut rien garder. Il fuit, comme dit ma sœur. Je le laissai se taire, bien sûre qu'avant la fin du déjeuner il lâcherait quelque nouvelle phrase qui me mettrait sur la voie du secret. Car il y avait un secret, et qui se rapportait certainement au billet du matin. Cela n'a pas manqué. « Et Casal, » m'a-t-il demandé encore et si gauchement, « est-ce qu'il a vu souvent Mme de Tillières depuis qu'ils ont déjeuné ensemble ici? » — « Je n'en sais rien, » lui ai-je répondu. « Mais m'expliqueras-tu pourquoi tu t'intéresses tant aujourd'hui à savoir qui va ou qui ne va pas chez Juliette? » — « Moi, » dit-il en rougissant, « quelle idée!... » Et comme il prononçait ces mots, le domestique demande si « Monsieur peut recevoir lord Herbert Bohun, » cet Anglais, l'*alter ego* de Casal, qui depuis des années ne m'a seulement jamais mis une carte... Je les ai laissés enfermés à discuter dans le cabinet de Louis, j'ai pris un fiacre et me voici... »

— « En effet! » dit Juliette, « c'est étrange,

c'est bien étrange... S'il s'agissait d'un duel?...
Si ton mari et cet Anglais étaient les témoins de
Raymond contre Henry?... Mais c'est clair comme
le jour... Ils vont se battre!... N'est-ce pas, que tu
l'as pensé? Réponds... »

— « Hé bien! oui, » dit la comtesse, « je l'ai
pensé; mais, je t'en supplie, ne t'exalte pas...
Nous pouvons nous tromper... C'est si invraisemblable en soi. Pense donc. Casal et Poyanne
ne vont jamais dans le même monde. Ils ne sont
pas des mêmes cercles, sinon du Jockey, où ils
ne vont guère ni l'un ni l'autre, et tu ne les vois
pas se prenant de querelle, ni là ni dans un
lieu public... Il faudrait qu'il y eût eu entre eux
un échange de lettres... C'est encore bien difficile... Il y a quelque chose, pourtant, je le crois,
je le sens, mais quoi?... Voilà, il faudrait savoir...
Par qui? Louis a des défauts, il est très imprudent, maladroit au delà de tout, mais s'il a donné
sa parole de se taire, il est gentilhomme... Je
voudrais que tu voies Poyanne... Et c'est pour
cela que je suis venue si vite... »

— « Merci, » reprit Juliette en embrassant
son amie. « Tu me sauves. Un duel entre eux,
je n'y survivrais pas... Ah! je vais savoir... Henry
devait être ici à deux heures... Il ne m'a pas écrit
pour déplacer ce rendez-vous. C'est qu'il viendra... Dieu! j'ai la fièvre; mais tu as raison, je
dois être forte. »

Malgré cette résolution et quoique le sentiment subit d'un grand péril possible eût en effet rendu un calme relatif à la jeune femme, comme il arrive aux natures que soutient, dans les moments suprêmes, le sang courageux d'une bonne race, jamais, depuis le jour où elle attendait la dépêche lui donnant des détails sur le premier combat auquel assistait son mari, Juliette n'avait été la proie d'une anxiété aussi dévorante. Les quinze minutes qui s'écoulèrent entre le départ de son amie et l'arrivée de son amant lui parurent si longues qu'elle faillit envoyer un domestique chez le comte, parce que l'heure du rendez-vous était un peu dépassée. Elle regretta d'avoir laissé Gabrielle s'en aller, quoique cette dernière eût dit avec beaucoup de bon sens :

— « Il vaut mieux que Poyanne ne me trouve pas ici... Dans ces situations-là, plus il y a de personnes dans le secret, plus l'amour-propre entre en jeu... Tu m'écriras aussitôt pour me tranquilliser... »

— « Deux heures dix..., » songeait Juliette, en suivant sur la pendule la marche de l'aiguille. « Si à deux heures un quart il n'est pas arrivé, c'est qu'il ne viendra pas... Et comment savoir, alors ? Mais on a sonné... On ouvre la porte d'entrée... Celle du grand salon... Ah ! c'est lui... »

C'était en effet Henry de Poyanne, qui s'excusa de n'avoir pu se dégager plus tôt d'un rendez-vous d'affaires. En réalité, il quittait ses deux témoins, qui étaient son collègue de Sauve et le général de Jardes. La rencontre était réglée pour le lendemain, à des conditions fixées par lui-même et de celles qui font réfléchir les plus braves : quatre balles à vingt pas, au commandement, avec des pistolets à double détente. — On fabriquait les derniers à cette époque. — Le comte devait donc se dire qu'il voyait peut-être son amie pour la dernière fois. Pourtant sa physionomie, que Juliette scruta aussitôt du plus avide regard, ne trahissait aucune espèce d'anxiété. En se montrant ainsi, tranquille jusqu'à l'indifférence, à la veille d'un duel avec un adversaire redoutable, cet homme ne s'imposait pas un rôle. Cette tranquillité était sincère. A la suite de la scène inattendue de la veille, il avait éprouvé comme une singulière sensation d'apaisement. Incapable de s'imaginer le vrai motif pour lequel Casal lui avait cherché une si extravagante querelle et si contraire à tout procédé de galant homme, — ce délire d'une curiosité affolée, — il y avait vu l'effet d'un délire, mais de jalousie. C'était la colère d'un séducteur professionnel, habitué aux succès faciles, et qui, renvoyé par une femme, s'en prenait brutalement au rival par l'influence duquel il se croyait expulsé. Et que prouvait cette colère, sinon que Raymond ne conservait plus d'espoir ? Donc Juliette ne lui avait témoigné aucun intérêt trop vif. Quoique le comte n'eût jamais mis en doute la fidélité même morale de sa maîtresse, ce lui fut une douceur infinie d'en tenir là un signe qu'il jugeait irréfutable, et une étrange douceur aussi de constater une souffrance exaspérée jusqu'à la déraison chez Casal. Ah! ce Casal, il le détestait si profondément, depuis ces quelques jours, que la perspective de le tenir au bout de son pistolet achevait de lui donner une instinctive, une invincible satisfaction. Il en oubliait et que le secret de ses relations avec Mme de Tillières avait été surpris, et que les chances du combat étaient plus favorables à Raymond. En allant chez Gastinne, le matin même, se démontrer qu'il n'avait pas trop oublié le maniement de l'arme par lui choisie, il avait pu voir affiché au mur, parmi les trophées des tireurs hors pair, un carton avec une mouche déchiquetée comme à l'emporte-pièce, et au-dessous cette inscription : « Sept balles au visé par M. Casal. » Mais quoi ? Il avait bravé la mort de plus près en 1870, et d'ailleurs le danger devait lui procurer, comme à son ennemi, et pour les mêmes motifs, après cette longue crise de rongement d'esprit, une sorte d'impression de bien-être particulière. L'action, même tragique, nous soulage quand nous avons trop vécu sur notre propre pensée. Elle a cela du moins pour elle, de nous reposer, par sa précision forcée, de cette intolérable incohérence que produit l'abus de la réflexion.

Mᵐᵉ de Tillières se heurta donc, durant les premiers instants de cette visite, à un masque de sérénité grave qui l'eût déroutée s'il ne se fût pas agi pour elle d'un intérêt capital. Il ne lui suffisait pas, dans une pareille circonstance, de s'arrêter à une hypothèse. Elle avait faim et soif de savoir. Elle tenait un moyen assuré pour être bien certaine que Poyanne ne se battait pas le lendemain. Il suffisait de lui demander qu'il passât auprès d'elle cette journée, et, après quelques phrases de banale politesse sur le temps, sur leur santé, elle lui dit, avec une coquetterie câline dans le geste et dans la voix dont elle l'avait bien déshabitué :

— « J'espère que vous allez être content de votre amie... Vous me reprochiez de ne plus jamais sortir, de ne pas prendre l'air... Hé bien ! maman et moi, nous allons demain à Fontainebleau voir ma cousine de Nançay qui s'y est établie l'autre semaine. Et savez-vous qui nous avons choisi comme cavalier ?... »

— « D'Avançon, » fit le comte avec un sourire.

— « Vous n'y êtes pas, » reprit-elle en badinant. « Notre cavalier, c'est vous. Ne dites pas non.... Je n'admets pas d'excuses... »

— « C'est malheureusement impossible, » répondit-il. « Je suis de commission, à deux heures, au Palais-Bourbon. »

— « Vous me sacrifierez votre commission, » dit-elle, « voilà tout... Vous savez que je ne vous demande pas grand'chose. Mais cette fois, j'exige... J'ai mes raisons pour cela, » ajouta-t-elle finement.

— « Avouez, » reprit-il, afin de maintenir la conversation sur un ton de plaisanterie, et la regardant, pour deviner si elle soupçonnait quelque chose, « avouez que j'ai au moins le droit de les connaître, ces raisons ? »

— « Et moi, je ne peux pas vous les donner, » répliqua-t-elle, « mais je veux... Et quand ce ne serait qu'un caprice de malade, refuseriez-vous d'y satisfaire ?... Vous savez, » continua-t-elle avec un sourire triste, « il faut me gâter... Vous ne m'aurez peut-être pas toujours... »

— « Vraiment, non, » dit-il sérieusement, « je ne peux pas... Voyons, Juliette, soyez raisonnable. Si c'est un caprice, vous ne voudrez pas que j'y sacrifie un devoir de conscience... »

Il s'était levé pour échapper à l'extrême acuité du regard que les prunelles de sa maîtresse avaient lancé tout d'un coup. Était-elle réellement plus souffrante? Alors elle cédait, comme elle l'avait dit, à une de ces fantaisies de despotisme où se révèle le déséquilibre nerveux des organismes touchés. Ou bien avait-elle appris la scène de la veille, et ses suites? Mais comment? Par qui? Elle ne lui laissa pas le temps de réfléchir davantage à cette double hypothèse, car elle s'était levée à son tour, et, marchant droit sur lui, les yeux fixes, la voix saccadée, elle reprenait:

— « Ah! Henry, que vous mentez mal!... Non, vous ne pouvez pas être libre demain. Je le savais, et je sais aussi le vrai motif, et je vais vous le dire, moi, et voir si vous oserez me démentir: c'est que demain vous vous battez..., et avec qui, je le sais encore... Faut-il vous le nommer?... »

Si éveillée que fût depuis le début de cet entretien la défiance de Poyanne, il ne put se retenir de laisser paraître, tandis qu'elle parlait, un étonnement qui, à lui seul, était un aveu. D'ailleurs, une idée cruelle s'empara aussitôt de son esprit qui lui rendit la dissimulation impossible. Si Juliette savait tout, ce n'était point par ses témoins, dont il était sûr. Il fallait donc que les témoins de Casal eussent parlé? ce n'était guère vraisemblable; ou Casal lui-même. « Et pourquoi non? Il a voulu se venger d'elle, » pensa-t-il; « peut-être l'avait-il menacée de ce duel avec moi, auparavant?... Il lui aura tout écrit... Ah! le misérable!... » Il ne s'arrêta pas à vérifier ce que cette imagination avait de chimérique. Il ne se dit pas que la ruse de Juliette prouvait simplement un vague soupçon. La rancune contre son rival était si forte que de penser à une nouvelle vilenie de cet homme l'affola de fureur, et il répondit, les yeux durs, la voix âcre :

— « Puisque vous êtes si bien renseignée, vous savez aussi les motifs de cette rencontre et qu'elle est inévitable... »

— « C'est donc vrai!... » s'écria-t-elle en le prenant dans ses bras. La soudaine certitude que vraiment les deux hommes allaient se battre l'un contre l'autre l'avait frappée de ce coup de panique qui ne permet plus la réflexion, et elle continuait, tremblant de tous ses membres et serrant Henry contre elle avec la force que donne la fièvre : « Non, ce duel n'aura pas lieu. Vous ne vous battrez pas... Toi contre lui, non, non, je ne veux pas... Ah! si tu m'aimes, tu trouveras le moyen d'empêcher que cette chose monstrueuse n'ait lieu... Vous deux! L'un contre l'autre!... Non, non, non, ce n'est pas possible, jure-moi que ce ne sera pas... Entends-tu? Je ne le veux pas... J'en mourrais... Vous deux!... Vous deux!... »

Toi contre lui!... Vous deux!... — Le comte l'écoutait jeter ces mots et révéler ainsi l'affreuse dualité de cœur qu'il soupçonnait depuis des jours, qu'elle s'était tant appliquée à lui cacher. Elle avait vu ces deux êtres, qui lui étaient si chers l'un et l'autre, dans un même éclair d'épouvante, et elle la disait, sa double vision, dans ce saisissement de la terreur affolée qui montre le fond entier des âmes. Cet amant malheureux sentit frémir en lui à cette évidence toutes les jalousies morales dont il avait trop souffert; il se dégagea de cette étreinte, il repoussa presque avec dureté ces bras qui le pressaient, ces mains qui s'attachaient à ses vêtements, et il répondit :

— « Nous deux !... Vous voyez, vous ne savez pas si vous tremblez pour lui ou pour moi ! Vous ne savez pas lequel vous aimez !... Ou plutôt si..., » continua-t-il avec une amertume d'accent qui arrêta du coup Juliette et la fit se tenir immobile sous la secousse d'une nouvelle terreur. Les paroles de Poyanne résonnaient en elle avec le dur accent de la vérité. « Si, vous le savez; et lui aussi, lui, il le sait... Je comprends maintenant pourquoi, ne voyant plus entre lui et votre cœur qu'un obstacle, ce dernier reste d'affection pour moi, il a voulu le supprimer en me supprimant... Mais puisqu'il vous a dit, contre la parole qu'il m'avait donnée, que nous nous battions demain, vous a-t-il bien raconté qu'il s'était permis de m'appeler lâche ? — Lâche, entendez-vous, et me demandez-vous d'accepter cette injure ? Et puis, voulez-vous que je vous dise tout ? Il ne me l'aurait pas fait, ce mortel outrage, que je ne laisserais pas échapper cette occasion de jouer

ma vie contre la sienne, car je le hais, cet homme!...
Ah! que je le hais! »

— « Henry, » reprit-elle d'une voix brisée et lui prenant la main cette fois avec la timidité vaincue d'un enfant qui implore grâce, « je t'en supplie, crois-moi... Je te le jure, par tout notre passé, notre cher passé, je n'ai rien su que par Gabrielle et par toi... Elle est venue tout à l'heure. Son mari est témoin dans cette horrible affaire. Il a dit deux ou trois phrases qui ont éveillé ses soupçons à elle et puis les miens, quand elle me les a répétées... Alors, quand j'ai entendu l'aveu de ta bouche, j'ai vu du sang, — du sang versé à cause de moi!... Et j'ai crié... Mais je n'aime que toi, mais je suis à toi pour la vie!... Nous allions être si heureux... Tu m'étais revenu si bon, si tendre... Comprends donc, en admettant que cet homme m'aime, s'il t'a cherché querelle, c'est parce qu'il sait que je n'aime que toi, que je t'aimerai toujours... »

— « Il ne m'en a pas moins insulté, » interrompit le comte, « et je ne peux plus rien pour effacer cela... Non, je ne peux pas plus reculer que si nous étions à demain et que l'on vînt de nous dire : feu... Je te crois..., » ajouta-t-il en répondant au serrement de main de sa maîtresse par une pression longue et passionnée. Il avait de nouveau constaté qu'elle était sincère dans cet élan vers lui, aussitôt qu'il souffrait. Il n'osa pas lui dire sa vraie pensée : « Si j'étais sûr que tu ne l'aimes pas! Mais non, tu l'aimes et tu ne veux pas l'aimer; et moi, tu voudrais m'aimer... » Il commençait à se sentir si las de cette éternelle incertitude, et il avait tant besoin de conserver son sang-froid pour bien régler toutes ses affaires durant cette après-midi, peut-être sa dernière. « Oui, » insista-t-il, « je te crois. Et je comprends que j'ai été un imprudent de te parler comme j'ai fait... Tu sais tout maintenant. Je ne peux pas retirer ce que j'ai dit. Sois courageuse, mon amie, et ne prononce plus un mot sur ce sujet... On ne discute pas, tu sens cela mieux que personne, avec les questions d'honneur... D'ailleurs je dois te quitter. J'étais venu te demander de me recevoir à neuf heures, après le dîner. Je te dirai au revoir, si Dieu permet... Tu auras réfléchi, et nous causerons sans nous dire de ces phrases qui nous font si mal, à toi et à moi, pour rien... Nous ne sommes déjà pas trop heureux! »

Elle le laissa partir sans lui répondre. Que pouvait-elle devant l'évidence de cette nécessité sociale aussi implacablement opprimante que la nécessité physique, que la chute d'une maison ou bien qu'un tremblement de terre? Raymond avait outragé Henry et ce dernier avait raison : le duel était inévitable. Mais la nécessité n'implique pas que l'on se résigne, et, dans ce cœur de femme deux fois atteint, toutes les puissances de la révolte frémissaient contre l'acceptation de l'atroce torture que lui représentait cette rencontre entre ces deux hommes. Depuis longtemps Poyanne avait disparu, et elle était là toujours, comme à la minute où la porte s'était refermée derrière lui, assise ou plutôt abîmée dans un fauteuil, les mains jointes sur les genoux, la tête penchée en avant, les yeux fixes, et c'était dans sa tête un va-et-vient tourbillonnant d'images qui lui montraient Henry et Raymond debout à quelques pas l'un de l'autre, le groupe des témoins, le signal, les canons abaissés des pistolets, — son amant n'avait-il pas fait allusion à cette arme ?... Et puis l'un des deux gisait à terre... Elle voyait Poyanne tombant ainsi : les yeux de cet ami de dix années, ces yeux dans lesquels elle n'avait jamais pu supporter un passage triste, se tournaient vers elle, et dans ce regard d'agonie, elle lisait ce reproche suprême : « C'est toi qui m'as tué... » Elle chassait ce cauchemar de funeste présage avec toutes les forces de son âme, et cette autre image s'imposait à elle aussitôt : Casal frappé à mort, ce Casal dont la présence la secouait d'un frisson de joie et de peur, dont l'absence la faisait dépérir de mélancolie. Ce noble visage d'homme, dont la beauté si mâle l'avait tant séduite, lui apparaissait tout pâle, et les yeux de celui-là regardaient aussi vers elle, non plus avec de tendres reproches, mais avec cette intolérable expression de mépris dont la seule idée la torturait depuis plusieurs jours. Et, — comment comprendre qu'il y eût place en elle pour cette misérable ambiguïté de sensation ? — même à cette heure d'une crise tragique, elle ne savait pas, elle ne pouvait pas savoir lequel des deux elle pleurerait avec les larmes les plus amères, si le duel avait lieu et s'il aboutissait à un dénouement fatal... Mais non. Il n'aurait pas lieu ! Dût-elle aller sur le terrain et se jeter à leurs pieds, là, devant les témoins, elle le ferait. Insensée ! Elle ne savait ni le moment, ni l'endroit, ni rien, sinon qu'avant vingt-quatre heures, moins peut-être, la scène dernière du drame amené par sa coupable faiblesse se serait accomplie. Son impuissance, elle l'avait mesurée quand Poyanne lui avait parlé avec la fermeté d'un homme qui n'admet pas même la discussion, et elle n'avait pas trouvé un mot à répondre. Que faire ? mon Dieu ! Que faire ?... S'adresser aux témoins ? C'est leur rôle à eux d'empêcher ces combats atroces. Mais qui étaient-ils ? Elle savait les noms de Candale et de lord Herbert. Quand elle arriverait à joindre ces deux-là, que leur dirait-elle ? Au nom de quoi supplierait-elle ces amis de l'homme qu'elle avait trompé ? Car, pour eux, et s'ils connaissaient toute son histoire par les confidences de leur client, elle était, elle, une coquette, une infâme et perfide coquette, qui s'était fait faire la cour pendant l'absence de son amant, par quelqu'un qu'elle se proposait de mettre à la porte, sitôt cet amant revenu. Comment leur expliquerait-elle sa bonne foi absolue, ses concessions involontaires et surtout cette anomalie abominable de son cœur si sincère, si double, qu'elle tremblait également pour tous les deux devant leur commun danger ? Et le cauchemar recommençait. Elle voyait un trou dans une poitrine, un front meurtri d'une balle, du sang couler, et, avec ce sang, que ce fût celui d'Henry ou celui de l'autre, sa vie s'en irait tout entière dans une inexprimable souffrance, si aiguë que c'était à souhaiter de mourir tout de suite, pour jamais, jamais ne voir cela !...

L'heure sonna. Machinalement Juliette releva la tête à ce bruit, qui lui sembla retentir dans le grand silence de la chambre avec une solennité d'amplitude inaccoutumée. Elle regarda la pendule dont le balancier lui mesurait, minute par minute, seconde par seconde, le temps qui restait pour empêcher que le cauchemar de ce duel ne devînt une terrible, une irréparable réalité. Elle vit que l'aiguille marquait quatre heures. Il y avait plus d'une heure que Poyanne l'avait quittée, et elle était demeurée là sans agir, quand Gabrielle l'attendait, prête à l'appuyer dans son œuvre de conciliation. Cette idée qu'elle avait ainsi perdu, sans les employer, un si grand nombre de ces instants qui lui étaient avarement comptés, la fit se lever brusquement. Elle passa ses mains sur ses yeux, et, à sa prostration épouvantée, succéda tout d'un coup la fièvre active des moments de désespoir. En un clin d'œil elle eut sonné sa femme de chambre, passé une robe de ville, demandé un fiacre, — faire atteler était trop long, — et elle roulait du côté de la rue de Tilsitt. Vingt projets divers tournoyaient dans sa tête en feu, auxquels la comtesse était toujours mêlée, et qui s'écroulèrent devant un contretemps bien simple à prévoir. Ne voyant pas arriver son amie et rongée elle-même d'impatience, Mme de Candale était partie de son côté pour la rue Matignon. Leurs voitures s'étaient sans doute croisées, car le portier insista sur la toute récente sortie de sa maîtresse :

— « Madame la comtesse était là, il y a dix minutes. »

— « Mon Dieu ! » songea Mme de Tillières en remontant dans son fiacre, « pourvu qu'elle ait eu la bonne inspiration de m'attendre chez moi ! »

C'était en effet le parti le plus logique. Mais dans ces crises de la vie privée, qui exigeraient de l'à-propos et de la précision, les partis les plus simples sont justement ceux auxquels on ne pense jamais. Au lieu de se dire : Juliette est évidemment allée rue de Tilsitt et va revenir,

Mme de Candale, dévorée d'inquiétude, eut l'idée de pousser jusqu'à la rue Royale, résolue, si son mari était au cercle, à le faire appeler et à savoir de lui quelque chose. Tandis qu'elle faisait cette démarche parfaitement inutile, vu l'heure qu'il était et les habitudes de Candale, Juliette arrivait rue Matignon. Elle apprenait que son amie l'avait demandée, puis était repartie sans rien dire. Devant ce nouveau malentendu, elle fut prise d'un subit affolement et elle retourna rue de Tilsitt, où naturellement elle ne trouva pas davantage celle qu'elle cherchait. Alors, dans le désarroi de ces allées et de ces venues successives, une idée commença de grandir en elle, et cette idée finit par envahir cette âme en détresse, au point qu'il lui devint impossible de ne pas se précipiter sur cette unique chance de salut avec cette impétueuse frénésie devant laquelle tous les obstacles ploient et tous les raisonnements. Ce duel entre Poyanne et Casal, quelle en était la cause ? Un outrage de ce dernier, ce mot de lâche lancé à la face de son ennemi... Mais si on obtenait de lui qu'il le retirât, ce mot, qu'il s'excusât de cet outrage, l'affaire devenait du coup impossible... Si on obtenait cela de lui ? Mais qui ?... Pourquoi pas elle-même ? Si elle allait à lui, maintenant, lui montrer sa douleur, et lui demander de tout faire pour éviter la rencontre ? Ce que l'honneur interdisait à Poyanne, l'autre le pouvait, le devait même s'il l'aimait, — et il l'aimait. Sans cela, se serait-il laissé emporter jusqu'à cette extrémité? Oui, c'était le salut. Comment n'y avait-elle pas songé plus tôt? Elle regarda de nouveau l'heure, et elle vit que ces courses entre la rue de Tilsitt et la rue Matignon lui avaient perdu encore quarante minutes. Son fiacre était à mi-chemin de sa maison quand elle fit cette constatation qui la bouleversa. Qu'il lui restait peu de temps pour agir, puisqu'il était cinq heures; à sept, elle devait être rentrée pour dîner avec sa mère, et à neuf, Henry revenait! L'excès de son angoisse acheva de l'affoler, et, comme si elle eût agi dans un rêve, elle frappa la vitre de sa petite main et jeta au cocher l'adresse de l'homme de qui lui paraissait dépendre en ce moment son sort tout entier. Comme dans un rêve, elle descendit devant la porte de l'hôtel de la rue de Lisbonne, elle sonna, elle demanda M. Casal, et l'énormité de sa démarche ne lui apparut qu'une fois entrée dans le petit salon dont la figure inconnue la rappela soudain à elle-même. Tout égarée, elle regarda les murs de cette pièce qu'elle devait si souvent revoir en souvenir, avec la nuance amortie de ses tapisseries, le miroitement de quelques armes, les reflets de ses tableaux et l'élégant désordre de son ameublement.

— « Mon Dieu, » se dit-elle à haute voix, « qu'ai-je fait?... »

C'était déjà trop tard, Raymond entrait dans le salon. Il était dans son cabinet de travail, occupé, comme Poyanne, sans doute, à cette même heure, au règlement des dispositions qui précèdent un duel vraiment sérieux, quand le valet de chambre lui annonça la visite d'une dame qui ne voulait pas dire son nom. Il s'imagina aussitôt qu'une indiscrétion de Candale avait tout révélé à la comtesse, et que cette dernière accourait chez lui pour obtenir qu'il laissât son mari arranger l'affaire. Aussi, lorsqu'il reconnut Juliette, son saisissement fut si fort, qu'il demeura immobile quelques secondes sur le pas de la porte. A la voir si pâle, si frémissante d'une émotion que maintenant elle ne pouvait plus cacher, il comprit qu'elle savait tout, et par qui? sinon par Poyanne. Il se fit d'instinct le même raisonnement contre son rival que son rival s'était fait contre lui, et devant cette preuve nouvelle d'une intimité entre ces deux êtres, il subit, lui aussi, un involontaire accès de fureur jalouse. Mais il y apporta la violence d'un homme rongé de soupçons depuis des jours et des jours, et qui a besoin de blesser la femme, objet de ces soupçons, de lui meurtrir, de lui broyer l'âme :

— « Vous ici, madame, » dit-il après ce premier sursaut de surprise et avec une ironie brutale. « Ah ! je devine... Vous venez me demander la vie de votre amant... »

— « Non, » répondit-elle d'une voix brisée. Il l'avait, en effet, par ces quelques mots, frappée au plus vif, au plus saignant de son être; mais puisque cette démarche folle était hasardée, du moins il fallait essayer qu'elle ne fût pas vaine : « Non, ce n'est pas sa vie que je viens vous demander; c'est la mienne. C'est de ne pas ajouter, aux douleurs que je supporte depuis tant de jours, celle de savoir que deux hommes de cœur, comme vous et comme lui, risquent de mourir par ma faute... Il n'y a que vous qui puissiez défaire ce que vous avez fait, et c'est pour cela que j'ai voulu vous voir, vous parler, vous supplier, s'il le faut, de m'épargner, moi, qui n'en peux plus, qui ne survivrais pas à un malheur... »

Elle avait parlé sans mesurer ses mots, sinon pour ne pas recommencer la faute de son entretien avec Poyanne, cette mise sur le même plan de ses deux angoisses. Elle ne voyait devant elle en ce moment que cette rencontre et que sa volonté de toucher à tout prix Casal. Elle ne réfléchit pas que ses paroles équivalaient, pour cet homme, au plus précis des aveux. Si elle avait été de sang-froid, elle aurait d'abord cherché à savoir ce qu'il connaissait au juste de leurs relations, à Poyanne et à elle. Mais ce qui caractérise les heures de crise passionnée, c'est précisément cet oubli de précautions, cette absence d'analyse des autres. Nous admettons spontanément, invinciblement, qu'ils pensent de nous ce que nous en pensons nous-mêmes, et nous leur parlons d'après notre conscience, sans plus tenir compte de ces infinies nuances qui séparent le doute de la certitude. Or, Casal, même après la conversation avec Mme de Candale, même après la scène du Théâtre-Français, flottait encore dans le doute. Il agissait comme si Juliette était la maîtresse de Poyanne. Il se disait qu'elle l'était, et il se fût trouvé insensé de ne pas le dire. Il n'en était cependant pas sûr. Quand on aime, on est ainsi. Les plus légers indices servent de matière aux pires soupçons, et les preuves les plus convaincantes, ou que l'on a jugées telles à l'avance, laissent une place dernière à l'espoir. On suppose tout possible dans le mal, on veut le supposer, et une voix secrète plaide en nous, qui nous murmure : « Si tu te trompais, pourtant! » C'est alors, et quand l'évidence s'impose, indiscutable cette fois, un bouleversement nouveau de tout le cœur, comme si l'on n'avait jamais rien soupçonné. Dans la supplication éperdue de Mme de Tillières, Raymond n'aperçut que cela, cette preuve décisive qu'elle était la maîtresse de Poyanne. Il lui avait dit, en lui parlant de cet homme : « *Votre* amant; » et elle avait répondu, elle : « Je ne viens pas vous demander *sa* vie. » Elle acceptait donc ce fait comme quelque chose d'avoué, de définitif, comme un point de départ posé pour leur entretien, et, cette idée lui perçant le cœur comme une pointe rougie au feu, il marcha sur elle, les bras croisés, terrible :

— « Ainsi, » disait-il, « vous l'avouez, il est votre amant... Ah! malgré tout, je ne voulais pas, je ne pouvais pas le croire... Votre amant! Il est votre amant! Non, m'avez-vous assez dupé! Ai-je été assez enfant avec vous? Avez-vous dû assez rire de ce Casal qui venait chez vous, avec des mines d'amoureux transi, et vous étiez, vous, la maîtresse d'un autre? Et moi, je vous aimais, comme je n'ai jamais aimé. J'en étais à ne pas oser vous parler de mes sentiments... Il faut vous rendre la justice que vous le savez bien, votre métier de coquette, mais vous devriez savoir aussi que l'on ne fait pas ce métier-là impunément avec des hommes qui ont quelque chose là... Je vous le tuerai, votre amant, entendez-vous, je vous le tuerai, aussi vrai que vous m'avez menti depuis deux mois, jour par jour, heure par heure... Je comprends, cela vous eût amusée de vous dire dans votre orgueil de jolie femme : Pauvre jeune homme! Il est malheureux. De quoi se plaint-il? Je ne lui ai rien promis, rien accordé... Il m'a aimée. Est-ce ma faute?... Oui, c'est votre faute, et puisque je ne puis vous atteindre que dans cet amant, qui est allé vous livrer le secret de notre rencontre, pour se sauver, sans doute, hé bien, c'est en lui que je vous frapperai!...

Conseillez-lui de ne pas me manquer demain. Car moi, je ferai tout pour ne pas le manquer... Et maintenant, adieu, madame, nous n'avons plus rien à nous dire... »

Le cruel discours, et comme il contrastait affreusement avec le respect dont les moindres phrases prononcées par cette même voix avaient été empreintes depuis le soir du premier dîner à l'hôtel de Candale, devant la table parée de son tapis de violettes russes! Et comme le sauvage, l'invincible amour avait tôt fait de tirer ces deux êtres hors de la correction mondaine, pour qu'il lui parlât ainsi avec cette âpreté d'accent et de termes, et qu'elle l'écoutât!... — Car elle l'écoutait, sans l'interrompre, écrasée par ce mépris qu'elle avait tant appréhendé, qu'elle ne méritait pas malgré les apparences, contre lequel tout son amour protestait. Cette âpreté du langage de Casal l'affolait en la brutalisant dans ce qu'il y avait en elle de plus sensible, de plus maladivement sensible et tendre, et elle répondit, l'appelant pour la première fois tout haut du nom qu'elle lui donnait tout bas depuis tant de jours :

— « Non, Raymond, je ne peux pas supporter que vous me parliez, que vous me jugiez ainsi. Mais, comment aucune voix n'a-t-elle plaidé pour moi dans votre cœur? Comment ne me faites-vous pas le crédit de penser que vous ne savez pas tout?... Vous qui connaissez la vie, comment ne vous êtes-vous pas dit, quand vous avez commencé de me soupçonner : Cette femme est la victime d'une fatalité que j'ignore, mais ce n'est pas une coquette? Elle a été, elle est sincère avec moi. Je l'ai intéressée, elle m'a aimé... Oui, Raymond, je vous ai aimé, je vous aime encore... Sans cela, est-ce que la pensée de cette rencontre entre vous deux m'aurait bouleversée au point de m'amener ici, moi, Juliette de Tillières?... Oui! c'est vrai, quand vous êtes entré dans ma vie, je n'étais pas libre, je ne devais pas me laisser aller à vous recevoir, comme j'ai fait... Je me suis crue forte. J'étais faible. Je n'ai pas vu où j'allais. Tout a été si rapide, si entraînant, si fatal!... Et puis, est-ce que je savais combien j'étais aimée d'autre part? J'ai tout appris à la fois, et ce que je sentais pour vous et ce que j'allais causer de souffrances au plus noble cœur... Ah! vous ne comprendrez pas cela, vous, un homme, que l'on ne puisse pas aller vers son bonheur à soi à travers l'agonie d'un autre. Et c'est encore vrai, pourtant : je n'ai pas pu! Quand j'ai senti souffrir près de moi quelqu'un qui, lui, n'avait pas changé, quand j'ai subi ce contre-coup de sa peine, j'ai plié, je n'ai plus trouvé en moi de force que pour guérir cette peine, que pour sauver cela du moins!... Je ne vous mens pas, je ne discute pas, je vous montre le fond du fond de ma misère. C'est encore aujourd'hui ainsi. Regardez-moi, voyez ce que cet effort, ce déchirement de me séparer de vous m'a coûté! Voyez ma pâleur, ce que j'ai souffert, et si j'ai le droit de vous répéter : N'ajoutez rien à mon martyre. Ne me donnez pas ce remords de penser que je suis votre assassin, à vous ou à lui... Ah! on ne peut pas souffrir ce que je souffre! Non! C'est trop! C'est vraiment trop!... »

Elle était si belle en racontant ainsi le drame étrange dont elle était, comme elle avait dit, la première, la fatale victime, belle de cette beauté maladive et comme vaincue qui remue les cordes les plus profondes du cœur de l'homme! Un si profond accent de vérité marquait cette confidence navrée d'une détresse morale dont le principe résidait dans une façon de sentir trop tendre et trop fine!... Casal s'abandonnait malgré lui au charme émané de cette grâce touchante. Il subissait le magnétisme de cette sincérité. Sa colère première s'en allait pour céder la place à une tristesse infinie devant ce qu'elle avait appelé si justement le fond du fond de sa misère. Après avoir tour à tour divinisé puis maudit cette femme, il l'apercevait enfin telle qu'elle était réellement, illogique et si noble, délicate et si tourmentée, éprise d'idéal et si faible, en proie aux orages de sentiments contraires et si punie!

De quoi ? De ne pouvoir ni se renoncer ni s'accepter. Une honte l'envahissait de sa dureté de tout à l'heure, et, lui aussi, il éprouvait cette impuissance à supporter la vue, presque le contact de ce cœur blessé sans essayer de le soulager, et ce fut avec sa voix d'avant ses soupçons, — Dieu ! que ce changement d'accent fut doux à Juliette à cette minute ! — qu'il reprit à son tour :

— « Pourquoi ne m'avez-vous pas parlé plus tôt ? Pourquoi, lorsque je suis venu chez vous, après ma conversation avec Mme de Candale, ne m'avez-vous pas dit la vérité ? J'aurais tout compris, tout pardonné... Au lieu que maintenant, c'est trop tard... Vous me demandez d'arranger cette affaire ? Hélas ! rien ne dépend plus de moi... Faire des excuses sur le terrain ? Cela, non, jamais, c'est impossible !... »

— « Impossible ! » s'écria-t-elle en tordant ses mains, « impossible ! Et vous dites m'aimer ! C'est votre orgueil qui parle, Raymond, ce n'est pas votre cœur... Je vous en conjure, si jamais je vous ai été bonne et douce, si vous croyez de nouveau en moi, si vous m'avez pardonné vraiment, si vous m'aimez, écoutez-moi, obéissez-moi... »

Elle continuait, s'approchant de lui davantage encore, l'assiégeant de sa prière, de ses yeux, de tout son être, lui insufflant sa volonté par cette suggestion de l'extrême désir devant laquelle les résistances les plus décidées s'affaissent et cèdent, jusqu'à ce qu'il lui dît, du ton d'un homme qui abdique tout ce qu'il peut abdiquer de ses fiertés :

— « Vous le voulez... Je peux ceci encore, mais n'en exigez pas plus... Oui, je peux écrire à M. de Poyanne une lettre où je lui exprime mes regrets de m'être laissé emporter en paroles vis-à-vis d'un homme de sa valeur... Cette lettre, je vous promets de la faire de telle sorte qu'il lui soit loisible de s'en contenter. Mais s'il ne s'en contente pas, s'il exige une réparation par les armes, — même après cela, — je la lui dois et je la lui donnerai. »

— « Et cette lettre, » dit Juliette haletante, « quand l'aura-t-il ?... Tout de suite ?... »

— « Soit. Tout de suite, » répondit Casal, « je vous en donne ma parole. »

— « Ah ! » s'écria-t-elle, « merci, merci. Que vous êtes bon ! Que vous m'aimez ! » C'était son affaire à elle, maintenant, de décider Poyanne, et, une fois la lettre écrite par Raymond, elle ne doutait pas, elle ne voulait pas douter qu'elle ne réussît à vaincre les rancunes du comte, si fortes fussent-elles, dans leur entretien du soir. Elle avait bien vaincu, par sa seule présence, la colère, la jalousie, l'orgueil de celui qui l'avait accueillie d'abord si cruellement. Dans l'effusion de reconnaissance qui l'envahit, et dans la détente de toute sa volonté que lui procura cette réussite de ses prières, les larmes lui vinrent et ses forces défaillirent. Elle tenait les mains du jeune homme qu'elle avait prises en lui disant ce merci passionné. Il la sentit trembler, et il eut peur qu'elle ne se trouvât mal, devant lui, comme elle avait fait chez elle, lors de sa dernière visite. Il la soutint d'un de ses bras, et elle ne le repoussa plus. Il vit de nouveau appuyé sur son épaule ce pâle visage, consumé de mélancolie et qu'un sourire presque enfantin de contentement éclairait parmi les larmes, comme si, après tant de luttes, ce dangereux abandon inondait ce pauvre cœur torturé d'une suprême, d'une mortelle douceur. Il osa caresser de la main cette joue amaigrie, qui ne se retira pas, poser sa bouche sur cette bouche frémissante, qui ne se défendit point contre ce baiser. — Était-ce chez elle l'ivresse nerveuse qui succède aux secousses trop violentes de la crainte? Était-ce chez lui l'ardeur étrange, si triste et si profonde, qu'éveille en nous la certitude qu'un autre a possédé celle que nous aimons? Était-ce chez tous les deux l'obscure sensation du tragique du sort, de la misère de la vie, qui tient par une mystérieuse, par une invincible attache, aux troubles de la volupté? Simplement, puisqu'ils s'aimaient, était-ce cette impérieuse, cette tyrannique folie d'amour qui veut que, malgré toutes les défenses de la raison, toutes les séparations de la destinée, toutes les résolutions et tous les orgueils, à une minute donnée, les bras s'enlacent, les lèvres s'unissent, les âmes se mêlent à travers les sens ? Il l'entraînait, il l'emportait hors de ce salon où ils s'étaient parlé si douloureusement, et elle ne luttait point. Et quand plus tard, bien plus tard, elle sortit de cet hôtel où elle était arrivée folle d'angoisse, elle s'était donnée tout entière à cet homme qu'elle était venue supplier de renoncer à sa vengeance. — Elle était la maîtresse de Casal !

XI

LE DERNIER DÉTOUR DU LABYRINTHE

Le célèbre aphorisme des anciens sur la tristesse qui envahit l'être vivant après l'amour n'est pas seulement vrai en lui-même d'une vérité physiologique et naturelle. Il l'est aussi d'une vérité sociale, si l'on peut dire, tant sont d'ordinaire pénibles les conditions qui accompagnent ce réveil de notre pensée que la passion a grisée, cette reprise de notre personne qui a cru se donner, qui n'a pu que se prêter. Et il faut se retrouver l'homme qui va, qui vient, qui appartient à un métier, avec des intérêts à suivre, un rôle à soutenir, des devoirs à pratiquer. Il faut redevenir, non plus l'amante pour qui rien n'existe ici-bas que l'amant, mais la femme du monde sur qui pèsent mille corvées opprimantes, avec une maison à diriger, des visites à rendre, une réputation à garder, les innombrables soucis mesquins de l'existence quotidienne. Heureuse encore celle qui ne doit pas, rentrée au logis, apporter au baiser confiant d'un mari ou aux innocentes caresses d'un enfant un visage que brûle encore la fièvre d'un bonheur défendu! Si seulement ces rechutes affreuses de l'Idéal dans le Réel s'accomplissaient par une gradation ménagée! Non. Le plus souvent un insignifiant détail y suffit et une secousse de quelques secondes. Ce fut le cas pour Juliette, qui, venant de tout oublier dans les bras de Casal, dut rapprendre d'un coup la dure vérité de sa situation par le fait le plus brutalement vulgaire : elle avait laissé à la porte le fiacre qui l'avait amenée, et le cocher, las d'attendre, était descendu du siège. Il se promenait de long en large, à côté de sa voiture, faisant sonner sur le trottoir sec ses lourdes semelles. Quand il reconnut sa cliente, il lui ouvrit la portière avec une bonne figure joviale où la jeune femme crut lire la plus insultante des ironies, et ce fut d'une voix presque étouffée d'émotion qu'elle donna une fausse adresse, quelconque, au hasard, celle d'un magasin de parfumerie situé dans la rue du Faubourg-Saint-Honoré. Elle venait de se rappeler que le valet de pied était allé de chez elle prendre ce coupé. Si ce cocher goguenard s'avisait de rechercher qui elle était ? S'il en parlait avec ses gens et s'il racontait cette visite de deux heures ? — Quelle visite et à qui ?... A cette seule idée, la pourpre de la confusion se répandit sur son visage, et tout son être se figea d'une épouvante qu'elle ne connaissait pas. Pour la première fois elle aperçut, bien en face, la chose nouvelle, l'irréparable chose que jamais elle n'eût crue possible : — elle avait un nouvel amant, elle, Mme de Tillières ! Et dans quelles conditions s'était-elle donnée ? A la veille d'un duel provoqué par sa faute entre deux personnes qui maintenant possédaient sur elle des droits égaux ! La vibration exaltée de ses nerfs qui durait encore se transforma soudain, à cette évidence, en une honte presque affolée. Déjà le fiacre s'était arrêté à la porte indiquée. Elle descendit sans oser regarder le cocher en le payant. Elle n'osa pas davantage entrer dans le magasin. Elle n'osait pas regarder les passants. Il lui semblait que sa criminelle aventure était écrite sur son front, dans ses yeux, dans ses moindres gestes. Elle marcha devant elle quelques pas, comme si elle eût été poursuivie par un espion chargé de savoir d'où elle venait, où elle allait. Elle tournait le dos à la rue Matignon. Elle ne s'en aperçut qu'en arrivant sur une des larges avenues qui conduisent à l'Arc de Triomphe. Le soir assombrissait le ciel, où les premiers becs de gaz brûlaient d'une flamme blanche. Elle consulta sa montre qui marquait près de huit heures et demie.

— « Mon Dieu ! » songea-t-elle, « et ma mère qui m'attend depuis plus d'une heure ! Comme elle va être inquiète, et que lui dire ?... »

Oui ! que lui dire ? Dans un nouvel éclair d'épouvante, elle se figura la vieille femme avec ses yeux de demi-sourde, si aigus, si fins, si habitués à lire jusqu'au fond de son cœur, à elle, grâce à la lucidité presque surnaturelle de l'extrême tendresse. Comment allait-elle supporter ce regard ? Cette appréhension fut si vive, que Juliette se sentit presque évanouir. Un découragement subit l'envahit, infini, suprême, qui la fit s'asseoir sur un banc désert, isolé dans ce coin d'avenue. C'est à des moments pareils que des âmes comme celle-là, bouleversées par le plus cruel désarroi intime, conçoivent de ces foudroyantes résolutions de suicide, qui demeurent inexplicables même à leurs proches, et, involontairement, Juliette songea à la mort. Elle n'avait qu'à héler cette voiture qui passait, à se faire conduire au pont le plus voisin. Son imagination lui peignit l'eau verte du fleuve, en train de couler dans le crépuscule, paisible et profonde. Pour la première fois de sa vie, elle, la femme d'énergie, et si résolue à vivre, si habituée à se dominer, elle éprouva cet attrait du grand repos qui, à la même place, avait peut-être tenté dans cette même tristesse du crépuscule plus d'une créature misérable : mendiante affamée des rues, fille délaissée, amante jalouse. Physiques ou morales, toutes les détresses traversent cette crise de la tentation funèbre ; toutes éveillent dans le cœur un intense appétit du néant, et, devant certaines souffrances, grande dame et vagabonde du pavé sont égales. Mais Juliette gardait, à travers les égarements d'une sensibilité décomposée, une idée trop habituelle du devoir pour sombrer ainsi, sans un souvenir pour ceux à qui elle était nécessaire. Elle se vit, dans cette rapide hallucination, morte en effet, rapportée chez elle, et le désespoir de sa mère. Cette image lui rendit Mme de Nançay si présente, qu'elle se dit : « Je ne lui causerai pas cette douleur, » et elle se leva brusquement en se répétant :

— « Ah ! chère, chère maman ! Elle doit tout ignorer. J'aurai ce courage. »

Et elle osa la héler, cette voiture qui passait, mais non pas pour se faire conduire du côté de la Seine. Elle s'était décidée à rentrer bravement, avec la résolution de mentir encore une fois, pour épargner du moins une personne parmi celles qui l'aimaient. Toutes les autres : Poyanne, Casal, Gabrielle, que de soucis elle leur avait infligés ! « Mentir encore ! » se dit-elle. Ah ! Dieu ! les avait-elle prodigués, ces mensonges, depuis qu'elle errait dans ce labyrinthe des complications sentimentales ! Mais qu'était maintenant ce remords à côté du poids qui désormais écraserait sa conscience ? L'effort auquel elle s'astreignit pour inventer un petit roman dans ce fiacre qui la transportait eut du moins ce bon résultat : durant ce court espace de temps, elle acheva de secouer son ivresse nerveuse, qui avait eu pour première forme toute la folie abandonnée de l'amour, et, pour dernière, cette frénésie de désespoir. Elle allait peut-être souffrir davantage maintenant de la tragique impasse où elle s'était engagée, mais elle allait en souffrir comme d'un mal défini, sur lequel on raisonne, et non plus dans cet affolement où la nature humaine se déséquilibre, au point de perdre même la dignité de sa souffrance. Il ne fut pourtant pas bien grand, cet effort. L'histoire qu'elle imagina pour paraître devant sa mère sans que le soupçon s'éveillât chez la vieille dame était très simple, mais trop en accord avec son teint défait, ses yeux lassés, la brisure visible de tout son être.

— « Je me suis trouvée mal dans la rue, » dit-elle, « comme je revenais à pied, pour marcher un peu, et on a dû me porter dans une pharmacie. Je n'ai pas voulu que l'on vous prévînt, pour ne pas vous inquiéter, chère maman, et puis vous vous êtes tourmentée davantage. »

— « Pourvu qu'on trouve le médecin tout de

suite, » répondit la mère, trop effrayée de voir sa fille dans un pareil état de lassitude pour avoir la moindre méfiance. « Pauvre enfant, ton visage est tout altéré, et tu pensais à moi encore... Que tu es bonne !... »

Elle l'embrassait tendrement en prononçant ces mots, sans se douter qu'elle faisait mal à Juliette par cet excès même de crédulité.

— « Je me sens mieux, » répondit celle-ci ; « c'est bien assez que le docteur vienne demain matin, si j'ai passé une mauvaise nuit... Je vais essayer de reposer... »

— « Oui, va te reposer, » dit la mère. « Je me charge de recevoir Gabrielle, qui est revenue trois fois et qui repassera vers les neuf heures... As-tu quelque chose à lui dire ? »

— « Non, chère maman ; expliquez-lui que je suis rentrée bien souffrante et que je n'ai pas pu l'attendre... Je n'ai la force de rien. »

Ce dernier soupir du moins ne mentait pas. Elle avait été capable de cette dernière tension d'énergie pour affronter les yeux de sa mère. Mais Gabrielle qui lui parlerait de Casal ; mais Poyanne surtout, qui devait, lui aussi, être là vers les neuf heures, — non, elle ne pouvait pas les voir ! Demain, quand elle aurait repris ses forces, elle se retrouverait maîtresse d'elle-même. Pour le moment, elle avait besoin de solitude, quoiqu'elle sût trop quels fantômes obséderaient sa nuit d'insomnie. Mais elle n'en était plus à calculer avec la douleur. Dans les crises suprêmes des drames intimes, l'être passionné ressemble aux soldats dans la bataille. Il ne sent point les blessures et n'essaie même plus de les éviter. Juliette voulait à tout prix y voir clair en elle-même. L'action qu'elle venait de commettre avait été si peu préméditée! C'était, cet abandon de sa personne à Casal, quelque chose de si complètement, de si absolument inattendu, qu'il lui fallait des heures et des heures pour admettre que cela eût positivement eu lieu, pour en comprendre la *réalité;* et, sitôt qu'elle fut couchée dans son lit, toutes lumières éteintes, rendue à la pleine possession de sa pensée, ce fut bien cette idée qu'elle commença de prendre et de reprendre : — Elle était la maîtresse de Raymond. C'était vrai! De ces mêmes bras qui maintenant se repliaient contre sa poitrine, par un geste d'enfant malade, elle l'avait serré contre elle. De ces mêmes lèvres qui, de temps à autre, exhalaient cette unique plainte : « Mon Dieu! ayez pitié de moi!... Mon Dieu!... » elle lui avait rendu ses baisers. Ils la brûlaient encore, insinuant au plus intime de son être une ardeur de passion qui ravivait son souvenir. Quel vertige l'avait précipitée à cette faute? Quelle force de destinée l'avait conduite vers cette maison, vers cette chambre, vers cette minute ineffaçable où elle s'était sentie trop faible pour résister à celui qu'elle était venue seulement implorer? Les diverses scènes de l'après-midi défilèrent devant son esprit les unes après les autres, et sa promenade dans la solitaire allée du jardin, et l'arrivée de Gabrielle, et l'entretien avec Henry, et la course en voiture, et sa résolution subite d'aller rue de Lisbonne. L'effrayante rapidité avec laquelle s'était accomplie sa chute ajoutait encore à sa honte, et elle se répétait à voix haute, avec un désespoir mêlé de stupeur qui lui faisait entendre sa voix comme si c'eût été celle d'une autre :

— « Que je me méprise ! Que je me méprise !... »

Mais se mépriser, mais se tordre dans le remords, mais verser des larmes d'agonie, de ces larmes où l'on se pleure soi-même à la manière des mourants, c'est expier, ce n'est pas effacer. Le fait était là, et avec lui ses conséquences immédiates. Elle allait se retrouver demain en présence de Poyanne. Comment agirait-elle? La véritable noblesse, elle le sentait, lui ordonnait de tout dire, d'avouer son égarement, quitte à subir, comme une punition trop méritée, l'outrage d'un abandon sans merci. Elle se représenta le détail de ce terrible aveu, le visage tourmenté d'Henry, son regard tandis qu'elle lui parlerait, et elle se rendit compte, avec un effroi inexprimable, que d'avoir trahi cet amant si noble n'avait pas tué en elle sa sensibilité morbide à l'égard de la douleur de cet homme. L'idée que par cette confession elle lui déchirerait si cruellement l'âme, la fit se rejeter en arrière et se dire :

— « Non, je ne lui avouerai jamais cela. »

Hé bien ! Ne pouvait-elle pas rompre sans cet aveu ? Car, cette fois, il fallait rompre, et de rester la maîtresse de Poyanne, ayant été celle de Casal, constituait un degré d'abaissement auquel elle ne descendrait jamais. Elle n'aurait pas deux amants à la fois ! — Hélas ! ne les avait-elle pas ? N'avait-elle pas cédé au second avant d'avoir réglé sa situation vis-à-vis du premier ? L'un et l'autre n'étaient-ils pas en droit de se dire, à cette même minute : « Je suis l'amant de Mme de Tillières ?... » Afin de se laver devant sa propre conscience de la flétrissure dont elle se sentait souillée à cette pensée, elle répétait : « C'est cette histoire de duel qui m'a affolée. J'ai perdu la tête. Sans le danger de cette rencontre, jamais je n'aurais revu Casal. Jamais ! Jamais !... Du moins je les aurai empêchés de se battre... » En était-elle sûre ? Et voici que, tout d'un coup, cette nouvelle panique passa sur elle pour achever de la terrasser. Elle raisonnait, depuis la promesse de Casal, comme si la lettre d'excuses avait été acceptée par Poyanne. Mais l'accepterait-il ? Il l'eût acceptée, certes, si elle avait pu le voir, à neuf heures, comme il était convenu, lui parler, l'envelopper de son influence. Et elle avait reculé devant cet entretien ! Déjà sa trahison portait ses fruits. Si le duel avait lieu maintenant, elle en serait deux fois responsable. Et il aurait lieu. Comme il arrive dans des moments pareils, la prévision du pire s'imposa soudain à cette imagination torturée. Elle retrouva toutes ses anxiétés de l'après-midi, exaspérées encore par ce surcroît d'épouvante que, maintenant, cette rencontre à main armée mettrait en face l'un de l'autre ses deux amants, et elle continuait à vibrer pour tous les deux, plus fortement encore à cette minute. En songeant à l'un, elle se sentait, malgré tout, envahie par les fièvres de la volupté éprouvée entre ses bras, tandis que celui qu'elle avait trahi lui tenait au cœur par des racines d'autant plus vivantes qu'elle y avait touché pour les arracher. Elle n'avait fait que de les endolorir. Elle le plaignait de l'outrage qu'elle venait de lui infliger, et cette pitié s'accroissait de tous ses remords. Ah ! Quel haïssable, quel criminel dualisme d'âme ! Mais où trouver la force d'en triompher, aujourd'hui qu'après tant de luttes, si sincères, pour réduire sa vie à l'unité, elle venait de mettre dans les faits ce qui n'avait été jusque-là que dans son cœur. Ses efforts les plus consciencieux avaient produit ce monstrueux résultat que maintenant Casal possédait sur elle les mêmes droits que Poyanne. Comment guérir? Comment même se comprendre? Et elle se répétait :

— « Ce n'est pas vrai, on n'a pas deux amants, pas plus qu'on n'a deux amours. On aime l'un ou on aime l'autre... »

Elle avait beau se la dire et se la redire, cette formule de conscience, et s'y attacher en esprit avec la rage de quelqu'un qui se sent emporté par un souffle de tentation coupable auquel il ne veut pas s'abandonner, elle retrouvait toujours en elle ce jeu contradictoire des deux sentiments qui s'exaltaient l'un l'autre au lieu de se détruire, et toujours aussi la vision du tragique danger que couraient ses deux amis. Vers le matin, au sortir du sommeil fiévreux de six heures qui termine en un cauchemar accablé des nuits pareilles, elle eut un éclair d'espérance. On était venu la veille au soir déposer une lettre à son nom avec prière de la lui remettre aussitôt. Elle reconnut l'écriture de Casal. Ce fut avec un tremblement qu'elle ouvrit l'enveloppe. Voici les lignes qu'elle renfermait :

———

« *Mardi soir.*

« J'ai tenu ma parole, ma charmante amie, et j'ai écrit à M. de P... Cette lettre, qui m'a tant coûté, vous prouvera combien je veux vous plaire. Ce billet veut vous porter aussi toute ma reconnaissance et vous demander si vous ne regrettez pas trop ce que vous avez fait pour moi. Si, comme je l'espère, les choses s'arrangent, j'irai chez vous à deux heures, vous dire moi-même tout cela. Si j'étais sûr que vous serez celle que vous avez été aujourd'hui, je vous demanderais de revenir rue de Lisbonne écouter ces choses et d'autres encore. Mais je comprends que ce ne serait pas prudent. Ne puis-je pas espérer que vous reviendrez bientôt, sinon là, du moins dans un coin plus sûr, où je puisse vous répéter combien je suis votre

« Raymond. »

(Copie.)

« Monsieur,

« A la veille d'une rencontre comme celle qui doit avoir lieu demain, la démarche que je hasarde auprès de vous risquerait d'être interprétée singulièrement si je n'avais fait mes preuves de bravoure comme vous avez fait les vôtres, et si je n'ajoutais que vous pourrez, à votre gré, ne tenir aucun compte de ce billet. S'il vous convient de ne pas l'avoir reçu, mettez que je ne l'ai pas écrit, voilà tout. Mais j'aurai, moi, soulagé ma conscience d'un remords. Les hommes de votre talent et de votre caractère sont trop rares dans notre pays et leur existence trop précieuse pour que j'éprouve la moindre honte à vous dire que je regrette le mouvement de vivacité auquel j'ai cédé l'autre soir. Je vous répète, monsieur, qu'en vous écrivant, j'obéis à un scrupule de conscience, et que, si vous ne jugez pas cette satisfaction suffisante, je reste à votre disposition, comme il a été convenu. Quoi que vous décidiez, vous verrez dans ceci la preuve de ma particulière estime.

« CASAL. »

— « Henry ne peut pas refuser des excuses ainsi présentées, » se dit la jeune femme quand elle eut lu et relu les deux lettres réunies sur la même feuille de papier, et cette réunion lui fit éprouver, pour la première fois depuis qu'elle connaissait Casal, l'impression de quelque chose d'un peu brutal, de presque indélicat. Elle aurait voulu qu'il ne mêlât point ainsi, d'une manière aussi naturelle, l'expression de ses sentiments et le souvenir de son rival. Ce n'était qu'une nuance, mais les femmes qui sentent les nuances les sentent toujours, et celle-ci, même dans cette crise si violente de sa destinée, trouva en elle de quoi souffrir de cette confusion, comme aussi de la demande de nouveaux rendez-vous qu'exprimaient les dernières phrases de la lettre de Raymond. C'est qu'elle y sentait, sous l'apparent respect des formules, le droit de cet homme sur elle et la main mise par lui sur sa volonté. Il lui parlait comme à une maîtresse avec qui l'on n'est pas encore trop familier, mais sur la complaisance de laquelle on compte absolument. Aurait-elle donc voulu que Casal considérât le don qu'elle lui avait fait de sa personne comme une simple aventure? Ce billet n'attestait-il pas que du moins il croyait s'être engagé avec elle dans une liaison? Pourquoi cette idée, au lieu de lui apparaître comme une preuve de sincérité, la froissa-t-elle soudain tout entière? N'avait-elle pas d'autre part une preuve de la soumission de cet homme à ses désirs dans cette copie de la lettre à Poyanne qui avait dû, comme il le disait, tant lui coûter? Elle eut un mouvement de révolte contre elle-même, à constater qu'elle n'avait pas plus de gratitude pour une démarche qui certainement empêcherait le duel. Elle reprit un par un les termes dans lesquels étaient rédigées ces excuses et elle se contraignit à s'en démontrer la finesse impérative.

— « Sauvés! » dit-elle, « ils sont sauvés! Qu'importe que moi je sois perdue? »

Cette espérance se doublait cependant d'un reste bien douloureux d'inquiétude, car elle ne put se retenir d'envoyer rue Martignac vers les dix heures, sous un prétexte quelconque. Elle voulait être absolument sûre que le comte n'était pas sorti. Quand elle apprit au contraire qu'il avait quitté son appartement de grand matin, sans spécifier le moment où il rentrerait, ce fut l'espérance qui retomba tout d'un coup, et l'inquiétude qui recommença, plus forte de minute en minute. Vainement se répéta-t-elle : « Je suis folle, même si l'affaire s'arrange, il faut bien qu'il voie ses témoins. » Elle n'arriva plus à calmer l'excès de son anxiété. Que faire ? Envoyer aussi chez Casal ? Elle y songea longtemps, et commença même plusieurs brouillons de lettres ; puis elle n'osa pas. Elle se préparait, en désespoir de cause, à écrire à Gabrielle de Candale, lorsque la porte s'ouvrit et donna accès à cette dernière. Le visage bouleversé de cette fidèle amie ne permettait guère le doute à Juliette :

— « Ils se battent ?... » s'écria-t-elle.

— « Enfin je te trouve, » dit la comtesse sans répondre directement à cette question qu'elle prit sans doute pour un simple cri d'effroi, « et, je comprends, tu as passé ton après-midi à essayer de convaincre Poyanne... J'ai bien deviné que tu n'avais pas réussi, quand j'ai su dans quel état tu étais rentrée... Oui, ils se battent. J'en suis sûre maintenant. J'ai vu hier soir sur la table de Louis la boîte de pistolets que l'on avait apportée toute cachetée de chez Gastinne... Et ce matin, quand il est parti, dès les huit heures, cette boîte n'était plus là... J'ai su par le concierge qu'il avait donné au cocher l'adresse de Casal... J'ai attendu son retour, dans l'espérance d'apprendre l'événement, quel qu'il fût, toute la matinée. Et ne le voyant pas revenir vers onze heures, je n'ai pas pu rester plus longtemps sans nouvelles. Mais que sais-tu, toi-même, parle, que sais-tu ? »

— « Je sais que Raymond a insulté Henry, » dit Mme de Tillières, « voilà tout, et que c'est là l'origine de l'affaire. Mon Dieu ! dire qu'à cette heure-ci un des deux meurt peut-être et que j'en suis cause ! Partons, Gabrielle, viens avec moi. Allons-y. S'il était encore temps ?... Ton concierge t'a dit où est allée la voiture de Louis... Nous ferons bien parler celui de Casal ou de lord Herbert. Il y a pourtant un dernier endroit d'où ils sont partis... »

— « Mais c'est insensé, » répondit Mme de Candale. « D'abord nous arriverions trop tard, si nous arrivions... Et puis je ne te laisserais pas te déshonorer par une démarche pareille et qui ne servirait à rien qu'à te perdre... Nous nous devons à notre nom, nous autres... Voyons, ma Juliette, sois plus fière et plus forte... »

— « Ah! il s'agit bien de mon nom et de ma fierté! » s'écria sauvagement M™ de Tillières. « Il s'agit que je ne veux pas qu'ils meurent, entends-tu, je ne le veux pas... »

— « Tais-toi, » dit la comtesse, « on ouvre la porte. »

Le valet de pied entrait en effet. La phrase qu'il prononça, et qui était très simple, revêtait à cette heure pour les deux femmes une signification si redoutable qu'elles se regardèrent avec épouvante :

— « M. le comte de Poyanne est là qui demande si Madame la marquise peut le recevoir. »

— « Faites-le entrer, » dit enfin Juliette. « Va dans ma chambre à coucher, » continua-t-elle, en s'adressant à Gabrielle... « J'aurai besoin que tu sois là peut-être... tout à l'heure... Ah! que je tremble! »

A peine en effet pouvait-elle se tenir debout. S'il y avait eu une rencontre, Poyanne en était donc sorti sain et sauf. Mais l'autre? Et il y avait eu une rencontre. Elle le devina au premier regard jeté sur le comte, qui était devant elle maintenant, très pâle et vêtu de la redingote noire destinée à mieux tromper les balles. Elle s'élança au-devant de lui, sans plus songer à ce qu'il penserait de cette façon de le recevoir :

— « Hé bien ?... » dit-elle d'une voix à peine distincte.

— « Hé bien ! » répondit-il simplement, « nous nous sommes battus... Et me voici. Mais, » ajouta-t-il plus bas, « j'ai eu la main malheureuse... »

Elle le regardait avec des yeux où passa un éclair de folie :

— « Il est blessé ?... » demanda-t-elle. « Il est... »

Elle n'osa pas finir. Le comte avait baissé la tête comme pour répondre : oui, à la question qu'elle n'avait pas formulée. Elle jeta un cri. Ses lèvres s'agitèrent pour balbutier cette fois avec égarement : « Mort ! Il est mort ! » Elle se laissa tomber sur une chaise, comme anéantie, le visage dans ses mains, et des sanglots commencèrent de la secouer, convulsifs, à croire qu'elle aussi, son âme allait passer, dans le gémissement qui s'échappait de sa frêle poitrine. Poyanne la regarda quelques secondes sangloter de cette cruelle manière. Une expression d'une tristesse intense contracta son visage. Il s'approcha d'elle et, lui touchant l'épaule de la main :

— « Nierez-vous encore que vous l'aimez ? » dit-il de cet accent que Mme de Tillières n'avait jamais pu supporter, celui de ses grandes détresses d'âme. Mais, à cet instant, savait-elle seulement qu'il fût là ? « Ne pleurez plus, Juliette, » continua-t-il, « et pardonnez-moi une épreuve dont j'avais besoin pour être bien sûr de vos vrais sentiments. Non, il n'est pas mort. Il est blessé, mais à peine, d'une balle dans le bras, que le médecin doit avoir extraite à l'heure qu'il est. Il vivra... Que m'importe d'ailleurs qu'il vive ou qu'il meure ? Vivant ou mort, vous l'aimez, et vous ne n'aimez plus... J'ai voulu le savoir, et à quelle profondeur il vous était cher... Je vous ai menti pour la première et la dernière fois. Je viens d'en être puni. Ah ! durement, puisque je vous ai vue le pleurer ainsi... Que c'est amer, moins amer pourtant que le doute horrible de ces derniers jours !... Ne me répondez pas. Je ne vous accuse point... Vous ne saviez peut-être pas vous-même combien vous l'aimiez... Vous le savez maintenant, et moi aussi. »

Il y eut un silence entre les deux amants. Le premier sursaut de désespoir dont Juliette avait été frappée, lorsqu'elle avait cru Casal mort, s'était changé en une sorte de stupeur à mesure que Poyanne parlait, la rassurant sur l'issue du duel, mais aussi l'acculant et comme la clouant à l'inexorable, à l'indiscutable vérité. Pour la première fois depuis des mois et des mois, la situation était posée entre eux nettement, et la jeune femme convaincue de cet amour pour Casal qu'elle s'était toujours acharnée à nier. D'ailleurs, n'eût-elle pas donné cette preuve contre elle en s'écrasant, en s'abîmant de douleur aux premiers mots du comte, elle n'aurait plus trouvé la force de lui mentir, tant son énergie était à bout, tant aussi elle était lasse elle-même, lasse à n'en pouvoir plus, de l'affreuse ambiguïté de cœur où elle se débattait depuis si longtemps. Elle restait assise, baissant les yeux, ses mains jointes maintenant sur ses genoux, comme une coupable qui attend son arrêt, — tellement plus coupable que ne le soupçonnait cet homme qui restait debout, sans trouver, lui non plus, la force de continuer! Certaines phrases, sitôt prononcées, emportent avec elles tant d'irréparable, qu'il semble qu'après les avoir dites, il ne reste plus qu'à fuir, bien loin, bien vite, sans retourner la tête. On reste cependant, et la conversation ressemble alors à ces allées et venues du taureau dans le cirque, lorsque, blessé à mort et gardant l'épée dans sa blessure, il ne fait, à chaque mouvement, qu'enfoncer davantage le fer meurtrier. Ce fut Mme de Tillières qui reprit d'une voix suppliante:

— « C'est vrai, » dit-elle, « je lutte depuis tant de jours contre un trouble que je ne peux pas vaincre. C'est encore vrai, que vous avez le droit de me condamner, puisque j'ai tout fait pour vous cacher ces luttes et ce trouble. Mais c'est vrai aussi, » elle s'exaltait en parlant, « c'est vrai que jamais, entendez-vous? jamais vous n'avez cessé de m'être cher, si cher que je n'ai pas pu vous sentir souffrir, une seule minute, sans éprouver un désir irrésistible de vous consoler, de vous guérir. Jamais je n'ai compris le bonheur pour moi sans votre bonheur. Jamais je ne vous ai menti en vous disant que j'avais besoin de votre tendresse, comme on a besoin d'air!... Appelez-le du nom que vous voudrez, ce sentiment qui m'a attachée à vous, qui m'a rendu impossible d'accepter la rupture quand vous me l'avez offerte... Mais sachez qu'il était, qu'il est bien sincère, et que j'y ai obéi, sans calcul! Comprenez cela du moins, Henry. Ne croyez pas que je vous aie joué une comédie... »

— « Non, » reprit-il en l'interrompant, « vous avez eu peur de ma souffrance. Hé bien! regardez-la et regardez-moi... Je sais tout, je comprends tout, — et je vis, et je vivrai. Je ne suis plus à l'âge où l'on ne sait pas renoncer au bonheur! Mais à mon âge aussi, on a faim et soif de vérité; et la vérité, Juliette, c'est qu'encore une fois vous ne m'aimez plus, que vous en aimez un autre. Si j'ai voulu en avoir une preuve décisive, irréfutable, c'est pour avoir le droit de vous dire, sans un reproche, sans une amertume : Vous êtes libre. Faites de votre liberté l'usage que vous voulez... Tout, entendez-vous? tout est préférable à cette faiblesse morale qui vous empêche depuis si longtemps de regarder votre cœur courageusement, tout vaut mieux que cette pitié qui fait si mal, que ces fluctuations entre des sentiments contraires qui vous ont amenée à quoi ? à me faire, à moi, dont vous connaissez, dont vous respectez la tendresse, le plus mortel affront. »

— « Le plus mortel affront ?... » répéta-t-elle. Que soupçonnait-il donc de ses rapports avec Casal ? Qu'allait-il lui dire ? Elle insista, tremblante : « Expliquez-vous... »

— « Lisez cette lettre, » répondit-il, en lui tendant une feuille de papier sur laquelle ses yeux égarés reconnurent l'écriture de Raymond et la teneur du billet dont elle avait reçu la copie, « et répondez-moi. Je peux tout entendre et vous devez tout me dire. Oui ou non, est-ce vous qui lui avez demandé de m'écrire ces excuses ? Car, de lui-même, jamais il ne me les aurait faites. »

— « C'est moi, » dit-elle après un effort. « Pardonnez-moi, Henry, j'étais folle. Vous m'aviez repoussée si durement. Je n'avais plus que cet espoir, que ce faible espoir d'empêcher ce duel. »

— « Et vous n'avez pas réfléchi que si je les acceptais, ces excuses, cet homme croirait que j'avais eu peur et que je vous avais poussée à cette démarche ? »

— « Non, Henry, » s'écria-t-elle, « je vous affirme qu'il n'a pas pensé cela une minute. Il vous sait si brave, et puis, il lui a suffi de me regarder pour comprendre que je n'avais pas ma raison, que j'étais en proie à toute la fièvre du désespoir... »

— « Ah! » reprit le comte, « il vous a vue hier? »

— « Oui! » dit-elle avec un nouvel effort.

— « Ici? » demanda Poyanne à qui cette question fit visiblement mal à formuler.

— « Non, » répondit-elle, cette fois avec la résolution d'une femme qui en a assez de toutes les hypocrisies, et qui maintenant préfère se perdre et ne plus tromper.

— « Chez lui?... »

— « Chez lui!... »

Ils se regardèrent. Elle était pâle comme si elle allait mourir. Elle put voir alors passer sur le visage de cet homme une telle expression de martyre, qu'elle subit de nouveau cet instinctif mouvement de pitié passionnée qui, tant de fois, avait paralysé en elle l'élan de la franchise. A cette heure de l'explication suprême, elle avait senti, comme dans sa veille de cette nuit, que le seul rachat possible de son égarement était là, dans une confession entière, absolue. C'était une noblesse encore et qui lui permettrait de s'estimer de nouveau par l'expiation. Mais non, il allait trop souffrir, et, suppliante :

— « Ne me jugez pas sur des apparences... » dit-elle.

— « Juliette..., » reprit Poyanne en lui saisissant la main; puis, âprement, d'une voix qu'elle ne lui avait jamais connue, « jure-moi que ce n'est pas vrai, » continua-t-il, « qu'il ne s'est rien passé entre cet homme et toi que tu ne puisses me dire... Je peux bien me sacrifier à ton bonheur, te laisser à lui, si tu l'aimes. Mais pas ainsi, pas avec cette idée que la veille de ce duel... Non, ce n'est pas possible... Jure-le-moi. Jure. »

— « Il ne s'est rien passé entre nous. Je vous le jure, » dit-elle d'une voix brisée.

Le comte appuya sa main sur ses yeux comme pour chasser une vision d'horreur, puis doucement, tristement :

— « Vous le voyez. Voilà ce que la jalousie peut faire d'un cœur qui vaut mieux que cela, cependant. Pardonnez-moi cet outrageant soupçon... Ce sera le dernier... Je n'ai plus le droit de vous parler ainsi. Je ne l'ai jamais eu, car les raisons pour lesquelles vous avez pu quelquefois me mentir ont toujours été si nobles et n'autorisaient pas cette injure... Je viens d'être fou quelques minutes. Oubliez-les... Je vous promets que je saurai être votre ami, rien qu'un ami... Je suis trop troublé maintenant. Demain, » ajouta-t-il, « si vous permettez, je viendrai à deux heures. Nous pourrons causer, nous serons plus calmes tous les deux. Allons, adieu... »

— « Adieu! » dit-elle sans presque le regarder. Tout l'accablait : le mensonge qu'elle venait de faire, — le sentiment de sa criminelle trahison vis-à-vis de cet homme, si noble, même dans sa jalousie, qu'il se reprochait comme une faute le plus légitime des soupçons, — l'impression que cette scène marquait en effet la date d'une rupture entre eux définitive, — le remous des émotions qui l'avaient agitée si profondément. Elle se laissa prendre la main, que le comte sentit molle et inerte dans cette dernière étreinte. Cette expression de martyre qui tout à l'heure avait passé sur son visage y parut encore, mais navrée et si tendre! Ses yeux traduisirent cette sorte de tristesse infinie et sans plainte qui s'éveille en nous aux heures des sacrifices suprêmes, quand nous nous offrons en holocauste à ce que nous aimons. Dieu! que Juliette devait le voir souvent ainsi, et entendre la voix étouffée dont il répéta ce mot d'adieu, avant de disparaître... Quand, un quart d'heure plus tard, Mme de Candale, inquiète de n'être pas avertie, se hasarda à ouvrir la porte, elle trouva son amie immobile, le coude appuyé contre la cheminée. Elle s'était levée pour rappeler encore Poyanne, puis elle s'était dit: « A quoi bon? » et elle était demeurée là, sans savoir combien de temps, ni que Gabrielle l'attendait, ni rien, sinon qu'elle était vaincue, brisée, terrassée par la vie.

— « Il y a eu un malheur? » demanda la comtesse, trompée par cette attitude.

— « Non, » répondit Juliette; « ce duel a eu lieu... Casal a reçu une blessure insignifiante... Dans quelques jours, il sera sur pieds, sans doute. »

— « Tu vois que tout s'arrange mieux que nous ne pouvions l'espérer. Pourquoi es-tu si triste, alors ? Que t'a dit Poyanne ?... »

— « Ne me le demande pas, » reprit l'autre presque avec violence; « laisse-moi, c'est toi qui m'as perdue. Si tu ne m'avais pas fait connaître cet homme, si tu ne l'avais pas attiré chez toi, chez moi, si tu ne m'en avais pas parlé comme tu m'en as parlé, est-ce que tout cela serait arrivé ?... » Puis, voyant des larmes venir aux yeux de la pauvre comtesse, elle se jeta dans ses bras, achevant de montrer, par cette folie d'incohérence, le désordre moral qui, en ce moment, faisait osciller son triste cœur d'une extrémité à l'autre des sentiments. Gabrielle essaya en vain de la calmer à force de tendres câlineries, sans arriver à savoir d'elle la cause véritable de cet état. Il fallait que cette conversation avec Henry de Poyanne l'eût remuée à une singulière profondeur, car c'est distraitement qu'elle répondit à son amie qui lui disait : « J'enverrai prendre des nouvelles de Casal, et tu les auras tout de suite... » Et quand, la solitude l'ayant rendue à elle-même, elle s'abandonna de nouveau au déroulement de ses pensées, ce ne fut pas non plus l'image de

Raymond qui revint hanter son esprit. Ce qu'elle voyait, c'était Poyanne debout devant elle et lui demandant de jurer qu'elle n'avait rien à se reprocher. Ce qu'elle entendait, c'était la voix de cet homme lui disant : adieu. Ce qu'elle éprouvait, c'était le besoin de le revoir, de lui parler, de s'expliquer à lui. Pour lui mentir encore ? Pour lui montrer quelle nouvelle nuance de sa monstrueuse duplicité intime ?... Non. Toutes les paroles étaient prononcées, tous les voiles étaient déchirés. Maintenant qu'il avait eu, lui, le courage d'articuler les mots de rupture devant lesquels elle hésitait, depuis des jours et des jours, allait-elle, en proie à une infâme aberration, souhaiter le recommencement des ambiguïtés coupables et des douloureuses équivoques ? Que voulait-elle de cet amant, dévoué jusqu'à la plus surhumaine abdication ? Par quel mystère du cœur, à présent qu'elle s'était donnée à l'autre et que sa vie pouvait enfin se simplifier dans les actes, subissait-elle ce retour insensé vers ce qui n'était, depuis des mois, pour elle, qu'une chaîne de douleur ? Ces questions se posaient, se pressaient autour d'elle, durant cette après-midi et dans la nuit qui suivit, sans qu'elle pût seulement fixer sa pensée sur une seule, plus troublée que jamais elle ne l'avait été, jusqu'à ce qu'arrivât l'instant où Poyanne devait être chez elle... Une heure. Une heure et demie. Deux heures... Il ne venait pas. Appréhendant une résolution funeste, elle poussa avec sa voiture jusqu'à la rue Martignac. Il lui fut répondu que le comte était sorti et que l'on ignorait l'heure de sa rentrée. Elle revint chez elle. Il n'avait point paru. Elle lui écrivit quelques lignes. Le domestique ne rapporta pas de réponse. Ce ne fut que le lendemain au matin, et après une nouvelle nuit d'anxiétés atroces, qu'elle reçut une enveloppe sur laquelle elle reconnut l'écriture de Poyanne; elle la déchira et put lire les pages suivantes, — ô contradictions étranges du cœur de la femme! — avec la même avidité qu'elle avait fait, quarante-huit heures plus tôt, la lettre de Casal.

« Cinq heures du soir, Passy.

« Mon amie,

« J'ai voulu, pour vous écrire ce que je me dois, ce que je vous dois de vous écrire, venir dans ce petit appartement de Passy, qu'en des temps plus heureux vous appeliez notre « chez nous... » Jamais je ne vous les ai entendu prononcer, ces deux mots, pourtant si simples, sans que mon cœur se mît à battre. Ils résumaient si tendrement, hélas! ce qui fut mon unique rêve, mon espoir sacré depuis des années, cette chimère de vivre avec vous, toujours, d'une vie avouée, où vous auriez porté mon nom, où je vous aurais eue à toute heure près de moi, me prodiguant la douceur d'une présence qui, à elle seule, était la compensation de toutes les tristesses de mon passé, l'apaisement de toutes mes peines, un infini de félicité!... Et m'y voici pourtant seul, dans cet asile, dont vous ne direz plus jamais : « chez nous, » à regarder ces muets objets, dont chacun est pour moi vivant comme un être, cette tapisserie sur le mur, avec son paysage naïf d'arbres et de clochers, cette bibliothèque basse avec les livres que nous lisions ici ensemble, ces vases anciens que je parais de fleurs pour vous recevoir. Ah! l'amant que la mort a séparé de sa maîtresse et qui va s'accouder à la grille de son tombeau n'a pas dans l'âme plus de mélancolie que je n'en ai à cette heure où je fais, moi aussi, un pèlerinage à une tombe, celle de notre commun passé, — ni plus de mélancolie, ni plus de tendresse... Je voudrais tant qu'un peu de cela sortît pour vous de ces pages, que vous lirez à un moment où je serai bien loin de Paris, bien loin de ce mystérieux et cher asile. Je voudrais que vous gardiez de moi, non pas l'image de l'homme qui vous a si étrangement parlé hier, mais celle de l'ami qui pense à vous comme j'y pense à cette minute, pieusement, doucement, avec une reconnaissance inexprimable pour ce que vous m'avez donné de votre cœur, parmi ces témoins de ce qui fut ma part de joie ici-bas. Vous avez su me la faire si grande que, même aujourd'hui et dans cette agonie où je me débats, je ne peux rien trouver à vous dire, songeant à ces moments où vous m'avez laissé vous aimer, où vous m'avez aimé, que merci du fond du cœur et encore merci.

« Comprenez-moi, ma si chère amie, je ne suis pas ingrat pour vous, et, en m'en allant, comme je vais faire, je sais, oui, je sais que je vous suis bien cher aussi et que vous ne m'avez jamais menti en me disant que vous ne pouviez pas supporter une tristesse dans mes yeux. Je sais qu'en lisant cette lettre et apprenant que j'ai quitté la France pour un bien long temps, sinon pour toujours, vous aurez une vraie, une profonde peine. Me trouverez-vous injuste si j'ajoute que précisément la profondeur de votre affection pour moi me permet de mesurer combien est vivant dans votre cœur l'autre sentiment, celui dont j'ai vu l'explosion hier? Faut-il que vous ayez été prise par cet amour nouveau pour que de savoir combien j'en souffrirais n'ait pas empêché qu'il ne grandît en vous? Les luttes que vous avez soutenues, je les devine maintenant. Le drame moral qui s'est joué dans votre âme s'éclaire à mes yeux d'un jour qui me permet de sentir à la fois et le degré de votre dévouement à mon égard, et aussi combien ce dévouement ressemble peu à l'amour. Vous-même, vous avez été de si bonne foi en ne voulant pas en convenir vis-à-vis de votre conscience ! Vous êtes fière, vous n'avez pas voulu avoir changé. Vous êtes bonne, vous n'avez pas voulu que je fusse malheureux. Vous êtes loyale, vous n'avez pas voulu admettre une seconde la possibilité d'une trahison envers celui que vous considériez comme lié à vous pour la vie. Hélas! Juliette, ne vous y trompez pas, il est bien fort, dans un cœur comme le vôtre, un sentiment que de pareilles raisons ne paralysent pas. Je n'aurais pas entendu votre cri d'hier, je n'aurais pas vu vos larmes quand vous avez cru à la fatale issue de notre duel, que j'en saurais assez, moi qui vous connais, par cette simple évidence. Mais je les ai vues, ces larmes; je l'ai entendu, ce cri. Et si je pars, c'est que j'ai senti, devant cette expression de votre nouvel amour, que je ne pouvais pas supporter de regarder ce sentiment face à face. Que vous luttiez contre lui ou que vous y cédiez, je saurais le deviner maintenant dans vos tristesses et dans vos joies, dans vos ménagements pour moi et dans vos silences, et je ne suis qu'un homme, un homme qui vous aime avec tout son cœur, avec toutes ses forces, avec tout son être, que vous avez aimé, vous aussi, et à qui vous ne pouvez pas, vous ne devez pas demander une énergie surnaturelle. D'ailleurs, ai-je le choix moi-même de mettre, aujourd'hui que tout m'est connu, ma douleur entre vous et une vie renouvelée, mon amour que vous ne partagez plus entre votre conscience et ce qui peut être votre bonheur? Ai-je le droit de vous donner le spectacle d'une jalousie que je me sens, je vous l'avoue avec tant d'humilité, incapable de vaincre? Ai-je le droit de vous infliger ce contre-coup de ma sensibilité malade que vous avez subie depuis des semaines, depuis des années, peut-être? Non, Juliette, je m'en rends trop compte, en repassant par l'esprit dans les chemins que nous venons de suivre, une nécessité invincible veut que deux êtres qui se sont aimés ne se voient plus quand l'un des deux a cessé d'aimer, et l'autre, non. C'est affreux. C'est amer. Ah! bien amer, comme la mort. Mais l'estime de soi est à ce prix et il le faut, quand ce ne serait que par respect pour un passé que l'on ne peut garder intact qu'à la condition qu'il soit vraiment, définitivement, résolument le passé.

« J'ai bien réfléchi à toutes ces choses, — autrefois déjà, lorsque à mon retour de Besançon j'ai soupçonné que vous pouviez vous intéresser à un autre que moi, — mais jamais comme hier et comme cette nuit, — à toutes ces choses si tristes, à tant d'autres encore. J'ai aperçu, dans les douleurs que nous venons de traverser, l'expiation d'une félicité qui n'était pas permise. Je connais trop la sincérité de vos sentiments religieux pour ne pas avoir deviné, derrière bien des mélancolies dont vous ne me disiez pas les causes, ce regret, ce remords d'une situation où votre tendresse pour moi vous avait entraînée. Car ce fut moi le coupable, moi qui, n'étant pas libre, devais à jamais vous cacher un amour dont les joies m'étaient défendues. Et qui sait? Si j'avais eu ce courage de vous aimer ainsi, dans l'ombre et le silence d'une passion fervente, mortifiée et pure comme une piété, peut-être Celui qui voit tout m'eût-il récompensé de cet héroïque effort en empêchant que les sources de la tendresse ne tarissent pour moi dans votre cœur. Qui sait s'il n'y a pas pour certaines amours, faites de renoncement et de vertu, une grâce mystérieuse, pareille à cette grâce de la foi profonde qui nous permet d'être toujours capables de prier? S'il en est ainsi et qu'il y ait sur nous deux cette fatalité d'une expiation, ce que je demande à ce Dieu en qui nous avons toujours eu tous deux tant de confiance, même en transgressant ses lois, c'est que sa justice retombe sur moi seul. C'est que votre ami nouveau, celui par qui votre cœur m'a été enlevé devienne digne de vous, qu'il comprenne quel être de noblesse et de beauté est venu vers lui à travers tant d'épreuves.

Je touche ici à un point si sensible, qui m'est si sensible, qui doit tant vous l'être! Laissez-moi vous dire, cependant, qu'encore ici un changement s'est accompli en moi depuis hier. Je vous ai parlé avec bien de l'amertume et avec bien de la dureté de cet homme en qui une étrange double vue m'avait fait pressentir le bourreau de ce qui fut mon bonheur. Je ne peux pas croire que j'aie eu tout à fait raison, ni qu'un être capable de vous intéresser jusqu'à l'amour soit ce que j'ai pensé qu'était celui-là. Je voulais, je devais vous dire aussi que je l'ai jugé autrement depuis que son billet d'excuse, si difficile à écrire pour un homme de sa sorte, m'a prouvé qu'il vous était dévoué, après tout, autrement que je ne pouvais le penser. Je ne vous ai pas dit hier ce que je dois ajouter pour être entièrement juste, que, sur le terrain, il a été logique avec sa lettre et qu'il a tiré en l'air. Que ce soit là, ce que je vous écris de lui, une expiation encore, celle de la rancune passionnée qui m'a fait ne pas accepter ses excuses et désirer sa mort! Que ce soit aussi un droit pour moi de vous supplier de réfléchir avant d'aller plus loin sur cette route où vous êtes! Éprouvez, étudiez le sentiment qu'il vous porte, maintenant que vous avez le droit de céder au vôtre. Il est libre, lui, il est jeune, il n'est l'esclave d'aucun passé. Il peut vous dévouer toute sa vie et se transformer sous votre noble influence. S'il en doit être ainsi, je ne dis pas que je n'en souffrirai pas, quand j'apprendrai que vous avez reconstruit votre destinée de cette manière. Mais, sachez-le, je vous aime aujourd'hui avec une tendresse si désintéressée, si purifiée par le martyre de ces derniers jours, que je trouverai en moi de quoi accepter de loin cette idée avec cette sorte de paix dont parle le saint livre : — Je vous donne la paix, je vous donne ma paix, mais non comme le monde la donne..., — cette paix d'une âme qui aime pour toujours, et qui s'est à jamais renoncée!

« Et adieu, amie. — Adieu, vous qui étiez l'étoile de mon ciel, — du coin sans nuages de ce ciel si sombre. Adieu, vous qui m'avez permis de vivre quand j'étais à bout de toutes mes forces, et grâce à qui je puis dire aujourd'hui : j'ai connu le bonheur. N'appréhendez aucune résolution désespérée d'un homme qui s'en va de vous, l'âme pleine de vous, pour que vous soyez heureuse et pour ne vous coûter plus jamais une larme. Dans mes douloureuses méditations de cette nuit, — j'ai vu devant moi ce qui me reste d'existence, et j'ai décidé de son emploi. J'ai reconnu dans mes dernières épreuves de politique un avertissement qu'il fallait renoncer à cette action-là aussi, et ce renoncement n'a pas été bien pénible. Un autre champ m'est ouvert, dans lequel j'ai résolu d'user ce que je peux garder de vigueur intime. Nos douleurs privées seraient cruellement inutiles si elles ne nous amenaient pas à chercher l'oubli de notre propre destinée dans une tâche impersonnelle, dans le dévouement désintéressé à nos idées. Vous avez trop connu les miennes durant ces jours heureux où vous me laissiez penser tout haut auprès de vous, avec vous, pour que j'aie besoin de vous rien dire davantage, sinon que j'ai résolu d'aller aux États-Unis travailler à ce grand livre de philosophie sociale dont le plan vous avait intéressée, dont l'exécution suppose des études impossibles ailleurs que là-bas et qui dureront des années! Demain, et quand vous aurez ce papier entre les mains, je serai en mer, n'ayant plus pour horizon que la masse énorme des flots qui rouleront, toujours plus nombreux, entre nous. Ma lettre de démission au président de la Chambre est écrite. Mes affaires principales, je les avais déjà réglées la veille du duel. Notre noble Ludovic Accragne, dont vous connaissez la divine charité, a bien voulu se charger de quelques arrangements qui m'eussent fait rester davantage. Votre nom est le premier qui soit sorti des lèvres de ce tendre ami lorsque je lui ai annoncé ma résolution. Je lui ai dit, ne me faites pas mentir, que je vous avais déjà entretenue de ce départ et que vous l'approuviez. Maintenant je vais pouvoir ne penser qu'à vous, avec une tristesse et une douceur inexprimables. Vous m'écrirez, n'est-il pas vrai ? — mais pas tout de suite encore. Laissez-moi choisir le moment où je pourrai tout apprendre de vous sans entrer en agonie. Vous me garderez ma place dans une amitié dont, présent, je ne saurais me contenter. — J'ai le cœur si malade, si aisément blessé et saignant! — Mais l'absence guérira cela aussi, et elle ne laissera subsister que l'immortelle essence d'un sentiment qui se résume dans ces simples mots : Soyez heureuse, même hors de moi, même sans moi... Adieu encore, amie, souviens-toi que je t'ai aimée... Que te dire de plus ? sinon la vieille phrase si touchante des humbles, — mais je te la dis du fond de l'âme : — Que Dieu te garde, mon unique amour!

« HENRY. »

———

Il se produit, à l'heure des séparations irrévocables, un phénomène singulier, assez analogue pour les choses de l'âme à l'effet de l'éloignement sur les yeux. Vous étiez dans une ville, à en parcourir les rues, coin par coin, à en examiner les maisons, pierre par pierre. Un détail vous déplaisait, puis un autre. Tous les manques d'harmonie vous frappaient : ici, l'emploi d'un style en contraste avec le caractère du bâtiment voisin, ailleurs, l'incurie d'un délabrement; plus loin, les gaucheries d'un fronton mal restauré. Votre impression émiettée ne vous préparait pas à la magie du coup d'œil d'ensemble dont vous jouissez à présent, debout sur un pont de bateau et regardant la ville étager ses édifices sur la côte, ou au sommet d'une montagne et vous retournant — comme la légende veut que le roi Boabdil se soit retourné pour revoir sa Grenade et la pleurer! Maintenant, la gloire du soleil couchant rayonne sur la ville abandonnée; elle enveloppe d'une poussière d'or les églises qui élèvent leurs tours vers le ciel, les faîtes orgueilleux des monuments et jusqu'aux toits abaissés des quartiers pauvres. L'enchantement rétrospectif qui nous saisit alors devant cet admirable ensemble est le symbole de celui que nous impose si souvent la mort, quand nous accompagnons au cimetière un ami qui nous fit cependant souffrir. La ligne idéale de son être intime nous apparaît dans une beauté que nous ne distinguions plus. Sa vraie personne, enfin dégagée des médiocrités de l'existence quotidienne, se révèle à notre regret qui reconnaît la place occupée par lui dans nos besoins d'âme. Nous consentons à lui appliquer les bénéfices de cette grande loi humaine qui veut que toute qualité ait pour condition de développement un défaut parallèle. Nous ne voyons plus de lui que ses nobles côtés, et nous versons des larmes de tendresse passionnée sur celui pour qui, vivant, nous eûmes parfois d'étranges injustices. Il a senti nos injustices et il ne sent pas nos larmes. Ironique contradiction dont triomphent les moralistes cruels! Que prouve-t-elle pourtant, sinon que nous vivons et que nous mourons seuls, sans avoir, qu'à de rares intervalles, connu le cœur d'un autre et montré notre propre cœur? Les lendemains de rupture qui, si souvent, ont de la mort la lente agonie, la résignation coupée de révoltes, les espérances suivies de violents désespoirs, en ont aussi cette sorte de mirages. Un humoriste a bizarrement mais finement qualifié de cristallisation posthume cet étrange déplacement de point de vue analogue à celui dont Mme de Tillières fut la victime, après avoir achevé la lecture de cette lettre de Poyanne. Elle posa sur ses genoux ces feuilles où son ami de tant d'années avait comme empreint son cœur, et ses larmes commencèrent de couler, tristement, doucement, intarissablement. Il était là tout entier, avec la droiture absolue d'une pensée que, même à cette heure de la séparation, pas un mauvais soupçon n'effleurait, — avec l'ardeur presque religieuse d'une passion qui lui faisait trouver un délice de martyre dans les souffrances du renoncement, — avec sa foi dans ses idées, si profonde qu'il rappelait son grand projet d'une histoire du socialisme avec une ingénuité d'apôtre dans ces pages d'adieu à une maîtresse adorée. Les multiples et changeantes scènes qui avaient marqué les étapes de leur commun roman s'évoquèrent à la fois pour Juliette. Elle revit Henry de Poyanne à leur première rencontre. Comme elle avait dès lors senti qu'il n'était pas un homme de ce temps, que son caractère était demeuré intact et rebelle aux compromis d'un siècle mortel aux consciences intransigeantes! Comme il avait été délicat dans sa manière de lui faire la cour, et avec quel attendrissement elle l'avait senti se reprendre à la vie auprès d'elle, se guérir peu à peu de sa première blessure, — avec quel orgueil aussi! Car, à cette époque, il avait voulu se distinguer davantage, et ses meilleurs discours dataient d'alors, de ces heureuses premières années auxquelles cette lettre faisait allusion, — années où elle avait conclu avec lui ce contrat secret d'une union à laquelle il était resté fidèle, — au lieu qu'elle-même?... Ah! les larmes qui tombaient, tombaient de ses yeux sur ces feuilles dont elles brouillaient l'encre, n'étaient pas seulement des larmes de tristesse devant la beauté d'un poème de sentiment à jamais fini... Le remords y mélangeait ses âcres rancœurs. Oui, ce noble ami avait raison, et bien plus qu'il ne le disait, qu'il ne le savait. La rupture entre eux était nécessaire, d'une nécessité invincible. Celle qu'il entourait de tant d'estime en lui rendant sa liberté, qu'était-elle devenue ? Qu'avait-elle fait ? Même si elle eût voulu maintenant empêcher ce départ, protester contre cet adieu, refuser cette liberté ainsi offerte, elle ne le pouvait pas, elle ne le devait pas, — après cette faute qu'à ce moment elle ne comprenait plus, tant les phrases de ce suprême message venaient de la reconquérir, de lui rendre ses impressions d'autrefois, sa vision du Poyanne des jours lointains, et d'absorber, d'effacer tous ses sentiments de ces dernières semaines. Cette reprise de tout son être par le passé dont elle avait entre ses mains la fragile, la douloureuse relique, ne devait pas durer longtemps. Elle fut pourtant si puissante que, durant toute la journée, elle n'eut de pensée que pour l'absent, pour celui qui s'en allait ainsi loin d'elle et qui l'avait tant aimée. Elle ne fut arrachée à ce somnambulisme nostalgique et désespéré que vers le soir, par l'arrivée de Gabrielle qui lui apportait des nouvelles de l'autre, du blessé, qu'elle se reprocha d'avoir si étrangement oublié, alors qu'il souffrait cependant, lui aussi, pour elle. Les conventions de silence arrêtées lors du duel avaient été fidèlement observées, et Candale avait raconté à sa femme la maladie de Raymond en la lui présentant comme une légère attaque de rhumatisme au bras droit.

— « Il en a pour cinq ou six jours à peine, » dit la comtesse. « Pourvu qu'une fois rétabli, ils n'aient pas, l'un ou l'autre, l'idée de recommencer ? »

— « Ils ne l'auront pas, » répondit Juliette ; « lis cette lettre. »

Et elle tendit à Mme de Candale les feuilles où se voyait encore la trace de ses larmes, obéissant à la fois à ce besoin dangereux et irrésistible de confidence que nous éprouvons avec une égale force dans l'extrême joie et dans l'extrême tristesse, et à un autre besoin, plus généreux, celui de faire vraiment apprécier à son amie la magnanimité de cet homme autrefois si mal jugé. Elle put voir les yeux de la jeune comtesse se mouiller, eux aussi, de pleurs à cette lecture et elle l'entendit qui disait :

— « Mon Dieu ! si je l'avais connu ! » Puis, rendant la lettre et après une seconde d'hésitation : « Mais, as-tu cherché au juste à connaître ce que sait Casal et comment ? »

— « Il sait tout, » répondit Juliette, « c'est moi qui lui ai tout dit... »

— « Toi ? » interrogea la comtesse. Elle vit de nouveau Mme de Tillières si troublée qu'elle n'osa pas insister sur ce qu'elle devinait des conditions de cette confidence. Juliette et Raymond s'étaient donc revus depuis que ce dernier était venu rue de Tilsitt ? Ils avaient dû avoir ensemble une explication bien intime pour en être venus à des aveux de cette sorte? Pas plus que Poyanne, cependant, elle ne soupçonna la terrible vérité. Mais elle aperçut la nouveauté périlleuse de rapports qu'une telle révélation créait entre le jeune homme et son amie, et elle continua : « Et s'il cherche à te revoir, maintenant qu'il saura votre rupture? Car il la saura. Les journaux parleront de la démission du premier orateur de la droite et de son voyage aux États-Unis... »

— « S'il cherche à me revoir, » répondit Mme de Tillières, « je saurai lui montrer qui je suis... »

Cette énigmatique réponse, et sur laquelle Mme de Candale ne demanda pas de commentaires, tant elle redoutait de toucher aux plaies vives de ce cœur si atteint, ne sous-entendait aucune idée très nette. Juliette avait exprimé par ces mots une résolution de ne pas aller plus avant dans la chute, — résolution très arrêtée, mais dont elle n'entrevoyait pas la forme. Depuis la minute où elle était sortie des bras de Casal jusqu'à celle où son amie venait de lui parler ainsi, toujours un souci d'à côté l'avait empêchée de regarder bien en face sa nouvelle situation. C'avait été d'abord l'idée de revoir sa mère, puis l'angoisse du duel, puis son entretien avec Poyanne et l'attente affolée de ce qui en résulterait. Tour à tour chacun de ces événements s'était présenté à elle comme le pire des dangers, et ils avaient pourtant passé sur elle comme ces grandes lames qui doivent tout engloutir et qui s'en vont sans avoir rien détruit. Elle avait revu sa mère, le duel avait eu lieu, le comte, par l'énergie de son parti pris, avait réglé leurs relations d'une façon qu'elle acceptait comme définitive. Les problèmes les plus insolubles étaient résolus, — sauf le dernier et le plus redoutable. Elle se retrouvait seule et libre devant un inconnu dont la phrase de Gabrielle lui infligea aussitôt l'obsession : que pensait d'elle Raymond ? Qu'allait vouloir cet homme en qui se résumait à présent tout l'avenir de sa vie sentimentale ?... Ce qu'il pensait ? Ce qu'il voulait ? Quand la comtesse fut partie, elle alla chercher dans le tiroir de son bureau, sur lequel tant de fois elle s'était appuyée pour écrire à son premier amant, le billet qu'elle avait reçu du second, au matin du duel. Elle le relut avec une infinie mélancolie, car une comparaison s'imposait qui, à cette heure, était bien amère. La différence était trop forte entre ce billet du lendemain de la faute et la lettre d'adieu qu'elle venait de recevoir. Ces quelques lignes de Raymond, avec leur rappel si net de ce qui s'était passé, avec la « charmante amie » du début, avec, à la fin, cette allusion si directe à une organisation de leurs futurs rendez-vous, ne permettaient pas que la jeune femme s'y méprît. Non, pas plus que si Casal, au lieu de lui écrire : vous, lui eût infligé l'affront du tutoiement en lui envoyant des baisers. Elle était pour lui une maîtresse, comme Mme de Corcieux, comme Mme de Hacqueville, comme Mme Ethorel. Ces noms, que Mme de Candale lui avait mentionnés au hasard, lors de sa première fatale visite après l'accident de voiture, lui revinrent tous ensemble. Il avait dû écrire sur ce ton et dans les mêmes sentiments à celles-là et aux autres. Et pourquoi la jugerait-il avec plus d'indulgence qu'il n'avait jugé ces autres? Parce qu'elles étaient des femmes galantes, et elle, non? Qu'en savait-il? Elle avait eu un amant avant lui. De cela, il était sûr. N'était-il pas autorisé à croire que cet amant n'avait pas été le seul, rien que par la manière dont elle s'était donnée à lui, et dans quelles circonstances ! Comme un jet brûlant de honte l'inondait tout entière à ce souvenir. Quel contraste entre cette manière d'interpréter sa conduite et l'image que l'autre se formait d'elle, entre ce désir brutal et ce culte, cette piété dont l'enveloppait Poyanne, au point qu'il souffrait de ne pas estimer son rival davantage! Mon Dieu! que dirait-il, lui, quand il saurait la liaison que lui proposait Casal? Elle les aperçut à l'avance, avec une précision affreuse, les détails de cette liaison, et elle en éprouva toute l'amertume, comme un passager qui souffre de la mer et qui monte sur un bateau, sent déjà la nausée de la houle à respirer seulement l'odeur du bord. Elle se vit recommençant les courses clandestines dans Paris, qui avaient été le secret supplice de ses relations avec Poyanne, et les arrêts devant une porte sur le seuil de laquelle le cœur bat si fort, et les sorties, voilée et frémissante, et les retours rue Marignon. Encore avait-elle, pour la soutenir, au temps où elle aimait le comte Henry, cette certitude que son amant souffrait de ces tristes conditions de leur amour autant qu'elle-même. Au lieu de l'en estimer moins, il la plaignait. Que de fois il lui avait demandé pardon à genoux des fautes qu'elle commettait pour lui ! Mais Casal ? Que connaissait-elle de son caractère ? Qu'il avait été charmant de délicatesse, tendre et soumis tant qu'il l'avait crue libre et pure. Quel changement aussitôt que la fureur de la jalousie s'était déchaînée en lui ! Avec quelle dureté il lui avait parlé à son arrivée rue de Lisbonne ! Quel homme était-il donc et comment ne pas se souvenir des phrases que Poyanne avait prononcées autrefois contre lui, des visibles souffrances de Pauline de Corcieux, de toute cette légende de cynisme dont le nom de ce viveur était enveloppé ? Elle tressaillit soudain d'un frisson de peur et qui ne venait pas seulement de ce qu'elle appréhendait les côtés mystérieux de cette nature. Elle comprenait, elle devinait plutôt que, malgré ses remords, malgré son besoin de se faire estimer, malgré sa défiance soudain éveillée, elle appartiendrait à cet homme, quel qu'il fût, si elle le revoyait, et qu'il en agirait avec elle comme il le voudrait. Il l'avait possédée de cette possession absolue qui ne pardonne pas. L'intensité des sensations éprouvées entre ses bras la bouleversait, rien qu'à s'en souvenir. C'était la première fois que l'univers de la volupté profonde s'était révélé à elle. Cet esclavage de l'ivresse amoureuse, que presque toutes les femmes refusent d'avouer, que presque toutes subissent ou désirent, elle en ressentait, elle, la terreur anticipée. Si elle succombait une seconde fois, c'en était fait de sa volonté. Il serait trop tard pour se reprendre. Et quand il serait là, comment lui résister, puisque d'y penser, et de loin, la laissait si énervée, si faible, si vacillante dans son rêve de racheter sa faute? Cette faute, un égarement l'expliquait, pour une fois, sans la justifier, mais ce serait, si elle recommençait, la déchéance définitive, la mort de la Juliette qui avait su conserver une fierté intacte dans une situation que le monde eût condamnée. Jadis elle s'en absolvait à force d'honneur personnel. Hélas! qu'était-il devenu, cet honneur, après sa visite chez Casal? Que deviendrait-il, si cette visite n'était que le début d'une nouvelle intrigue, d'autant plus dégradante pour elle qu'autrefois, — il y avait si peu de temps et comme c'était loin ! — Raymond avait voulu faire d'elle sa femme ? Lui aussi, malgré son caractère et ses idées, il avait rêvé le rêve dont Poyanne parlait au début de sa lettre. Lui aussi, il avait voulu vivre avec elle d'une vie avouée, lui donner son nom. Il l'estimait alors. Que faire pour lui prouver que malgré tant d'apparences, malgré la réalité de sa chute inattendue, elle méritait, sinon toute cette estime, au moins de ne pas être traitée comme une femme galante qu'elle n'avait jamais été, qu'elle n'était pas, qu'elle ne serait jamais ?

Sous l'influence de ces réflexions torturantes et durant les quelques journées de répit que lui donnait la réclusion forcée de Casal, un projet commença de s'ébaucher en elle, le seul qui mît d'accord tant d'éléments contradictoires de son être; car il satisfaisait à la fois son besoin de demeurer digne du culte que lui portait Poyanne, son passionné désir de racheter ce qu'elle pouvait racheter de sa faiblesse, son indestructible appétit d'honneur, et par-dessus tout sa chimère de remonter dans le jugement de ce Casal, qu'elle ne cessait pas d'aimer, à une place haute, plus haute peut-être qu'auparavant. Il avait encore cela pour lui, ce projet, de s'accorder avec l'impression d'immense lassitude où aboutissait la multiplicité de ces secousses successives... Si cependant elle ne revoyait jamais Raymond ? Si, quittant Paris et pour toujours, avant qu'il eût pu la joindre, elle allait se réfugier dans son asile d'enfance et de jeunesse, dans ce cher Nançay, où déjà, lors de son premier grand malheur, en 1870, elle avait connu la magie consolatrice de la solitude ? Oui, si elle s'en allait, lui laissant le souvenir d'une femme qui, ne pouvant plus être l'épouse, ne veut pas n'être que la maîtresse ? Il saurait certainement le départ de Poyanne pour l'Amérique. Il ne la soupçonnerait donc pas d'être retournée au comte après s'être donnée. Il faudrait bien qu'il lui rendît la justice qu'elle n'avait pas cherché auprès de lui une vulgaire aventure de galanterie. Mais accepterait-il cette fuite ? Ne la poursuivrait-il pas dans sa retraite ? Hé bien ! elle irait plus loin encore. Une fois entrée dans la voie de la rupture et du définitif éloignement dont Poyanne lui donnait un si courageux exemple, elle sentait que sa force grandirait avec le danger, et elle entrevoyait, ce qui fut le songe sublime de toutes les amoureuses délicates en proie aux tempêtes du cœur et du sort, un suprême refuge contre Raymond, — celui d'une porte de cloître. De celle qui finit ainsi, dans les austérités d'une cellule et à l'ombre de la croix, l'homme le plus méprisant ne peut pas douter. Et cette entrée en religion lui coûterait si peu, brisée, à demi morte comme elle était maintenant. Entre elle et l'asile sacré, il n'y avait que Mme de Nançay.

— « Non, » songea-t-elle, « je ne peux pourtant pas à cause de maman. »

C'était là encore un nouvel obstacle auquel elle n'avait pas pensé. Déjà ce serait si difficile de lui faire accepter l'idée d'un exil absolu, loin de Paris, à cette pauvre vieille mère qui devrait renoncer à toute espérance de voir sa chère enfant remariée ? Que lui dire pour justifier cette résolution subite ? Quelle partie de la vérité lui avouer, qui la décidât sans la désoler ? L'appréhension de cet entretien était si vive que Juliette le remettait du matin à la soirée et de la soirée au matin, et elle aurait reculé encore si, dans l'après-midi du quatrième jour, elle n'avait été contrainte à une action par l'annonce de la toute prochaine arrivée de Raymond. Comme elle rentrait d'une longue promenade solitaire faite au Bois dans ces mêmes allées désertes où elle s'était résolue une première fois à ne plus le recevoir, elle trouva qu'un commissionnaire avait apporté en son absence une merveilleuse corbeille de roses et d'orchidées, à l'anse de laquelle était épinglé un billet dont l'écriture lui brûla les yeux rien qu'à la regarder. Quoique les lettres en fussent altérées, comme d'une main qui dirige difficilement la plume, elle avait reconnu qui les avait tracées, et c'était, au crayon et sur une carte, les simples lignes suivantes :

— « Les premiers mots que je peux écrire sont pour rassurer mon amie et lui demander à quelle heure je peux me présenter chez elle, demain, qui sera ma première sortie.

« R. C. »

Tandis qu'elle lisait ce billet qui avait dû coûter au blessé un grand effort, elle respirait l'arome voluptueux des belles roses. Ce parfum l'enveloppait comme une caresse, en même temps que de ce papier qu'avaient touché les doigts du jeune homme montait vers elle une volonté de possession. Tout d'un coup, et comme si elle se fût débattue contre un sortilège, elle le déchira, ce papier, en vingt morceaux qu'elle jeta au vent par la fenêtre ouverte du jardin. Puis, ayant porté sur le perron la corbeille des dangereuses fleurs, elle rentra dans sa chambre pour se jeter à genoux et prier. Que se passa-t-il dans cette âme en détresse durant cette heure qui fut certainement *l'heure* de sa vie? Y a-t-il, comme l'instinct de tous les âges l'a supposé, dans la prière ainsi élancée d'un cœur qui souffre vers l'Inconnaissable Esprit, auteur de toute destinée, une vertu réparatrice, une chance d'obtenir une aide pour les défaillances de la volonté? Fut-ce à cet instant, et par un pacte fait avec elle-même, que Juliette prononça, devant sa conscience, le vœu qu'elle devait, moins d'une année plus tard, accomplir? Quand elle se releva, une flamme brillait dans ses prunelles, une pensée éclairait son front. Elle monta tout droit dans l'appartement de sa mère qui, la voyant ainsi transfigurée, demeura tout étonnée :

— « Qu'est-ce que tu vas m'annoncer avec cette physionomie exaltée? » lui dit-elle. Depuis tant de jours, elle trouvait sa fille si triste que cette métamorphose subite lui faisait peur.

— « Une résolution que je vous demande d'approuver, chère maman, quoiqu'elle doive vous sembler bien peu raisonnable, » répondit Juliette. « Je pars pour Nançay ce soir. »

— « Mais c'est insensé, en effet, » reprit la mère. « Tu oublies que le docteur t'a mise en observation, comme il dit... »

— « Ah! il s'agit bien de ma santé, » répliqua Mme de Tillières; puis, gravement, presque tragiquement : « Il s'agit de savoir si vous aurez pour fille une honnête femme qui puisse vous embrasser sans rougir, ou une malheureuse... »

— « Une malheureuse ?... » répéta Mme de Nançay avec une visible stupeur; et, forçant Juliette de s'asseoir sur le tabouret, à ses pieds, elle lui caressa les cheveux avec une infinie tendresse, et elle continua : « Allons, confesse-toi à ta vieille mère, mon enfant aimée. Je suis sûre que tu as encore laissé quelque folle idée germer dans cette pauvre tête. Tu as un tel art de gâter avec tes imaginations une vie qui pourrait être si douce... »

— « Non, maman, » dit-elle, « ce ne sont ni des idées ni des imaginations. » Et d'une voix encore plus sombre : « J'aime quelqu'un dont je ne peux pas être la femme, et qui me fait la cour. Je sens, je sais que si je reste ici et si je le revois, je suis perdue, perdue, entendez-vous ? perdue, et je n'ai plus que la force de fuir... »

— « Comment ! » répondit la mère avec une épouvante où se trahissait l'ingénuité de sa sollicitude, « ce n'est pas le départ de M. de Poyanne qui te bouleverse ainsi ?... Je devinais bien que tu avais le cœur troublé. J'ai cru que c'était pour lui et que lui-même s'en allait parce qu'il t'aime et qu'il n'est pas libre... »

— « Ne m'interrogez pas, chère maman, » reprit Juliette en joignant les mains, « je ne peux rien vous expliquer, rien vous dire... Mais si vous m'aimez, comprenez que je ne vous parlerais pas de la sorte sans un comble d'angoisse, et promettez-moi que vous ne m'empêcherez pas de faire ce que je veux faire... »

— « Quoi ? » s'écria la vieille dame. « Mon Dieu ! ce n'est pas de me quitter pour entrer au couvent ? »

— « Non, » dit Mme de Tillières, « mais je veux me retirer de Paris pour toujours... Je veux que nous abandonnions cet appartement où je ne remettrai plus les pieds, jamais, ni jamais dans cette ville... Pardonnez-moi si je vous laisse le soin de vous occuper de détails qui devraient m'incomber. Je désirerais que tout ce qui m'appartient me fût envoyé au château, où je vous attendrai... »

— « Tu n'y penses pas, » dit la mère. « Dans un mois, dans un an, tu seras lasse à mourir de Nançay et de la solitude... Les sentiments qui t'affolent seront finis... Et la vie là-bas, sans autre compagnie que ma vieille figure, te paraîtra, te sera insupportable... »

— « Avec vous, ma mère, avec vous toujours et là-bas, voilà mon seul salut, » répéta la jeune femme en baisant avec passion les blanches mains ridées qui erraient sur son pauvre visage: « Ah ! ne discutez pas avec moi. Vous m'aimez, vous me voulez loyale et honnête, aidez-moi à me sauver... »

— « Avec moi? Toujours?... » dit mélancoliquement Mme de Nançay. « Et que deviendras-tu, seule au monde, quand tu ne m'auras plus ? Je dois pourtant mourir avant toi, et alors ?... »

— « Quand je ne vous aurai plus, » dit Juliette avec un regard que la mère ne lui connaissait pas, « j'aurai Dieu. »

. . . .

. . . .

Onze mois environ après son duel avec Poyanne et les événements qui l'avaient suivi, Raymond Casal voyageait sur le yacht de lord Herbert Bohun, revenant de Ceylan où les deux amis étaient allés tuer des éléphants après avoir chassé le lion sur une des côtes du golfe Persique. Ils avaient fait relâche à Malte pour y prendre leur courrier, et, sans doute, Raymond avait trouvé dans le sien une lettre qui le préoccupait particulièrement, car, durant toute la journée, il fut la proie d'une tristesse contre laquelle son compagnon n'essaya même pas de lutter. Quoique jamais un mot de confidence n'eût été échangé entre les deux amis, lord Herbert avait deviné qu'un chagrin de cœur pesait sur son cher Casal, qui n'était plus l'insouciant compagnon d'autrefois. Ils avaient, depuis ces onze mois, vécu à peu près constamment ensemble, et usé le temps comme il convient à deux camarades qui naviguent sous le pavillon blanc à croix rouge du *Royal Yacht Squadron*. Ils avaient, au mois d'août, pêché le saumon en Norvège, pour remonter ensuite jusqu'au cap Nord. Ils étaient redescendus en Angleterre pour y passer quelques semaines d'octobre et de novembre, le temps d'assister aux courses de Newmarket et de se livrer, Raymond à toute la folie du jeu, et lord Herbert au démon de l'alcool. Car sur mer, et à bord de *la Dalila*, — c'était le nom de son bateau, — l'Anglais devenait un tout autre homme. Il ne buvait plus une goutte d'eau-de-vie, surveillant les moindres détails de la manœuvre avec le coup d'œil d'un capitaine qui a gagné son brevet de navigation, et démontrant ainsi la survivance en lui de ce sens des responsabilités que rien ne tue chez les hommes de sa race. Ces cures de sobriété le préservaient sans doute de tomber dans l'abêtissement du terrible poison. Son intelligence se réveillait dans ces périodes, et on retrouvait avec stupeur l'Oxfordien distingué qu'il avait été avant de demander à l'eau-de-vie la fuite de tout et de lui-même. Pour son unique ami et qu'il aimait avec cette fidélité britannique, si sûre et si profonde, il déployait, quand il le voyait trop sombre, un esprit enjoué que les habitués de Phillips ne soupçonnaient guère, et une sensibilité plus invraisemblable encore. C'est ainsi que, durant ce grand voyage en Perse et aux Indes, entrepris depuis décembre, il avait eu l'art de ménager avec une délicatesse infinie les tristesses de son *alter ego*, et, l'après-midi qui suivit le départ de Malte comme dans le dîner et dans la soirée, il sut si bien toucher Casal par la sollicitude discrète de son affection que ce dernier se laissa enfin aller à lui raconter le drame singulier auquel il avait été mêlé, mais sans lui nommer Mme de Tillières, et après l'avoir préalablement averti qu'il allait lui soumettre le plus inexplicable des problèmes féminins. La nuit était d'une beauté presque surnaturelle. Les étoiles brillaient de cet éclat plus large qu'elles ont dans le ciel du Midi. *La Dalila* fendait d'un mouvement insensible une mer toute calme, lourde et douce, et d'une noirceur presque bleue sous un ciel, lui aussi, d'un bleu presque noir. La fraîcheur de la brise, délicieuse à sentir après les accablantes chaleurs de la mer d'Égypte, achevait de donner à cette nuit un charme d'irrésistible apaisement, et lord Herbert, enfoncé dans un fauteuil d'osier, écoutait son ami sans parler, en tirant de régulières bouffées de sa courte pipe en bois de bruyère. Et, s'abandonnant à la magie du souvenir, Raymond évoquait pour lui-même plus encore que pour son muet confident toutes les scènes de son aventure : sa rencontre avec Juliette chez une commune amie, — ses premières visites, et comment il avait été pris à la séduction de la jeune femme, — comment elle lui avait fermé sa porte, et la demande en mariage à laquelle il avait été entraîné, — puis la crise de sa jalousie, et la scène avec Poyanne, — l'arrivée de Mme de Tillières rue de Lisbonne, et la folie avec laquelle elle s'était donnée, — puis rien... Quand, une fois guéri de sa blessure, il était allé chez elle, on lui avait dit son départ. Il lui avait écrit. Pas de réponse. Il avait su sa retraite à Nançay. Il avait fait le voyage. Non seulement il n'avait pas été reçu, mais il n'était pas arrivé à l'entrevoir. Il avait appris là qu'elle sortait à peine et seulement pour se promener dans un parc clos de murs qu'il avait franchis, comme un héros de roman. Le lendemain, elle quittait le château pour une destination inconnue, ayant sans doute été avertie de sa présence. Devant cet acharnement à le fuir, il avait cru de son devoir de renoncer à une poursuite où il eût cessé de se conduire en honnête homme, et c'est alors qu'il avait demandé à Bohun de partir ensemble pour Bergen.

— « Mais, » conclut-il, « que je souffre d'une femme, il n'y a rien là d'extraordinaire... Ce que je voudrais, maintenant que tout cela est déjà de l'histoire bien ancienne, c'est comprendre, et je ne comprends pas, — moins encore peut-être depuis ce que m'a appris une lettre de Candale trouvée ce matin parmi les autres, et dont je te parlerai tout à l'heure... Voyons, avec tout ce que je viens de te dire, quelle est ton impression, à toi, sur cette femme ? »

— « Es-tu certain qu'elle n'a jamais revu son premier amant ? » demanda lord Herbert.

— « Parfaitement certain. Il n'est pas revenu d'Amérique. »

— « Donc ce n'est pas pour lui qu'elle t'a quitté. Tu me permets une question un peu brutale ? Était-elle très passionnée ? »

— « Très passionnée... »

— « Et très naïve ?... Tu me comprends ? »

— « Et très naïve... »

— « Et ce Poyanne, ce premier amant, avait-il beaucoup vécu dans sa jeunesse ? »

— « Lui ? Pas du tout ! C'est une espèce d'apôtre; du talent, d'ailleurs, et de l'éloquence; mais ce qu'il a dû l'ennuyer ! Et tu penses ?... »

— « Je pense, » reprit lord Herbert, après s'être tu quelques minutes, « que cette femme-là a toujours dû être de bonne foi dans sa conduite à ton égard, et qu'elle t'a aimé, passionnément aimé, sans pouvoir arriver à cesser tout à fait d'aimer l'autre... Il était sans doute l'amant de son esprit, de ses idées, d'un certain nombre de choses d'elle que ton influence ne pouvait pas détruire, et toi tu étais l'amant de ce qu'il ne satisfaisait pas en elle... Ce qu'il lui aurait fallu, c'est quelqu'un qui fût à la fois toi et lui, qui eût quelques-uns de ses sentiments et quelques-uns des tiens..., enfin un Casal avec le cœur de Poyanne... Je ne vois pas d'autre explication à ces bizarreries... Arrivons maintenant à la lettre reçue ce matin, que te disait-elle ? »

— « Que sa mère est morte et qu'elle-même va entrer en religion. Elle est au noviciat des Dames de la Retraite, » et Casal ajouta : « On ne peut pourtant pas faire s'accorder ensemble des faits comme tous ceux-là : un premier amant pendant plusieurs années, un second pendant deux heures et le cloître pour toute sa vie. »

— « D'abord, » dit l'Anglais, « y restera-t-elle ?... Et puis, si elle y reste, c'est un suicide comme un autre. Le couvent, c'est l'alcool des femmes romanesques. C'est plus sentimental que le whisky, et plus vieux jeu, c'est aussi plus fier, mais c'est bien toujours le même but : oublier..., s'oublier !... Et de quoi te plains-tu ? » continua-t-il avec l'âcreté d'un homme qui garde une secrète rancune à quelque ancienne maîtresse méprisée et toujours regrettée. « Une femme qui te laisse d'elle l'idée qu'elle passe sa vie à demander pardon à Dieu de t'avoir aimé, mais c'est unique dans notre joli siècle de comédiennes et de gueuses... »

— « Qu'elle m'a aimé ? » reprit Casal, « si j'en étais au moins sûr ? »

— « Mais certainement, elle t'a aimé... »

— « Et l'autre ? »

— « Elle a aimé l'autre aussi, voilà tout... »

— « Non, » reprit Casal, « c'est impossible ; on n'a pas de place en soi pour deux amours... »

— « Et pourquoi pas ? » dit lord Herbert en haussant les épaules ; et il ralluma sa pipe qu'il venait de nettoyer et de bourrer de tabac tout en parlant plus qu'il n'avait fait depuis le début du voyage. « Quand j'étais à Séville, » reprit-il, « j'avais un cocher que possédait la manie des proverbes ; il en répétait un que je te recommande, car il contient le mot de toute ton histoire et de toutes les histoires peut-être : *Cada persona es un mundo...* Chaque personne est un monde. »

Et les deux amis retombèrent dans le silence de la rêverie, tandis que les étoiles continuaient de briller larges et claires, la mer de frémir, calme, bleue et lourde, et *la Dalila* d'avancer sur cette mer et sous ce ciel, — moins infinis et moins changeants, moins mystérieux, moins dangereux et moins magnifiques aussi que ne peut l'être, à travers les tempêtes et les apaisements, les passions et les sacrifices, les contrastes et les souffrances, cette chose si impossible à jamais comprendre tout à fait : — un cœur de femme.

Hyères, décembre 1889. — Paris, juillet 1890.

TABLE

		Pages.
I.	Un accident de voiture............	1
II.	L'Inconnu.......................	26
III.	L'Autre.........................	62
IV.	Les sentimentalités d'un Viveur.....	88
V.	Première faute..................	124
VI.	La pente insensible..............	152
VII.	Restes vivants d'un amour mort.....	192

VIII. Dualisme 236

IX. Casal jaloux 270

X. Avant le duel 309

XI. Le dernier détour du labyrinthe 348

Achevé d'imprimer

le douze juillet mil huit cent quatre-vingt-dix

PAR

ALPHONSE LEMERRE

(Aug. Springer, conducteur)

25, RUE DES GRANDS-AUGUSTINS, 25

A PARIS

www.ingramcontent.com/pod-product-compliance
Lightning Source LLC
Chambersburg PA
CBHW052118230426
43671CB00009B/1027

Musicalisches
LEXICON

Oder

Musicalische Bibliothec,

Darinnen nicht allein

Die Musici, welche so wol in alten als
neuern Zeiten, ingleichen bey verschiedenen Natio-
nen, durch Theorie und Praxin sich hervor gethan, und was
von jedem bekannt worden, oder er in Schrifften hinter-
lassen, mit allem Fleisse und nach den vornehmsten
Umständen angeführet,

Sondern auch

Die in Griechischer, Lateinischer, Italiänischer und
Französischer Sprache gebräuchliche Musicalische Kunst-
oder sonst dahin gehörige Wörter,

nach Alphabetischer Ordnung

vorgetragen und erkläret,

Und zugleich

die meisten vorkommende Signaturen
erläutert werden

von

Johann Gottfried Walthern,

Fürstl. Sächs. Hof-Musico und Organisten an der Haupt-Pfarr-Kirche
zu St. Petri und Pauli in Weimar.

Johann Gottfried Walther
Musicalisches Lexicon
(Musicalisches Lexikon)

First published, Leipzig, 1732.

Republished Travis & Emery 2010.

Published by
Travis & Emery Music Bookshop
17 Cecil Court, London, WC2N 4EZ, England.
Tel. (+44) 20 7240 2129.
neworders@travis-and-emery.com

Hardback: 978-1-906857-03-5.
Paperback: 978-1-906857-04-2.